W0083637

Reinhold Messner

BERGVÖLKER

Bilder und Begegnungen

LEBEN AM RANDE DER MENSCHHEIT,
EINE HAND VOLL TRÄUME ZERRINNT
WIE DER SCHNEE IM FRÜHLING:
GEBOREN, GEFROREN, GEHUNGERT,
VERGESSEN FÜR ALLE ZEIT.

FERN VON STÄDTEN,
BROT VON TISCHGROSSEN ÄCKERN,
BEWACHT VON GÖTTERN,
DIE IMMER NOCH DROHEN,
WIE DIE BERGE – HEILIG UND
UNBETEILIGT IM HINTERGRUND.

»Was viele Bergstämme heute noch ausharren lässt, ist ein müder Strom der Schicksalsergebenheit, der nicht nur die Menschen ausfüllt, sondern auch die Landschaft, die sie seit Jahrtausenden bewohnen.«

Reinhold Messner

Reinhold Messner

BERGVÖLKER

Bilder und Begegnungen

Die Deutsche Bibliothek – CIP-Einheitsaufnahme

Ein Titeldatensatz für diese Publikation ist bei
Der Deutschen Bibliothek erhältlich

Umschlagfotos: Archiv Reinhold Messner (Vorderseite und Rückseite)
Umschlaggestaltung: Parzhuber & Partner, München
Layout: Parzhuber & Partner, München
Lektorat: Barbara Hörmann
Herstellung: Manfred Sinicki

Bildnachweis:
Alle Bilder entstammen dem Archiv von Reinhold Messner.

Vorsatz: Tibeterin mit Kindern auf der Straße
Seite 2 / 3: Gandrung im Annapurna Himalaja, Nepal
Seite 3: Sherpafrau, Nepal; Trägerkolonne im Tien Shan,
Kasachstan; Guru im indischen Himalaja; Kinder in Osttibet;
Sherpafrau, Solo Khumbu.

Karten: Kartografie Huber

BLV Verlagsgesellschaft mbH
München Wien Zürich
80797 München

© 2001 BLV Verlagsgesellschaft mbH, München

Das Werk einschließlich aller seiner Teile ist urheberrechtlich
geschützt. Jede Verwertung außerhalb der engen Grenzen des
Urheberrechtsgesetzes ist ohne Zustimmung des Verlages unzulässig
und strafbar. Das gilt insbesondere für Vervielfältigungen,
Übersetzungen, Mikroverfilmungen und die Einspeicherung und
Verarbeitung in elektronischen Systemen.

Gesamtherstellung: Neue Stalling, Oldenburg

Gedruckt auf chlorfrei gebleichtem Papier

Printed in Germany · ISBN 3-405-16206-8

7 In den Bergen Europas

32 In den Bergen Vorder- und Hochasiens

INHALTSVERZEICHNIS

In den Bergen Europas

Die Tatsache, dass ich in einem Südtiroler Bauerndorf aufgewachsen bin und heute noch am Berg oben lebe, gibt mir die Grundlage zu diesem Buch. Hätte ich nie mit Bergbauern in den Alpen gelebt und gearbeitet, ich hätte auch andere Bergvölker nicht verstanden. So aber waren mir die Hausdächer in Ilaga, der Dung vor den Ställen in Hunza oder der Melkschemel in Namche Bazar vertraut. Nicht um ihre Lebenshaltung zu hinterfragen habe ich Bergstämme auf allen Kontinenten beobachtet, ich habe nur aufgeschrieben, worin sich ihre Welten gleichen oder unterscheiden.

◄ *Das Bergdorf Soglio im Bergell (Schweiz) mit den verschneiten Granitfelsen im Hintergrund. Hier harmonieren Berglandwirtschaft und Tourismus auch heute noch.*

»Es sind weniger die Trachten und Bräuche, die ich festhalten möchte, als vielmehr der Geist und die Seele des Bergbauerntums.«

Reinhold Messner

Gemeinsame Probleme in den Bergen Europas

Große Teile der Berggebiete Europas sind Grenzgebiete, und doch haben sie alle ähnliche Probleme: Verarmung, Landflucht und als Folge Verödung. Nicht nur die Apenninen, auch die Alpenregionen entvölkern sich fortschreitend. Von oben nach unten.

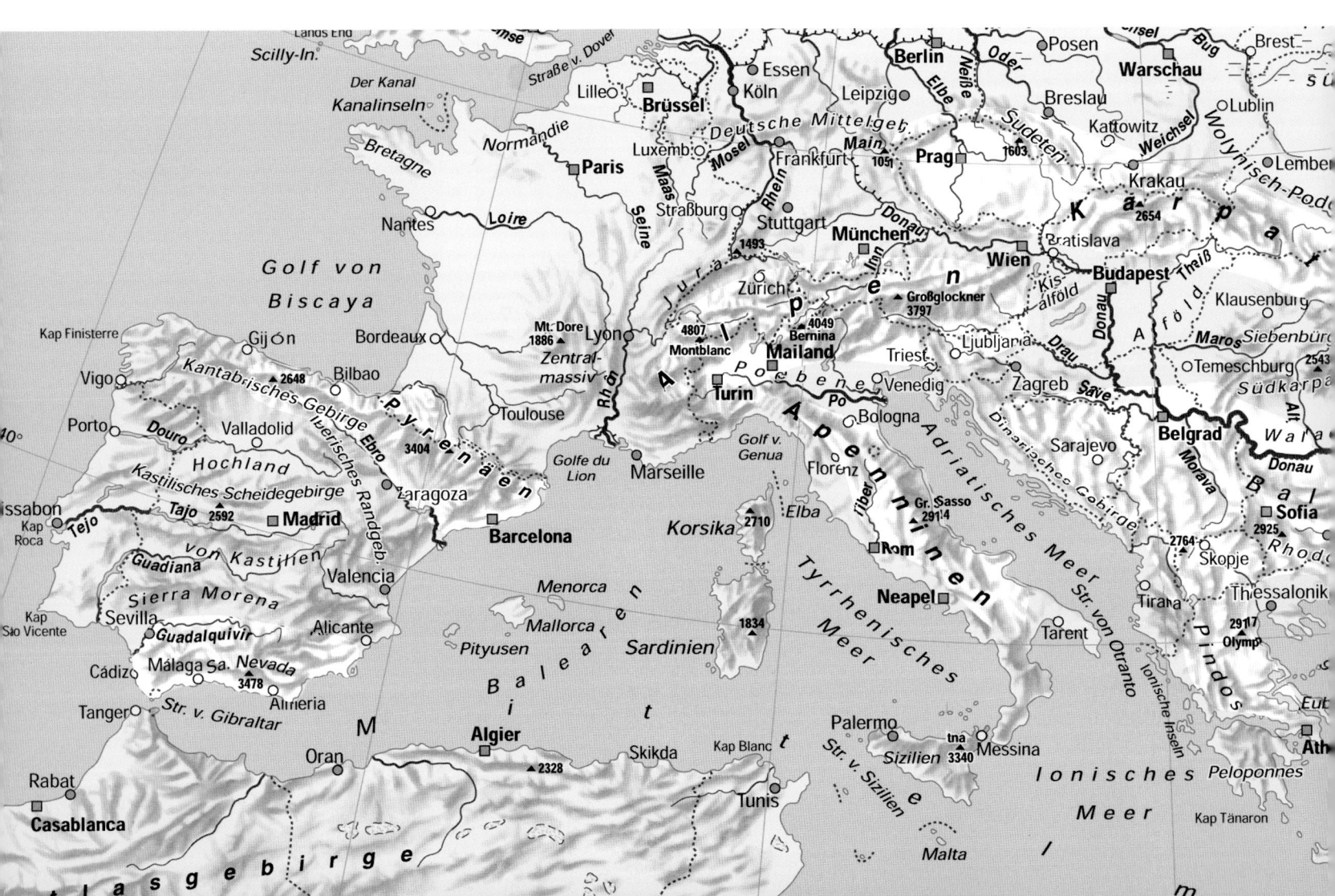

▲ *Typische Mittelgebirgsland-schaft in Südtirol: der Ritten mit den Dolomiten (Langkofel, Schlern, Rosengarten) im Hinter-grund. In diesen Höhenlagen leben die Bergbauern.*

Die Bergflucht scheint nicht zu stoppen. In den Pyrenäen nicht, in der Sierra Nevada nicht und nicht in Teilen der Hochtäler in den Alpen. Während sich die Bevölkerung der alpinen Stadtgemeinden mit mehr als 5000 Einwohnern bis in 500 Meter Seehöhe verdoppelt, teilweise sogar verdreifacht hat, verzeichnen die Gemeinden und Dörfer in höheren Berglagen einen bedrohlichen Bevölkerungsrückgang – Tendenz steigend.

Vielleicht könnte eine grenzüberschreitende, europäische Politik den Trend wenn schon nicht umdrehen, so wenigstens aufhalten. Geht es bei diesen Berggebieten doch um Wasserspeicher, grüne Lungen und Erholungsraum für Millionen von Europäern!

Auch auf den zentralen Teil des Karpatenzuges, die Waldkarpaten, trifft dies zu. Dort grenzen fünf Staaten dicht aneinander – Polen, die Slowakei, Ungarn, die Ukraine und Rumänien. Die Berggebiete all dieser Länder weisen so viele Gemeinsamkeiten auf, dass sie als Subregion Mitteleuropas gesehen werden sollten: Diese fünf multiethnischen, mehrkonfessionellen und vielspra-

chigen Peripherien, die bis 1918 zur Habsburgermonarchie gehört haben, sind weit entfernt von den jeweiligen Hauptstädten und ihre Bevölkerungsstruktur war vom Jahrhundertbeginn bis heute von gewaltigen Migrationswellen geprägt. Nach forcierter Industrialisierung und Urbanisierung in den fünfziger Jahren hinken nun Modernisierung der Schwerindustrie und Infrastruktur dem Landesdurchschnitt hinterher. Bei hohem Anteil der in der Landwirtschaft Beschäftigten droht Armut in der ganzen Region. Die Arbeitslosigkeit ist hoch, das Durchschnittseinkommen niedrig und der Lebensstandard sinkt. Der Niedergang ist vorprogrammiert.

Südtiroler Bergbauern im Umbruch

Zu vier Fünfteln liegt Südtirol, das Land zwischen Brenner und Salurner Klause, Reschenpass und Toblacher Feld, über 1000 Meter Meereshöhe. Da oben wohnen und leben jene Bergbauern, die Jahrhunderte hindurch ein von der übrigen Welt völlig abgekapseltes Dasein führten und die heute einerseits durch die Technisierung der Landwirtschaft, andererseits durch den Tourismus (»Ferien auf dem Bauernhof«) mit einer ganz neuen Welt konfrontiert sind. Der Bauer, früher Patriarch und Selbsthersteller all dessen, was es zum Leben bedurfte, ist heute Arbeiter auf dem eigenen Hof, und vieles von dem, was er braucht – vom Linoleum bis zum Fernsehapparat –, kauft er in der Stadt. Dazu braucht er Geld, das ihm der Hof oder die »Fremden« bringen müssen. Um es zu verdienen, muss er rationalisieren, intensivieren, Fremdenzimmer herrichten, und nicht selten sitzen die Sommergäste in seiner alten getäfelten Stube, während er mit seinen Kindern in der neuen, städtischen Wohnküche isst.

Das Wirtschaftssystem in den Südtiroler Bergtälern ist im Umbruch, der Mensch aber ist der gleiche geblieben: freundlich, fleißig, misstrauisch allem Neuen gegenüber und konservativ, fromm und gottergeben. Durch äußere Einflüsse ist er im Geschmack, in dem er früher unbestechlich war, unsicher geworden. Die alten Bräuche und Trachten pflegt er weniger aus Bauernstolz als vielmehr der Touristen wegen.

Nach wie vor sprechen alle Südtiroler Bergbauern ihren ursprünglichen Dialekt, auch haben sie sich ihren Instinkt der Natur gegenüber bewahrt.

Ich bin überzeugt davon, dass sich die Bergbauern in Südtirol auf Dauer nur behaupten können, wenn sie sich neue Einnahmequellen neben der Landwirtschaft schaffen und auf Ökolandbau umstellen. Auch sollten sie sich ihren Bauernstolz bewahren. Im derzeitigen Stadium des Umbruchs allerdings müssen sie sich eines Grundsatzes bewusst werden, den sie jahrhundertelang instinktiv befolgt haben: Nicht allein das Geld, sondern auch Stille, Selbstversorgertum und Schönheit der Landschaft sind ein Maßstab für Lebensqualität.

◀ *Bittprozession in St. Magdalena in Villnöß, Südtirol.
Die Umwandlung der Natur
in Kulturlandschaft stellte einen
so radikalen Eingriff in das
natürliche Ökosystem dar, dass
er jahrhundertelang sogar mit
religiösen Riten begleitet wurde.
Und die Alpen bleiben ein labiles
Ökosystem.*

▼ *Heute wird die alpine Landwirtschaft einer harten Konkur-
renz unterworfen. Da sie mit der
Landwirtschaft der Ebenen nicht
mithalten kann, könnte das ihren
Ruin bedeuten. Mit der Landflucht aber bräche die traditionelle Bewirtschaftung nicht nur
zusammen, die »Landschaftspflege« würde eingestellt.*

»Die ursprüngliche Naturlandschaft
der Alpen ist durch die Bergbauern in
jahrtausendelanger Arbeit zur
Kulturlandschaft umgewandelt
worden; dies ist die Vorraussetzung
dafür, dass die Alpen dem Menschen
Lebens- und Wirtschaftsraum und
›Heimat‹ werden konnten.« Werner Bätzing

◄ *Landwirtschaft in den Alpen hat nur Zukunft, wenn neben der Produktion von Lebensmitteln die Kulturlandschaft unter ökologischen Gesichtspunkten gepflegt wird. Dies muss sich für die Bauern auch ökonomisch rechnen.*

► *Alm im oberen Ultental, Südtirol, gerodet vor 1000 oder mehr Jahren. Dies ist ein Beispiel dafür, dass Eingriffe in die Natur nicht immer Naturzerstörung bedeuten.*

SPEISERITEN

Jedes Berggebiet hat seine Esskultur, die von Tal zu Tal leicht variieren kann. Und jeder Hof – so war oder ist es jedenfalls bei uns in Südtirol – kennt in diesem Rahmen seine eigenen Speiseriten. Auf dem Pfaltinerhof in Villnöß zum Beispiel gab es bis vor gar nicht langer Zeit noch einen Speisezettel, der für uns recht interessant ist:

Zum Frühstück gab es alle Tage »Plentemues«, einen mit Buchweizenmehl und Milch eingekochten Brei, der im Herbst mit »Hollermulle«, einer hausgemachten Marmelade aus Holunderbeeren, gesüßt wurde. Eine Ausnahme bildete nur der Sonntag, an dem am Morgen der Rest der »Krapfen« vom Samstagabend verzehrt wurde.

Das Mittagessen bestand montags, dienstags und donnerstags aus »Plentenen Knödeln«, mit Kraut im Winter und mit Salat im Sommer. »Weizene« (Knödel) gab es am Mittwoch, Samstag und Sonntag, wobei die Beilagen die gleichen blieben. Nur am Sonntag und an Festtagen kam Fleisch auf den Tisch, dazu Kraut oder geröstete Kartoffeln, je nach Jahreszeit. Vorher wurde sonntags Fleischsuppe serviert. An Freitagen gab es Gebackenes: »Kartoffelblatteln« mit Kraut, »Tirtln«, »Strauben«, »Ribl« oder »Schmarrn«.

Abends aß man »Mues«, meist aus Buchweizenmehl, selten aus Weizen, dreimal in der Woche von Gerstsuppe abgelöst, in die Speckschwarten geschnitten waren. Ab und zu machte die Bäuerin »Frigl«, eine Milchsuppe mit Teigstückchen. Am Samstagabend wurden ausnahmslos »Krapfen« gemacht, Gebackenes, das in Südtirol seit dem 15. Jahrhundert bekannt ist, entweder süß mit Preiselbeeren und Himbeermarmelade gefüllt, oder als »Tirtln«, wenn die Fülle aus Spinat (im Sommer) oder Kraut (im Winter) bestand.

Die Zwischenmahlzeiten richteten sich nicht nach den Wochentagen, sondern nach der Arbeit, die gerade verrichtet wurde. So gab es beim Holzführen Speck zum »Halbmittag«, während man sonst im Winter nur Brennsuppe mit

Brotbrocken und heißen Kartoffeln aß. Im Sommer hingegen kam Milch mit Brocken auf den Tisch oder aufs Feld.

Die »Marende«, die nachmittägliche Brotzeit, sah bei einfachen Arbeiten aus wie das »Halbmittag«, nur beim Holzhacken und zur Heumahd gab es Speck, hartes Brot, Kartoffeln und »Lebs«, ein mit Wasser und Zucker verlängerter Wein, der gut gegen den Durst ist.

Beim Roggenschneiden brachte man Milch und Brocken, Speck, Brot und Lebs aufs Feld, beim Weizenschneiden Milch und Brocken, süße Krapfen, Tirtln oder Strauben und beim Buchweizenschneiden gab es wiederum Milch und Brocken, aber diesmal mit »Pulgen« – ein mit Wasser dick eingekochtes Buchweizenmus – und »Hollermulle«.

◄ *Musikkapelle in St. Magda-*
lena in Villnöß. Der Mensch hat
mit Land- und Forstwirtschaft
nicht nur Lebensmittel produ-
ziert, sondern die Täler so ge-
staltet, dass sie Lebensraum für
den Menschen wurden. Und
Feste sind es, die neben Bewirt-
schaftung und Pflege der Kultur-
landschaft diesen Lebensraum
sichern. Nur so bleibt die Land-
schaft »Heimat« für die ansässi-
gen Menschen.

MEINE AHNEN

Meine Ahnen stammen aus St. Magdalena im Villnößtal und aus dem Ladinischen, aus »Krautwalsch«, wie man heute noch sagt. So kam es, dass sich bei mir in jungen Jahren schon eine Vorliebe für das Buchenstein festigte, wo der Vater meiner Mutter geboren war. Oft bin ich an Colle Santa Lucia vorbei zum Monte Pelmo oder zur Civetta gefahren, und heute noch fühle ich mich in diesen beiden Dolomitenmassiven fast so zu Hause wie in den Geislerspitzen, unter denen mein Großvater väterli

cherseits viel gewildert haben soll. Am Monte Rite im Cadore wird nach einer Idee von mir ein Dolomiten-Museum entstehen und eine Nomaden-Landwirtschaft wie zu Ötzis Zeiten.

Damit möchte ich dazu beitragen, ein touristisch wenig erschlossenes und landwirtschaftlich kaum genutztes Alpental wieder zu beleben – das Cadore. Was mir in Juval gelungen ist – mit der Verzahnung von Kultur, Landwirtschaft und Tourismus eine Überlebensgrundlage für eine Hand voll Familien zu schaffen – ist auch in anderen Berggebieten möglich: Es gilt die Landflucht zu stoppen und zeitgemässe Wirtschaftsformen in den Bergen zu finden.

▼ *Der Bergbauer weiß es: Die zur Kulturlandschaft umgestaltete Naturlandschaft Alpen bietet dem Menschen nur eine kleine Ökonische und nur in gemeinsamer Arbeit lässt sich diese nutzen.*

»Alle traditionellen Bauerngesellschaften und -kulturen der Alpen wussten, dass sie ihren Eingriff in das natürliche Ökosystem durch zahlreiche Pflegearbeiten (›reproduktive Arbeiten‹) kompensieren mussten, sollte ihre Kulturlandschaft nicht in kurzer Zeit durch ›Naturkatastrophen‹ wieder zerstört werden.«
Werner Bätzing

Grossfamilie und Dorfgemeinschaft

Das Leben der Bergbauern, von denen ich hier erzähle, spielt sich im eigenen Haus, auf den eigenen Feldern und bei Festlichkeiten im Dorf ab: in Südtirol auf dem Kirchplatz, in Hunza beim Polospiel, in Namche Bazar auf den schmalen Terrassen am »großen Stein«.

Die Familie und das Dorf sind die beiden Gemeinschaften, die sich ergänzen wie Bergbach und See, die eins werden und die Welt bedeuten, eine Welt, die autark ist.

Mit dem Zerfall der Großfamilie begann in Südtirol wie im Rest der Alpen der Untergang des Bergbauerntums. Früher war es so, dass der älteste Sohn den Hof übernahm und seine Brüder und Schwestern als Knechte und Mägde dort blieben – für Kost und Gewand. Heute bleibt der Bauer, der früher ein Patriarch auf seinem Hof war, oft allein, allein auch mit der vielen Arbeit. Er muss Maschinen anschaffen, rationalisieren, intensivieren, um den Hof ohne Dienstboten, die er nicht bezahlen kann, umtreiben zu können. Ein Hof, der früher für zwanzig und mehr Menschen Nahrung hergab, ernährt heute oft kaum noch eine kleine Familie.

Das System hat sich also gewandelt. Vom Patriarchat zum Nebenerwerbsbetrieb, den die Frau führt. Bergbauernhöfe als Ein- oder Zweimannbetriebe gibt es kaum noch. Die Ansprüche der Dienstboten sind zu groß geworden und die Stadt lockt.

Dort, wo die Bauern am Berg oben geblieben sind, baut man ihnen Straßen, auf denen sie ins Tal fahren können, man versorgt sie mit Strom und unterstützt sie beim Ausbau von Ställen und Bädern. Damit sie als Landschaftspfleger oben bleiben. Am Sonntag gehen sie alle zur Kirche ins Dorf und sie besprechen ihre Probleme, handeln oder verpflichten Handwerker, die es in unseren Bergtälern zum Glück überall noch gibt.

◄► Bergbauernkinder in Nepal und in Südtirol. Ihre Spiele, ihre Verpflichtungen, ihr Naturbezug gleichen sich. Auch ihre Scheu Fremden gegenüber. Also ist ihre Skepsis überall ähnlich.

Alle Kulturlandschaften in den Bergen sind ökologisch instabil. Ihre Stabilität ist von einer angemessenen Form der Bewirtschaftung und von aufwändigen Arbeiten der Bergbauern abhängig. Vielerorts müssen die Kinder mithelfen.

Von innen und von aussen

Auf dem »Braunhof« am Ritten habe ich als Kind zwei Sommer lang bei der Arbeit geholfen. Dabei habe ich im Stall, im Wald und auf den Feldern gearbeitet. Bei der Heumahd galt es, um vier Uhr früh aufzustehen; oft war es Nacht, wenn wir am Abend heimkamen. Diese handgreifliche Erfahrung des Lebens auf dem Bauernhof gab mir die Sicht auf das bäuerliche Leben von innen. Von innen durch das Stubenfenster sah ich am Sonntag den »Herrischen« nach, die auf dem Steig zwischen Feuer- und Futterhaus vorbeiwanderten; von innen heraus kam die Wut, wenn diese Sommerfrischler stundenlang zusahen, wie wir das Heu, in Tücher gebunden, zusammentrugen. Sah man uns doch nach wie besonderen Tieren im Zoo.

Mit meinen Expeditionen dann, auch wenn ich zuerst nur bergsteigerische Ziele verfolgte, verließ ich erstmals meinen Kulturraum und lernte fremde Länder kennen. Bald schon interessierten mich die Menschen am Fuße der großen Gebirge ebenso wie die Gipfel. Was

DIE ZUKUNFT DER KINDER

Wie viele Eltern aus den Ballungsräumen träumen davon, ihre Kinder auf Wiesen und in Wäldern spielen zu sehen. Wege, auf denen ungehindert gesprungen und geschrien werden kann, Scheunen und Stuben, die bei Regen und Schnee nicht zu eng werden, sind heute ein Luxus.

Das alles finden die Bergbauernkinder vor, wenn sie ihre nächste Umgebung zu erkunden und zu erobern beginnen. Später dann, wenn es gilt, die Schule zu besuchen, sind sie an all das gewöhnt und finden sich schwer zurecht in engen, überfüllten Klassenzimmern, in den lärmenden und hektischen Städten. Während sie in den Volksschuljahren, bedingt durch die oft stundenlangen Schulwege und die Arbeit daheim, im Vergleich zu den Dorfkindern oft zurückbleiben, leidet in den höheren Schulen die Seele, da sie diese Zeit notgedrungen in Heimen, also fern von den Eltern und der gewohnten Umgebung verbringen müssen; und da ist es ganz gleich, ob es ein Südtiroler Bauernkind oder ein Kurdenmädchen trifft.

Inzwischen gibt es in vielen Berggebieten Schulen. Im Hochland des Irian Barat kümmern sich holländische Missionare um sie, in Solo Khumbu Edmund Hillary, der Erstbesteiger des Mount Everest, und andernorts neben dem Staat private Initiativen. Aber nur Lehrer, die jene besonderen Bedingungen, unter denen Bergbauernkinder aufwachsen, berücksichtigen und Brücken schlagen können, sind Hilfen auf dem Weg in die globale Welt. Ansonsten bleiben die vielen, die in die Städte müssen, auf dass die Brüder auf den Höfen überleben können, von vornherein benachteiligt.

mich dabei mehr beeindruckte als alle mir fremden Gestalten, Riten und Lebensweisen, war das Selbstverständnis, das die Bergbauernkinder allerorten ausstrahlten, obwohl sie überall gezwungen waren mitzuarbeiten. Bei den Kindern der ärmsten Träger, Menschen, die nur zu dienen gelernt haben, fand ich jenes Selbstvertrauen, das dem hundertfach versicherten Städter abgeht. Es ist nicht Stolz, was diese Menschen der wachsenden Lebensangst des Wohlstandsbürgers entgegenstellen, es ist die Lebensfreude des Selbstversorgers.

GOTT, SCHENK UNS DEN REGEN!

An einem Dienstag Mitte Juni hatten sich auf dem Kirchplatz von St. Peter in Villnöß die Bauern und Bäuerinnen aus dem ganzen Tal versammelt. Einige waren eine Wegstunde weit von Flitz heruntergekommen, von den Almen herab und von den letzten Einödhöfen auf Coll. Sie alle wollten um Regen beten.

Eine drückende Schwüle lag über den wenigen Häusern an der Kirche, die Felder schienen wie ausgedörrt. Es war noch Vormittag. Hier begann eine Bittprozession, die von Kirche zu Kirche führen sollte. An der Spitze des Zuges trug einer ein einfaches Kreuz, dahinter gingen die Männer und Buben. Es folgten die Geistlichen Herren und nach ihnen die Frauen und Mädchen. Von der Kirche von St. Valentin ging es durch Wald und vergilbte Wiesen steil bergauf und nach St. Jakob. Regelmäßig wechselte das Gemurmel der Bäuerinnen und Bauern das dünne Singsang der Vorbeter ab. »Gott ist in uns und um uns«, betete der Pfarrer vor, und die Bauern vor ihm schienen seine Worte mit ihrem schweren Gang auf dem weichen Wiesenboden zu unterstreichen. »Gott, schenk uns den Regen!«, riefen sie immer wieder im Brustton der Überzeugung, dass es schon irgendwie weitergehen würde. Nur diese Schicksalsergebenheit, die sie seit Jahrhunderten ihr einsames und kärgliches Leben ertragen ließ, hielt sie auf ihren Höfen. Würde es nicht bald regnen, gäbe es kein Grummet in diesem Jahr, geschweige denn eine dritte Mahd. Jeder Bauer musste daran denken, Kühe zu schlachten, Schafe zu verkaufen, sich einzuschränken.

Ob Gewitter oder Dürre, Lawinen oder Sturzbäche drohten, es musste so sein. Wie oft schon hatten sie mit dem Wasserkübel Brände gelöscht, wenn der Blitz eingeschlagen hatte; wie oft schon waren sie nächtelang an

Bächen gestanden, während die Sturmglocken läuteten. Obwohl sie gegen die Naturgewalten nur selten etwas auszurichten vermochten, sie sind auf ihren Höfen geblieben.

Da ging der Ranuierbauer, seit einigen Jahren Bürgermeister im Tal, ein tüchtiger Mann, dahinter der Velthuner, der trotz seines Neubaus den langen Weg ins Dorf nicht gescheut hatte. Er musste nicht nur sein altes Feuerhaus, in dem der Wind durch alle Ritzen pfiff und das im Winter beim besten Willen nicht mehr zu heizen war, sondern auch seinen Zweithof Laseid halten. Vielleicht wollten seine beiden Buben Bauern werden und dann bekam jeder sein kleines Höfl. Vorläufig waren

◄ Bittprozession auf dem Kirchhügel von St. Jakob in Villnöß.

▲ Der Planatschbauer aus St. Peter, Villnöß, in der Schützentracht.

noch alle am Hof und lebten in der Großfamilie zusammen. Nur so war es möglich, die steilen Felder zu bestellen, die Ernte einzubringen, den Wald zu pflegen. Die vielen Maschinen, die der Velthunerbauer hätte kaufen müssen, wollte er den Hof alleine bearbeiten, kosteten zuviel Geld. Auch dann, wenn er all sein Holz aus dem Wald geschlagen und verkauft hätte – es hätte nie gereicht. Aber das Holz brauchte er für den Dachstuhl und als Brennholz für den Ofen in der Stube. Und so leben auch die anderen Bauern auf ihren Einödhöfen im Tal. Die Kost ist einfach, viel »plentene Knödel«, Milch, hartes Brot, Speck. Es ist ja auch immer so gewesen.

Weiter hinten ging der Untermesner mit seinem Enkel. Nach der langen Prozession brauchten sie nochmals zwei Stunden bis nach Hause. Die Bäuerin hatte inzwischen Knödel gekocht, mit dem eigenen Buchweizen aus der Getreidekiste, etwas Speck aus der eigenen Selchküche, mit Mangold aus dem eigenen Garten.

Nicht nur in den Essgewohnheiten ist auf diesen Höfen vieles beim Alten geblieben. Den Arzt ruft man nur im äußersten Notfall und vertraut sonst auf die selbst gesammelten Heilkräuter. Seit man zurückdenken kann ist das so. Jeder Hof schwört auf seine Erfahrungen, jede Bäuerin hat ihre eigenen Rezepte. Alles am Hof hat seine feste Ordnung. Der Tageslauf wird immerzu von der Jahreszeit bestimmt und vom Vieh im Stall.

Mein Urgrossvater

Mein Urgroßvater, der Verginerbauer von St. Magdalena in Villnöß, war ein sonderbarer Kauz. Er trank, trug einen fuchsroten Vollbart, meist lodene Hosen, ein rupfenes Hemd und ein Leiberl, das er nie auszuziehen schien. Von der Kirche und vom Beten hielt er nicht allzu viel.

Das »Ramuner Nannele«, obwohl inzwischen im Achtundachtzigsten, erinnerte sich noch gut daran, wie sie ihm als ganz junges Mädchen am Sonntag einmal auf dem Heimweg vom Hochamt begegnet war. »Heint wersch vom Kirchen nimmer viel derwischen«, entschlüpfte es dem Nannele, und während sie einige Schritte weiterging, voller Angst, er könnte sie ergreifen und in die Hosentasche stecken, hörte sie den ungeheuer großen und kräftigen Mann schmunzelnd antworten: »A Verginer, der hot nie viel vom Amt g'halten!« Das Gesicht der alten Ramunerin verzog sich in tausend Runzeln, als sie sich an diese Begebenheit erinnerte.

Ich will nicht ausschließen, dass der damalige Verginer, Peter Messner, auf dem Weg ins Wirtshaus war, wie übrigens an jedem anderen Sonntag auch, als er dem Nannele begegnete.

Er soll sehr viel vertragen haben, er muss aber auch sehr viel getrunken haben, denn in den achtziger Jahren des 19. Jahrhunderts war der Verginerhof zur Versteigerung ausgeschrieben und verkauft worden. »Der Verginer hot den Hof versoffen«, wie man im Volksmund sagt, und er musste sich eine neue Existenz suchen. Seine Frau ist wohl bald darauf gestorben, die sechs »Gitschen«, die Mädchen also, kamen auf die verschiedensten Höfe in Dienst, während die beiden Buben, Josef, mein Großvater, und Peter, der spätere »Stoanhauser«, mit ihm nach »Filler-Stoangort« zogen. Dort, in einer kleinen Steinhütte oberhalb des Fillerhofes, lebten sie – Höhlenmenschen ähnlich – die kalten Wintermonate über. Sie

▲ Bauernhöfe im hinteren Villnößtal, das einst ladinisch war. Die Ladiner – Rätoromanen – sind eine Volksgruppe im Dolomitenraum. Ihr Siedlungsgebiet konzentriert sich heute auf die Sella-Berggruppe. Die Mehrzahl der rund 20.000 Ladiner Südtirols lebt in Tälern von Gröden, Gader und Fanes.

kochten für sich selbst, und der Vater lehrte die Buben das Handwerk des Schnitzens. Obwohl sie die kitzgroßen Pferde, die sie schnitzten, schon damals in Körben über Brogles nach Gröden trugen, um sie Händlern zu verkaufen, litten sie Not. Im Sommer übernahmen sie deshalb Hirtendienste auf der Duslerhütte oder auf Ochsengarten; die Buben hatten Läuse, und wenn sie im Winter beim Schulgehen allzu großen Hunger hatten, tauschten sie die »Rößler«, die sie im Sommer auf der Alm geschnitzt hatten, gegen Brot ein.

Später sind die beiden Brüder viel in den Holzschlag gegangen, nebenbei haben sie gewildert und konnten sich so hart arbeitend zwei winzige Höfe kaufen: Stoan-

► *Würden die Bergbauern nur ökonomisch denken, müssten 80 bis 90 Prozent der alpinen Nutzfläche brach fallen – mit unübersehbaren ökologischen und sozialen Konsequenzen.*

haus der ältere; Oberhüttel der jüngere – mein Großvater. Ich weiß, dass er zeitlebens stolz war auf diesen selbst erworbenen Besitz. Als wir einmal, er fast einsneunzig groß, ich ein Knirps von fünf oder sechs Jahren, beide die Hände auf dem Rücken verschränkt, zum Bienenstand an der Sonnenseite spazierten, verriet ich ihm, dass auch ich Bauer werden möchte. Aber nicht so ein Kleinhäusler wie er, sondern ein großer Bauer, wie der Verginer einer gewesen war oder der Glorzer. Ich wusste damals noch nichts von meinen Urahnen, und mein Großvater lächelte nur, nahm mich zwischen die Knie und erzählte mir dann, wie sie früher unter der Furchetta die Gämsen in die Enge getrieben hatten, wie er während einer einzigen Mittagspause beim »Holzern« zwei Rehe geschossen hatte oder wie sie im Winter Holz »gführt« hatten.

Aus meinem kindlichen Wunsch, ein großer Bauer zu werden, ist nichts geworden, nur zwei kleine Höfe habe ich mir kaufen können. Hätte mein Urgroßvater seinen Hof nicht versoffen, wer weiß.

◄ *Weinbauer am Kalterer See. Dahinter die Ruine Leuchtenburg. Die heutigen Nutzflächen in den Alpen zeigen sich in drei ausgeprägten Formen: einmal intensivst genutzter Obst- und Weinbau; dann die vom Fremdenverkehr übererschlossenen Zonen, beides Monokulturen, die äußerst krisenanfällig sind; zuletzt die Flächen ohne moderne Nutzung, auf denen die traditionelle Landwirtschaft zusammenbricht und aus denen sich der Mensch nach und nach zurückzieht. Diese einzelnen Räume sind miteinander verzahnt. Das Muster – entweder Monokultur oder Landflucht – ist über den gesamten Alpenraum ähnlich problematisch.*

► *Berghof im Vinschgau, Sonnenberg. In den am höchsten gelegenen Höfen, die erst durch Autos und Asphalt zugänglich wurden, sprechen die Menschen eine Sprache, die kaum jemand versteht, oft schon im nächsten, tiefer gelegenen Tal nicht.*

EIN KLEINES HÖFL IN SÜDTIROL

Ein kleines Höfl in Südtirol zu besitzen und zu bewirtschaften, war seit 30 Jahren mein Traum, irgendwo am Waldrand zu leben und auf die übrige Welt zu pfeifen.

Wie oft schon, wenn ich nach langen Expeditionsmonaten in München, Frankfurt oder Mailand im Flughafen dem Ausgang zustrebte, fragte ich mich, wer hier verrückt spielt: ich oder diejenigen, die mich vorwärts

drängten. Alles lief, hetzte, jagte, und ich kam eben aus dem Himalaja, aus dem Karakorum oder aus dem Hindukusch, wo die Menschen unendlich viel Zeit zu haben schienen. Es brauchte meist nur einige Tage, bis ich alles verstand und mitzulaufen begann und unterging im Strom, der in den westlichen Industriestaaten immer reißender zu werden droht.

Heute weiß ich, dass es in Europa unmöglich ist, so zu leben, wie es ein Bauer im Diamirtal oder ein anderer im Hochland von Neuguinea kann, wie meine Ahnen vor Hunderten von Jahren gelebt haben mögen. Es ist die Umgebung, die Atmosphäre der Globalisierung mit ihrem Denken, Planen und Wollen, die uns daran hindert. Auch

in unseren Dolomitentälern ist alles anders geworden. Es ist aber nicht der Bergbauer selbst, der diese Veränderung eingeleitet hat, der seine Lebensform umstellen wollte. Es waren Einflüsse von außen, die ihn dazu zwangen, Einflüsse, die nach und nach alle Bergvölker erfassen werden.

Wenn ich trotzdem ab und zu von einem Bauernhof träumte, dann von einem, der mir eine sichere Existenz garantierte, mit fließendem Wasser im Haus, Heizung, Strom, der Möglichkeit zum Lesen und Reisen. Ich wollte ja auch Theater und Kinos besuchen und freie Zeit haben, meinen Liebhabereien nachzugehen. Ich weiß zwar, dass ein Stückchen Land genügt, um nicht zu ver-

hungern: ein Stall, zwei Kühe, eine Hütte und Holz für die kalten Monate im Winter. Damit aber konnte ich mich nicht zufrieden geben, und ein unzufriedener Bauer wollte ich nicht sein. Ich hätte auch kein voll subventionierter Bauer sein mögen, weil ich dann einen ungesunden Bauernhof gehabt hätte.

Ein kleiner Berghof aber verträgt keinen so anspruchsvollen Bauern, und einen großen konnte ich lange weder kaufen noch bearbeiten. Spät erst bin ich sesshaft geworden und Bauer, vor allem Landschaftspfleger und Pionier einer neuen Lebensform, die eine nachhaltige Verzahnung von Tourismus und Selbstversorgerdasein in den Bergen anstrebt.

▼ *Walserin im Monte-Rosa-Gebiet. Nach 5000 Jahren Handel hin und her über die Alpen, von und nach Italien, bleibt diese Region trotz Kultur-Tourismus den meisten Europäern unbekannt. Noch immer wissen die meisten von uns mehr über die Sherpas als über die Walser.*

»MINDERHEITEN WERDEN NUR SO LANGE ÜBERSEHEN, WIE ES SIE GIBT. SIND SIE EINMAL VERSCHWUNDEN, IN DER KULTURELLEN MAJORITÄT AUFGEGANGEN, SO WIRD IHNEN SCHNELL DIE AUFMERKSAMKEIT ZUTEIL, DIE IHNEN ZEITLEBENS VERSAGT GEBLIEBEN WAR. DIES GILT AUCH IM ALPENRAUM, FÜR DIE LADINISCHEN UND OKZITANISCHEN BEVÖLKERUNGSGRUPPEN EBENSO WIE FÜR DIE WALSER.«   Gerhard Fitzthum

FRAUEN AM BERG

Im Laufe der Jahrhunderte haben Frauen immer wieder gezeigt, dass sie auch unter nachteiligen Umweltbedingungen überleben können. Indem sie ihre Beziehung zur Natur festigen, Ressourcen nutzen, gleichzeitig aber das Land bewahren und pflegen, haben sie alle Voraussetzungen, Berggebiete zu retten. Ohne auf Magie und Poesie ganz zu verzichten, die sie zu Hüterinnen des kulturellen Erbes und zu Komponisten neuer Lieder gemacht

◀▶ Alte Walserhäuser als lokales Kulturgut. Die Berggebietförderung in der Schweiz, in der Autonomen Provinz Südtirol und im Val d'Aosta zeigen, wie Berglandwirtschaft und Tourismus miteinander verzahnt werden können.

Bei den Walsern und in den Dolomiten, wo der Alpinismus bald 200 Jahre alt wird, hat der Bergführerberuf Tradition: Kleinhäusler und Bauern, die jene Forscher und Touristen als Träger begleiteten, die ins Monte-Rosa-Gebiet und in die Dolomiten kamen, um die höchsten Gipfel zu besteigen, übertrafen ihre »Herrschaften« an alpiner Erfahrung und Geschicklichkeit im Fels von Anfang an. Bald wurden aus Trägern Führer und diese gaben ihre Erfahrungen an ihre Söhne oder Neffen weiter. So entstanden die Bergführerfamilien, die – Dynastien gleich – in den Tälern von Macugnaga, Cortina, Sexten und Zermatt für nachhaltigen Tourismus sorgten – bis heute.

Auch heute werden bei den Walsern viele Initiativen traditioneller Wirtschaftszweige von Frauen getragen! Wo die Frauen bleiben, ist der Berg bearbeitet, und zwar im Einklang mit den Möglichkeiten, die Berggebiete den Menschen auf Dauer bieten.

Immer öfter sehen wir in den Tälern, wie der Abwanderung der weiblichen Bevölkerung der Niedergang folgt. Ja, wenn die Frauen weggehen, stirbt der Berg! Und Mädchen, die »keinen Bauern heiraten« wollen, stehen am Anfang der Abwanderungskette. Zunächst »importieren« die Männer Ehefrauen aus dem Fernen Osten oder aus Osteuropa; wenn sie dann aber älter werden, ziehen sie in die Städte.

Umgekehrt sind durch avantgardistische Konzepte und moderne Kommunikationsmedien ganze Täler zum Leben erweckt worden – von Frauen.

Immer mehr also werden die Frauen zum dynamischen Element der alpinen Wirtschaft. Wenn sie nicht vergessen, woher sie kommen, und wenn es ihnen gelingt, Traditionen mit neuen Errungenschaften zu verknüpfen sowie ihre fundamentalen Rechte zu verteidigen, sind sie die Hoffnungsträger und Retter vieler Berggebiete. Vor allem die Zukunft der Alpen ruht in ihren Händen. Wir müssen ihnen nur die Möglichkeit geben, sich zu organisieren und aus ihrer tausendjährigen Erfahrung im engen Kontakt mit der Natur das Beste zu machen.

haben, sind sie oft und vielerorts zu den Hüterinnen »verlorener Weiler« geworden.

Allerorten haben Frauen die Techniken traditioneller Wirtschaftszweige gerettet: die Nomaden-Viehzucht; das Sammeln und Verarbeiten von Arzneipflanzen; das Gastgewerbe. Berggebiete, die sich jahrhundertelang fernab der großen Verkehrswege sowie moderner sozialer und kultureller Entwicklung hielten, sind vielfach Zeugen weiblicher Kultur und weiblicher Gemeinschaft. Weil die Männer sehr oft nicht da waren, auswanderten oder woanders arbeiteten – in den Dolomiten von Cadore ebenso wie im Süden des Monte Rosa – retteten immer wieder Frauen die Situation.

◄ *Auch in Tibet sind Blumen vor dem Haus Schmuck und Trost zugleich.*

▲ *Trotz Geranien am »Söller« ist es vielerorts schwierig, sich als Bauer zu verheiraten. Wer in der Höhe bleiben will, muss sich einschränken. Dazu locken Einkommen in Pensionen und Hotels. Lieber Putzfrau oder Kellner im Hotel als arm und einsam am Bergbauernhof, lautet der stille Wunsch der jungen Generation.*

BLUMEN AM FENSTER

Zuerst sei ich auf Berge gestiegen und dann erst hätte ich mich für die Menschen, die an den Hängen und in den Tälern dieser Berge leben, interessiert. Nein, das ist keine Unterstellung Außenstehender, ich selbst habe meine Entwicklung vom Kletterer zum neugierigen Beobachter der Bergkulturen so gesehen. Es war falsch.

Ein Dutzend Jahre lang habe ich in einem Südtiroler Bergdorf gelebt. Es gab dort keine andere Kultur als die bäuerliche und ich hatte keine Zweifel an der Beständigkeit dieser unserer Lebenshaltung, weil ich keine andere kannte. Wir gehörten dazu, obwohl wir »die Lehrerbuben« waren.

Als Kinder schon haben wir im elterlichen Kaninchenstall, später in unserer Hühnerfarm mitgearbeitet: Mähen, jäten, Kartoffeln heraushacken konnte ich bevor ich abseilen konnte. Und noch mit fünfzehn, inzwischen zur Schulzeit von daheim weg, arbeitete ich die Sommermonate über auf dem »Braunhof« in Lengstein am Ritten. Der Bauer, der »Luis«, war damals noch Junggeselle

◀ Als die römischen Legionen
der Überfälle der Bergstämme
in der Po-Ebene überdrüssig
waren, besetzten sie die Täler
und Übergänge. Ihre Verwaltung dauerte 500 Jahre. Dabei
entstand das Rätoromanische,
das vom Bodensee bis an die
Adria gesprochen wurde. Damals
schon entwickelte sich eine gemeinsame Bergbauernkultur.

▲ Zermatt. Wenn Geranien-
schmuck an Hotels und
Gehöften nur noch als Köder
für Skifahrer und Bergsteiger
dient, ist er mir suspekt,
unangenehm.

und es fehlte an Arbeitskräften auf dem »Braunhof«.
Maschinen wollte und konnte er sich nicht leisten. Beim
Pflügen musste ich also die Ochsen führen, am frühen
Morgen die Kühe auf die Weide treiben, frisches Eschen-
laub sammeln für das Vieh.

Auf einem Bergbauernhof gibt es immer etwas zu
tun, und die Geranien blühen dabei auf Balkonen und
Fensterbänken vom Frühjahr bis zum Spätherbst. Später
habe ich diese Blumen auch in Tibet gesehen, in Hunza
– überall in Berggebieten auf dieser Erde. Als wären sie
ein Symbol des Ausharrens ganz oben.

Ja, mit zwanzig Jahren haben mich Matterhorn-
Nordwand und Monte-Rosa-Ostwand mehr interessiert
als die Walser, mit fünfundzwanzig der Nanga-Parbat-
Gipfel mehr als die Hunzas. Damals aber schon hatte ich
begriffen, dass die Gebirge nicht nur uns Bergsteigern
Möglichkeiten und Grenzen aufzeigen, wenn wir auf sie
hinaufsteigen. Mehr noch gilt dies für die Menschen, die
in Dauersiedlungen dort leben. Später galt meine Neugierde den Bergvölkern ebenso wie den Gipfeln, und
inzwischen hat sich – auch weil ich älter geworden und
neugierig geblieben bin – das Interesse mehr auf die
Menschen in den Bergen konzentriert. Lehren sie doch
eine Lebenshaltung, die Bestand hat.

◄ *Überall in den Alpen, oft in 2700 Meter Höhe, sind Siedlungsreste aus der Mittleren Steinzeit gefunden worden: 7000 bis 9000 Jahre alt. Die Archäologie bestätigt damit die alten Sagen der Talbewohner – und Kulturen, von denen wir sonst nichts wüssten, werden erahnbar.*

RUND UM DEN MONTE ROSA

Als ich im Sommer 1993 mit Professor Zanzi und seinem Sohn Roberto um den Monte Rosa herumging, war das als Aktion und nicht als Bergwanderung gedacht. Den Walsern, die seit Jahrhunderten in den Tälern am Fuße dieses gewaltigen Bergmassivs siedeln, galt mein Interesse, und der Überlebenschance ihrer Kultur. Deshalb sind wir immer wieder in die Täler abgestiegen und haben mit den Menschen dort geredet. Ich habe sie beobachtet und Fragen gestellt.

Nein, ich habe keine Antworten bekommen. Auch am Monte Rosa sind die Menschen vielfach still, wie die Schluchten tief und düster. Alles bleibt ohne Antwort. Wie stumme, offene Mäuler liegen die Täler zwischen den Bergen. Aufgerissen, aber ohne Laut.

Die Menschen, die einst weiter und weiter die Berghänge hinaufgestiegen sind, um zu siedeln, starrten in diese Schluchten hinab wie in ihre eigene Leere. Und sie waren allerorts ähnlich: im Himalaja, in den Anden, im Kaukasus und in den Alpen. Sie haben sich Behausungen gebaut, die nur dem Klima und den gegebenen Baumaterialien vor Ort – meist Stein und Holz – entsprachen. Ihre Techniken, Gerätschaften und ihr Arbeitsrhythmus sind vielerorts so ähnlich, dass die Entfernungen zwischen den einzelnen Völkerschaften irritierend wirken. Sherpas und Walser, Indios und Zimbern könnten Nachbarn sein.

Es sind weniger die verschiedenen Kontinente, die sie geprägt haben, als vielmehr die Wildbäche, die Schuttbarrieren und Steinlawinen, die überall im Gebirge ähnlich sind. Wer sein Leben lang an verworfenen Steilhängen ein Auskommen finden muss, wird in dem Maße erfinderisch, wie Katastrophen über ihn kommen.

Überall auf der Erde, wo Berge in den Himmel ragen, versuchen Menschen das Weideland bis hoch über die Baumgrenze zu nutzen. Sie kennen den Faltenwurf ihrer Gegend und brauchen weder Landkarte noch Kompass, um den Haustieren nachzusteigen oder dem Wild, und das Wasser aus den Firnfeldern im Gipfelkranz leiten sie in komplizierten Gräbensystemen bis zu ihren Äckern in der Talsohle, um sie zu bewässern. Mit der gleichen Beharrlichkeit, mit der die Berge einst aus der Tiefe der Erde dem Firmament entgegengestemmt wurden, nutzen sie flache Stellen als Felder, roden sie Wälder, bauen sie Stege, Brücken, Häuser.

Das Leben dieser Bergmenschen ist, anders als das Leben der Städter, oft von einer tragischen Heiterkeit. Ob die Erkenntnis dahintersteckt, dass es kein Entrinnen gibt oder nur die Tumbheit derer, die Gefangene bleiben zwischen all den Schluchten und Geröllhalden, wollte ich nie herausfinden.

Die »vernünftigen« Menschen haben sich im Laufe der Jahrtausende ein Reich des Komforts und der Sicherheit aufgebaut: die Städte. Überlegen in der Organisation grosser Gemeinschaften und in der Überzahl nennen sie ihre bequeme Lebensart die »normale«.

Einige wenige aber versuchen immer noch, zwischen den Bergen zu leben. Das Zurechtkommen ist dort ein ganz anderes als im Tiefland: beschwerlich, unfrei, eintönig. Trotzdem wollen die Letzten dort oben bleiben. Ihre Ahnen litten ja auch an Heimweh, Angst und sie froren oft. Sie gebaren und starben einsam und trotzdem wichen sie nicht von ihren Höfen, ihren Tälern, ihren Bergen. Ihr Verlassensein ist wie ihr Obensein nur erträglich, solange sie ihre Welt von der Ordnung der Städte verschonen. Die allerwenigsten von ihnen erzählen ihre Geschichten in Büchern oder Filmen. Sie leben ihr Leben zu Ende, und jedes einzelne Schicksal bleibt sichtbar in Dächern, Mauern, Wassergräben. Ihre Wirklichkeit bedarf keiner Vergewisserung. Auch Handwerkszeug wird erfunden und vergessen.

Wenn ich versuchte, den Walsern mit Worten ein Denkmal zu setzen, bliebe es ohne Bedeutung im Verhältnis zu ihrem Leben selbst. Denn unsere Schriften werden rascher noch verrotten als ihre Almhütten, die Zäune am Weg und die Mühlräder. Die Hoffnung, dass ihre Lebensart überlebt, ist zwar die Hoffnung von Träumern – sogar die Berge verfallen schlussendlich zu Schuttkaren, die Steinhalden zu Sand – aber was soll's. Was länger währt als Hoffnung, ist nur die Wüste.

Von dort, vom Rande der Unbewohnbarkeit, waren einst die Nomaden gekommen. Sie stiegen hinauf bis an den Rand der Gletscher. Bevor die Stadtkulturen entstanden, die heute den Großteil der Menschheit an sich binden, gab es die Siedlungen hoch oben am Berg.

Als ich vor ein paar Jahren um den Monte Rosa herumging, war ich auf einer seltsamen Wanderschaft. Die Orte im Tal waren zum Teil so arm und verkommen, dass ich alle Hoffnung auf Wiederbelebung verlor, ganze Weiler verlassen, die Hochalmen menschenleer. Nur ein paar Dutzend Dörfer hatten es zu Wohlstand gebracht. Durch den Tourismus. An den Steilbahnstationen und Panoramaplätzen sah ich Scharen von fotografierenden, schreienden, nach Motiven jagenden Menschen, die aus den Ballungszentren gekommen waren, um auch am Ende der Welt unter sich zu sein.

Ein Paradies ist die Gegend nicht. Sie war es auch nie. Aber der Monte Rosa stand immerzu in der Mitte und über allem – so als wäre die Welt zwischen Gletschern und Städten nur geträumt.

◄ »Höfl« in Villnöß in Südtirol. Solche Höfe ohne Weg und ohne Seilbahn sind kleine, autarke Welten, aus denen die Menschen mitunter wochenlang nicht herauskommen. Mit Ausnahme der Kinder, die Tag für Tag und bei jedem Wetter zur Schule müssen.

► Es ist Unsinn und eine romantische Vorstellung, auf einen Südtiroler Bergbauernhof gehöre nichts Modernes! Und auch in den Stuben dieser Bergbauern steht heute ein Fernsehgerät, das Telefon und ein Computer. Ja, das Plastikzeitalter hält seinen Einzug in den Höfen. Wie alle Welt leben auch Bauern in ihrer Zeit. Aber auch nach dem Rhythmus der Natur.

► Walserhaus mit Steindach: Nicht rückwärtsgerichtete Heile-Welt-Schau, sondern Abgesang auf eine über Jahrhunderte festgefügte und nun versinkende Welt. Das Sich-Rückbesinnen auf die Anfänge kann, über die Sehnsucht nach dem Verlorenen hinaus, durchaus eine zeitgemäße Dimension haben: zum Beispiel Handwerkskunst, die Bestand hat.

BERGBAUERN VOR DEM ABRUTSCHEN?

»LANDWIRTSCHAFT IST DERZEIT NUR IN RELATIV KLEINEN GUNSTREGIONEN ERTRAGREICH UND ÖKONOMISCH SINNVOLL.«
Werner Bätzing

Die Einsicht, dass die Berglandwirtschaft für ihre Landschaftspflege honoriert werden muss – in letzter Zeit durch Krisen und die EU-Behörden gefördert –, muss auch von Bergbauern selbst kommen und von all jenen, die eng mit ihnen zu tun haben: Konsumenten, Touristiker und die Ökologie-Bewegung. Übrigens sind wir in den Alpen alle unmittelbar vom Weiterwirken der Bergbauern abhängig: in erster Linie die Städter! Wer weiß, dass mit dem Abrutschen der Bergbauern die Lebensqualität und Bewohnbarkeit der Berggebiete abrutscht und gleichzeitig das Tiefland darunter leidet – Hochwassergefahr und Mobilitätseinbußen –, wird nachdenklich. Wer von uns will das alles hinnehmen?

▲ *Überkommene Hausform aus agro-pastoraler Vergangenheit (Nepal). Ähnliche Hütten in den Alpen sind nicht modische, substanzlos gewordene Nostalgie, sondern günstige Bauweise genügsamer Bauern.*

HARMONIE

Ob die alten Gehöfte in Villnöß, im Pfossental, bei Macugnaga oder in Nepal stehen, ihre Proportionen stimmen. Ja, was ich bei den Bergvölkern auf der ganzen Erde immer wieder entdeckt und bewundert habe, ist eine Harmonie, die sich in allem widerspiegelt: in ihren Häusern, den Zäunen und in der Anlage der Äcker. Auch im jahreszeitlichen Rhythmus der Arbeit und im Landschaftsbild. Es ist also die ungestörte, gewaltige Umgebung, die den Bergmenschen prägt und nicht die Technologie. In

vielen abgeschiedenen Bergtälern fand ich eine Lebensform, die dem einzelnen Menschen auf den Leib geschneidert scheint. Mit den Sorgen um die unmittelbare Beschaffung der täglichen Nahrung, des Holzes und der Vorräte für die kalten Wintermonate ist die ganze Familie beschäftigt. Diese Unmittelbarkeit geht mit der Rationalisierung auch auf dem Bauernhof verloren – was aus unromantischer Sicht weder schlecht noch gut, sondern der Lauf der Zeit ist. Die Harmonie allerdings, die in bäuerlichen Lebensgemeinschaften steckt, wäre für immer verspielt. Und die Seele der Menschen, die sich in all ihren Handlungen spiegelt, würde eine andere. Werden wir das alles in immer ferneren Ländern suchen müssen?

»Die Geschichte eines
Mannes ist die
Geschichte des Dorfes
dieses Mannes, und die
Geschichte des Dorfes
dieses Mannes ist die
Geschichte der gesamten
Menschheit.«

Leo Tolstoi

In den Bergen Vorder- und Hochasiens

◄ *Himalaja, Hindukusch, Karakorum (im Bild Träger-kolonne in Askole am Braldo-River) sind arme Gegenden, aber die touristische Nutzung der Reichtümer an Naturschönheiten und Kulturgütern in Hochasien bietet eine realistische Chance für die wirtschaftliche Entwicklung und Zusatzeinkommen auch in abgelegenen Bergregionen.*

Nationalismus als Keil

Mehr noch als in Europa treiben nationalistische Interessen auch in Asien Keile zwischen Grenzregionen, die nur gemeinsam Lösungen für die verschiedensten Probleme finden können: Im Grenzgebiet zwischen Indien und Pakistan, in Jammu und Kaschmir, herrscht ein Dauerkonflikt, der leicht zum Explosionsherd werden kann. Die Menschen in den Bergtälern dort verarmen immer mehr. Aber auch im Jemen und im Kaukasus werden interkulturelle, grenzüberschreitende Lösungen verhindert; die Kurden sind bald aufgerieben zwischen nationalistischen Interessen; das besetzte Tibet verliert seine Kultur.

So wie Warschau, Bratislava, Budapest, Kiew und Bukarest auf europäischer Ebene die grenzüberschreitende Zusammenarbeit im Rahmen der »Euroregion Karpaten« behindern, sind es auch die unterschiedlichen Orientierungen in der Außenpolitik Pekings, Islamabads, New Delhis, Ankaras, Bagdads, die jede Zusammenarbeit ihrer bergigen Grenzregionen torpedieren. Hoffentlich folgt bisheriger Sturheit bald eine Politik der Öffnung, denn es braucht nach dem Vorbild Tirols überall im Gebirge mehr grenzüberschreitende Initiativen, auch in den Karpaten und in den Bergen Asiens, wenn wir zum friedlichen Nebeneinander finden wollen.

Um ein Auseinanderdriften der bis 1989 zwangsweise im Rat für gegenseitige Wirtschaftshilfe und im Warschauer Pakt zusammengeschlossenen Karpaten-Anrainer zu vermeiden, haben Regierungen und Gebietskörperschaften der fünf Karpaten-Staaten 1993 die »Euroregion Karpaten« gegründet. Sie umfasst heute eine riesige Fläche, die von 16 Millionen Menschen bewohnt wird. Ihr Hauptziel sind grenzüberschreitende Projekte in der Regionalentwicklung, im Handel, in der Umwelt- und Tourismus-Politik. Solche grenzüberschreitenden Initiativen müssen überall in Bergregionen unterstützt werden.

▼ *Tibeter bei der Rast. Die Menschen in dieser Weltabgeschiedenheit sind arm und müssen hart arbeiten, um in dieser Höhe am Rande der Vegetationsgrenze überleben zu können. Sie sind also keine Heroen der Western-Lyrik.*

»Ständig erschaffen wir neue Embargos, grenzen damit ganze Gesellschaften aus, dämonisieren Millionen. Was erreichen wir mit dieser Gutmensch-Mentalität – nichts.«

Paulo Coelho

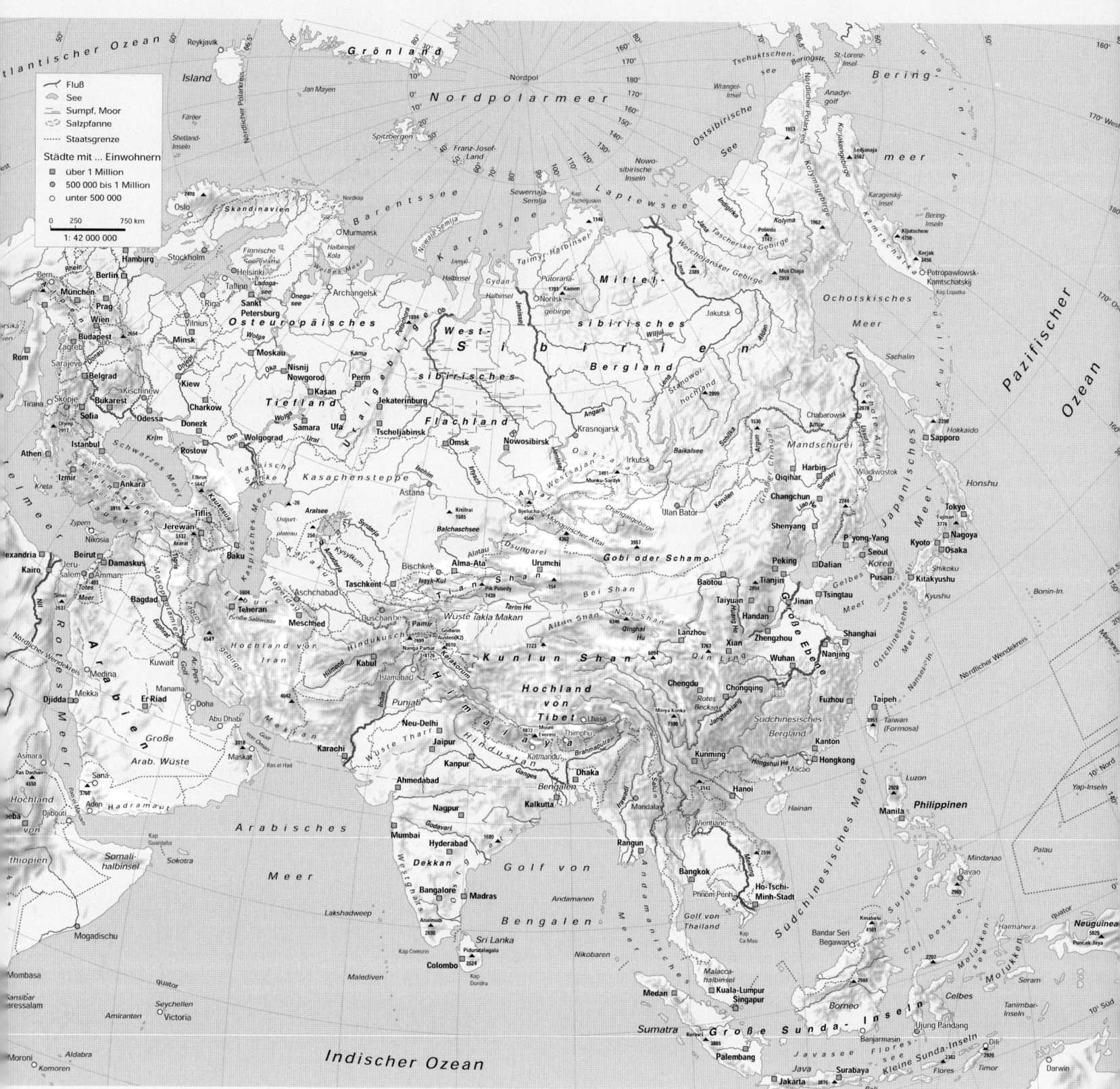

Inschallah

Es war auf der Rückreise aus dem Hindukusch, nach einer Expedition am Noshaq, dem höchsten Berg Afghanistans. Wir kauerten auf einem jener selbst gebastelten, bunt bemalten Lastwagen, die durch Flüsse und über Schuttfelder fahren können, und bestaunten die wüstenhafte Landschaft, die an uns vorbeizog.

Plötzlich bremste unser Chauffeur so schroff, dass es uns hinten auf der Ladebrücke durcheinander warf wie die Würfel in einer hohlen Hand.

Ein gutes Stück mochten die blockierten Räder über den lockeren Schotter gerutscht sein, bis wir in einer Kurve knapp zwei Meter vor einem Lastwagen aus der Gegenrichtung zum Stehen kamen. Unser Truck war mit der Nase ganz nahe an den Abgrund getrieben worden und stand nun quer, die Straße vollkommen sperrend. Links fiel eine Felswand senkrecht in den Fluss ab, dessen Poltern und Zischen ich im Gedränge und im Lärm meiner erschrockenen Expeditionskameraden nur wie aus großer Ferne hören konnte. Rechts stieg der wüstenhafte Berghang steil an. Zurückfahren oder Ausweichen war unmöglich. Unser Fahrer, ein altehrwürdiger Kurde, der das Primat für sich in Anspruch nahm, diese Straße in den Wakhan als erster befahren zu haben, war inzwischen ausgestiegen, vermutlich, um mit dem Chauffeur des anderen Lastwagens darüber zu beraten, wer nun ausweichen sollte. Der andere Fahrer aber war gar nicht da, der Wagen leer. Bald stellte sich heraus, dass dieser Truck einen Achsenbruch erlitten hatte und blockiert war. Unser Chauffeur setzte sich, ohne auch nur einen Fluch ausgestoßen zu haben, in den Schatten seines Fahrzeugs und schlief bald ein.

Es dauerte nicht lange, da begann ein Murmeln und Schimpfen in unserer Gruppe, Stunden später ein verzweifeltes Händeringen und hektisches Herumlaufen. »Wir werden unser Flugzeug versäumen«, klagte der eine, »Ich werde meinen Arbeitsplatz verlieren«, fürchte-

te ein anderer. So viele Personen, so viele Befürchtungen. Wie Gebete stiegen die Ängste gegen den Himmel.

Aufgewachsen in einer Welt der Terminkalender und Sicherheiten, können wir Europäer uns an solche Ungewissheiten nicht gewöhnen. Fahrpläne, das Telefon, das Netz und Verträge haben das Ungewisse in unserer Welt auf ein Minimum reduziert. Dagegen ist die Ungewissheit ein wesentliches Merkmal im Leben der Orientalen.

Unser Chauffeur schlief immer noch, als der Fahrer des anderen Lastwagens auftauchte. Nachdem wir ihn, voller Hoffnung, dass wir jetzt weiterfahren könnten, geweckt hatten und er sich mit seinem Kollegen über die

Nicht nur in Turkestan ist alles von Staub bedeckt: Bäume, Menschen und Häuser. Alles ist ockerfarben. Die Wege verlieren sich zwischen Lehmhügeln, und auch die Reiter, Eseltreiber und Fußgänger, die gelbbraune Staubwolken aufwirbeln, verschwinden darin.

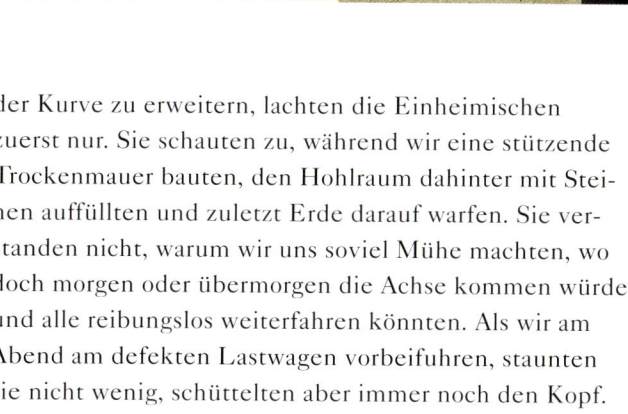

Situation unterhalten hatte, teilte er uns lakonisch mit: »Vielleicht kommt die neue Achse morgen, vielleicht übermorgen. Eine Nacht müssen wir auf jeden Fall hier bleiben, wahrscheinlich aber zwei oder drei Nächte.« Inschallah – keiner von uns brachte auch nur ein Wort heraus. »Immer vorausgesetzt, dass der Bub, der die Achse besorgen soll, eine solche in Faizabad auftreiben kann«, fuhr er eine Weile später fort. »Inschallah«, und er setzte sich wieder neben den Wagen in den Sand, um weiterzuschlafen.

Da wir Europäer uns nie mit vollendeten Tatsachen abfinden können, schritten wir zur Tat. Als wir im Laufe des späten Nachmittags damit begannen, die Straße in

der Kurve zu erweitern, lachten die Einheimischen zuerst nur. Sie schauten zu, während wir eine stützende Trockenmauer bauten, den Hohlraum dahinter mit Steinen auffüllten und zuletzt Erde darauf warfen. Sie verstanden nicht, warum wir uns soviel Mühe machten, wo doch morgen oder übermorgen die Achse kommen würde und alle reibungslos weiterfahren könnten. Als wir am Abend am defekten Lastwagen vorbeifuhren, staunten sie nicht wenig, schüttelten aber immer noch den Kopf. Als ob sie unsere Eile nie begreifen könnten.

▲ *Viele Clans pflegen seit un-*
denklichen Zeiten den Viehtrieb
zwischen den Sommerweiden
auf den Hochebenen am Ararat
und den Winterquartieren an

den Flüssen. Der Viehtrieb ist
eine Lebensnotwendigkeit. Die
Herde bestimmt also das Leben
der Menschen, denn sie muss ihre
Nahrung finden.

ZWISCHEN DEMA-
VEND UND SAHARA

»MIR GEHT ES NICHT UM DEN ABGESANG
AUF DIE KULTUR DER BERGVÖLKER, MIR
GEHT ES UM EIN BEWUSSTSEIN, DAS ENG
VERBUNDEN IST MIT DER AUFRECHTER-
HALTUNG UND REGULIERUNG DES LEBENS
IM GEBIRGE.«
Reinhold Messner

Das alte Persien, Turkestan, der Vordere Orient, der Kaukasus, Nordafrika – alle diese Gebiete unterscheiden sich
wesentlich von den Alpenländern und doch habe ich im
Verhalten der Bauern am Ararat, im Jemen oder am Fuße
des Demavend Ähnlichkeiten zu den Arbeitsweisen der
Bergbauern meines Heimattales entdeckt, Ähnlichkeiten
bis hin zu winzigen Einzelheiten.

Man weiß schon seit langem, dass Klima, Landschaft
und Artenvielfalt eine Zivilisation prägen. Mehr noch gilt
dies für die Meereshöhe. Mir wurde durch die Reisen in
die verschiedensten Berggebiete der Erde erst richtig
bewusst, wie sehr die dünne Luft den Alltag der
Menschen prägt.

▲ *Kurden leben im Irak, in Syrien, in der Türkei und im Iran. Meist als Minderheiten. Von den 13 Millionen Kurden* *leben einge Hunderttausend im Bergland im Länderdreieck Irak, Türkei, Iran.*

DIE KURDEN

Kurdistan, gibt es das noch? Nein, nur die Menschen sind noch da: Hirtennomaden, Ackerbauern, Handwerker und Kaufleute. Die kargen Berghänge geben nicht viel her: Ihre Schaf- und Ziegenherden sind also lebenswichtig, liefern sie doch neben Nahrung auch Wolle. Das den Kurden entsprechende Bergland ist relativ unzugänglich geblieben. Wollen sie von einem Tal ins andere, müssen hohe Pässe und Bergtäler überquert werden. Diese Bauern und Hirten – indoeuropäische Nomaden – lieben die

Jagd und sie sind gastfreundlich. Aber sie sind misstrauisch geworden. Zehntausende von ihnen sind immerzu auf der Flucht, denn nach wie vor bestimmen auch Blutrache, Stammesfehden und Partisanenkriege ihr Leben. Die Kurden sind ein zersplittertes Volk. Von den Großmächten wurde ihnen zwar immer wieder Unabhängigkeit und Autonomie versprochen, aber solche Versprechen werden wohl nie eingelöst und so unterdrückt man sie weiter. Denn nicht Gemeinsamkeiten bestimmen ihre Politik, sondern Rivalität. Die Kurden sind sich untereinander nicht einig geworden. So bleiben die Kurden die grimmigsten Feinde der Kurden. Leider.

ZERREISSPROBEN UND TERROR

Ein Jahrzehnt lang kämpften sowjetische Truppen mit Hubschraubern (»Fliegende Hunde«) und »Booby-Traps« (explosives Kinderspielzeug, das abgeworfen wird) gegen afghanische Bergbauern, die mit den Waffen ihrer Väter die Freiheit verteidigen wollten. Heute zerstören die Talibans, was nach diesem Krieg übrig geblieben ist.

Zwei Millionen Flüchtlinge leben inzwischen im Ausland, viele im benachbarten Pakistan. Immer wieder gehen Hundertschaften dieser Krieger über die Berge nach Kaschmir, um mit den Kaschmiris einen aussichtslosen Kampf um »Freiheiten« weiterzuführen. Dieser demoralisierende Terror aber sät wieder Hass und es folgt weiterer Terror.

Nicht nur im Hindukusch und Karakorum – besonders an der Grenze zwischen Pakistan und Indien –, auch im Kaukasus, ja sogar in Europa herrscht in Bergregionen weiter Unfrieden. Warum? Weil nationale oder supranationale Interessen die Entwicklung hin zu mehr Autonomie hemmen.

Wann werden die Bergvölker endlich einsehen, dass sie nur durch Zusammenhalt stark sind. Unter sich verfeindete Stämme können dem Nationalismus ihrer Unterdrücker nichts entgegensetzen außer Terror, der noch mehr Unterdrückung zur Folge hat.

Wie werden die nationalen Probleme in den Karpaten gelöst werden, frage ich mich in diesem Zusammenhang.

Denn im kommenden Jahrzehnt könnte der Graben zwischen den früheren ostmitteleuropäischen Satellitenstaaten der ehemaligen Sowjetunion und der damaligen Ukrainischen Sowjetrepublik in den Karpaten weiter vertieft werden. Die eigentliche Zerreißprobe in den Karpaten stellt die EU-Ost-Erweiterung mit der bevorstehenden EU-Mitgliedschaft Polens und Ungarns sowie in zweiter Staffel der Slowakei und möglicherweise Rumäniens dar. Bedeutet dies doch die Umwandlung zunächst der polnischen und ungarischen Außengrenzen in Schengen-Grenzen.

In der Ukraine und Rumänien wächst jetzt schon die Furcht vor einem neuen, die Karpaten-Region zerschneidenden »Eisernen Vorhang«. Die Einführung eines Visaregimes für ukrainische und rumänische Bürger durch die Slowakei im Mai 2000 wird als erster Schritt zur Abschottung gesehen. Eine von der EU ausgegrenzte Ukraine aber könnte sich stärker an Moskau anlehnen und würde für die erweiterte EU zu einem unberechenbaren Nachbarn an einer über 1000 Kilometer langen gemeinsamen Grenze.

◄ Nicht nur die Tartaren-
dörfer im Kaukasus bestehen
aus kaum über den Boden
hervorragenden Lehmhütten,
auch am Elbrus leben die
Menschen armselig zwischen
den Bergen. Alles scheint so
arm! Und zwar durch die
fast überall herrschende
Vegetationslosigkeit dieser
öden Welt, die es rätselhaft
macht, womit die Bewohner
ihre Herden ernähren.

▲ Nur Tourismus wird –
auf Nachhaltigkeit ausgelegt
– den Entwicklungsländern
Devisen bringen, Arbeits-
plätze und Zusatzeinkom-
men schaffen, Chancen für
kleine Unternehmer bieten.
Vor allem kann er abseits
gelegenen Regionen einen Weg
aus Unterbeschäftigung und
Armut öffnen und den
Abwanderungstrend zu den
Wirtschaftszentren stoppen.

»Man kann kaum etwas armseligeres und Unwohnlicheres sehen, als diese Ossetenhäuser; ja, es ist geradezu unbegreiflich, wie sogar mehrere Familien nebeneinander in diesen schmalen, dunklen Kammern leben können! Im Winter suchen die Osseten zwar durch Aufhängung von Matten, die sie aus feiner Baumrinde flechten, sich gegen Kälte und Nässe zu schützen; dann werden die Kammern aber noch dunkler.«

A. Sanders

LANDFLUCHT IM KAUKASUS

Es ist ein Trauerspiel. Dort, wo der Tourismus sich rasch und zerstörerisch entfaltet, entstehen Städte, die Hänge und Bergtäler darüber aber entleeren sich. Die Landflucht hat fast alle Bergregionen der Erde erreicht, auch den Kaukasus. Die arbeitsfähigen Frauen und Männer ziehen ins Tourismuszentrum, die Berglandwirtschaft verwaist.

»Dagestan bedeutet übersetzt ›Land der Berge‹. Der Kaukasus aber wird der ›Berg der Sprachen‹ genannt, was in besonderer Weise für Dagestan zutrifft. Dagestan hat 2,5 Mill. Einwohner. 35 Nationalitäten sprechen ihre eigene Sprache.«

Herlinde Menardi

◄► Gasthaus im Kaukasus. »Dritte Welt« zwischen Asien und Mitteleuropa. Die Alten haben keine Wahl als auszu- harren. Zwei Zeitalter leben hier nebeneinander, zwei Kulturen auch. Als wäre das Mittelalter zwischen den Kontinenten erhalten geblieben: Großeltern mit Enkeln, Armut ohne Hoffnung, Landflucht und kaum Zukunft. Niemand weiß, wer wen mehr braucht, die Alten die Kleinkinder oder die Kinder die Alten. Auch Aussteiger vermag es nicht zu reizen, dort, wo nur der Wind anklopft, einzusteigen und weiterzumachen.

URVERTRAUEN

Während Säuglinge in den Städten den größten Teil der Zeit im Kinderwagen und Gitterbett verbringen, hocken die Kleinen aus den meisten außereuropäischen Berggegenden mit gespreizten Beinchen auf dem Rücken der Mutter: beim Waschen, bei der Arbeit auf den Feldern, beim langen Marsch von einem Dorf ins nächste. Wenn das Baby – wie im Kaukasus, bei den Kurden oder im Wakhan – im Rückentuch getragen wird, so führt das durch die Nähe und Körperwärme der Mutter zu einer

Art »Urvertrauen«. Das Kind, das als »Tragling« überallhin mitgenommen wird, verrät ein seelisches Wohlbefinden, auch wenn es oft unbeschreiblich schmutzig und unterernährt ist.

So erlebte ich einmal – es war auf einem schmalen Steig im Khumbu Himal auf etwa 4000 Meter – wie eine Mutter mit einem Kleinkind auf dem Rücken durch Schlamm und zwischen kopfgroßen Steinen aufwärts keuchte. Es schneite und der Wind war empfindlich kalt. Das Kind aber legte das Köpfchen auf den Rücken der in Lumpen gehüllten Frau, sang, lachte und quietschte – offensichtlich vor Vergnügen. Ob diese Lebensfreude über ein ganzes Leben trägt, lasse ich dahingestellt.

DAS KULTURELLE ERBE ALS DAS VERBINDENDE

»Drei Dinge setzt jede dauernde Niederlassung im Hochgebirge voraus: erstens einen gesicherten Ort für die Gründung der Heimstätte, zweitens Erwerbsquellen für den Ansiedler, drittens eine nie oder doch nur ausnahmsweise unterbrochene Zugänglichkeit«, erkannte Ferdinand Löwe bereits 1888. Dazu kommt das Wasser, also eine Quelle und vielerorts auch Bachwasser für die Bewässerung der Felder. Heute auch der Tourismus. Es ist allerdings schwer zu erklären, warum die Bergvölker in ihrem Überlebensbemühen kaum unterstützt werden.

Angesichts der Gleichgültigkeit staatlicher und nichtstaatlicher Akteure gegenüber Berggebieten braucht es eine internationale Institution, die weltweit Projekte in den Bereichen grenzüberschreitende Zusammenarbeit, interethnische Kooperation und Vertrauensbildung, Erhalt des regionalen kulturellen Erbes, Stärkung kommunaler Selbstverwaltung sowie Entwicklung des Tourismus und Reaktivierung ländlicher Gebiete fördert.

◄ *Wie in den Alpen und im Himalaja sind die Terrassenkulturen auch im Jemen nur dank eines ausgeklügelten Bewässerungssystems fruchtbar. Das Problem dabei bleibt die Düngung. Immer noch wachsen die Felder durch die lokalen Düngepraktiken nach oben. Jährlich um ein paar Millimeter. Weil sich gleichzeitig die Flüsse, deren Wasser auf die Felder geleitet wird, weiter in die Hänge schneiden, ist der Bewässerungsfeldbau in Gefahr: Die Kanäle zu den Feldern müssen ständig verlängert werden. Damit steigt das Risiko von Erdrutschen an den labilen Hängen.*

▲ *Am Ende der achtziger Jahre war der Trekkingtourismus im Jemen noch jung. Inzwischen haben viele begeisterte Wanderer das schöne Land am Südzipfel der Arabischen Halbinsel entdeckt. Ihr Interesse geht aber weit über das reine Reiseerlebnis hinaus. Sie wollen mehr als Bergsteigen und Wandern in einem der faszinierendsten Hochgebirgsländer der Erde. Der Jemen hat eine einmalige Baukultur.*

Hilfe, natürlich auch Selbsthilfe, und Geld sind nötig, wenn die Menschen in den Bergregionen bleiben sollen. Herstellung gutnachbarschaftlicher Beziehungen, Anbindung an Verkehrsstrukturen und soziale Stabilität müssen die Ziele sein. Den wirtschaftlichen Fortschritt in den Bergregionen der Welt zu sichern ist also unsere Aufgabe. Als Regionen mit Werten, die morgen Mangelware sein werden, sind die Berggebiete in den Köpfen der Städter zu verankern. Sind sie doch Wasserspeicher und Erholungsraum für Milliarden von Menschen. Deshalb muss uns der Aufbau von demokratischen Strukturen, Rechtsstaatlichkeit und Marktwirtschaft in den Berggebieten eine Förderung von außen wert sein.

»Da 10% der Weltbevölkerung in Gebirgsregionen leben und weitere 40% im Umkreis der Gebirge von den dort entspringenden Wassern abhängig sind, ist etwa die Hälfte der Weltbevölkerung von den Gebirgen – und damit auch von ihren ökologischen Veränderungen – abhängig. «

Werner Bätzing

Selbstbewusstes Bauernvolk zwischen Oxus und Hindukusch

Im Wakhan hatte ich immerzu den Eindruck, dass die Leute dort, sich selbst überlassen, eines Tages ihre eigenen Traktoren bauen würden, ihre eigenen Agrarwissenschaften hervorbrächten, ihre eigenen Bücher schreiben würden. Genauso wie sie Schuhe, Strümpfe und Sattel erfunden hatten, die denen aus den Berggebieten im Westen glichen, würden sie früher oder später alles andere bauen.

Wie müssen diese Menschen leiden, seit sie mit dem Krieg und dem Taliban-Terror ihre Unabhängigkeit verloren haben!

◄ *Bergbauernfamilie aus dem Wakhan auf dem Weg nach Faizabad, Afghanistan.*

► *Der Wakhankorridor, im Norden eingeschlossen vom Pamir und im Süden vom Hohen und Östlichen Hindukusch, gehört politisch zu Afghanistan. Dieses Tal war seit alters her Durchgangsraum in Zentralasien. Die Menschen im Wakhan sind dementsprechend selbstbewusst.*

AM FUSSE DES HINDUKUSCH

Im Wakhanstreifen, dem östlichsten Winkel Afghanistans leben die Tadjiken, stolze, freiheitsliebende Menschen, die auf bodenständiges Recht bauen.

Diese Bauern betreiben Bewässerungsfeldbau, Viehzucht und ein wenig Obstbau. Die Dörfer liegen – kleinen Oasen gleich – im Talgrund, dort, wo die Seitentäler in den Amu Darja (früher Oxus) münden. Die Felder sind großteils in Terrassen an den flachen Berghängen und zwischen den einzelnen Siedlungskernen angelegt, und nur

ein weit verzweigtes Bewässerungssystem ermöglicht den Anbau von Feldfrüchten, Getreide und Kartoffeln. Jedem Gehöft steht je nach Größe eine bestimmte Wassermenge zu, Wasser, das aus den nahen Gletscherbächen kommt. Dieses ausgeklügelte Wasserrecht gehört zum kulturellen Erbe dieser Bergbauern wie auch die reiche, jahrhundertealte Volkskunst. Wer selbst keine Felder und Herden besitzt, arbeitet als Knecht – ganz wenige als Handwerker. Die Felder werden mit dem einfachen Hakenpflug und mit Spaten aus Eisen bearbeitet. Ziegen und Schafe liefern Milch, Fleisch und Wolle. Die Tiere kommen im Sommer auf die Alm.

Auch wenn sich diese Bauern Touristen gegenüber gut organisiert haben, bleiben immer noch Schnee und Dürre, Wasserknappheit und Wildbäche ihre eigentlichen Gesetzgeber, denen sie sich mit Gelassenheit beugen.

◄ Die Verlängerung des Hima-laja nach Westen, der Hindu-kusch, hat eine ähnliche Berg-kultur hervorgebracht wie die Alpen oder die Anden. Seinen höchsten Gipfel in Afghanistan erreicht dieses Massiv mit 7470 Metern am Noshaq. Beinahe 1000 Kilometer lang, verzweigt sich diese Gebirgskette im Norden und Süden in kleinere Bergketten und beherrscht somit das ganze Land.

SPIEL UND ARBEIT DER KINDER

Die Kinder in Qazi Deh im Hindukusch, im Jemen oder auf Bergbauernhöfen in Südtirol, sie alle haben eine ein-geschränkte Kindheit.

Während ich in Namche Bazar, dem Hauptort der Sherpa im Himalaja, die Kinder beim »Tempelhupfen« beobachtete, sah ich mich unwillkürlich in meine Kind-heit zurückversetzt. Mit spannenlangen Stöckchen gru-ben sie Striche in den Erdboden, Quadrate, nebeneinan-der, hintereinander, genauso wie wir es in den ersten Schuljahren getan hatten. Sie hüpften bald auf einem Bein, bald auf beiden über die Felder, ermunterten sich gegenseitig, kamen durch, ohne mit den Füßen einen Strich zu berühren, oder schieden aus, je nach Geschick-lichkeit und Gleichgewichtsvermögen.

Das Los aller Bergbauernkinder ist ähnlich, wenn nicht gleich. Die Zeit, in der sie sich gegenseitig anma-len, erzählen oder spielen dürfen, ist begrenzt. Von klein auf müssen sie bei der Arbeit mithelfen: auf den Feldern, im Haus beim Maisauslösen, beim Lastenschleppen. So habe ich in Nepal Kinder von zehn und zwölf Jahren mit

◄ Um die Gehöfte, in den Mais- und Gerstenfeldern, Obstgärten und Pappeln strahlt die Welt oft in reinen Farben. Dann wieder ist diese Weite den ganzen Tag über von flirrendem Sonnenlicht und einem staubigen Schleier eingehüllt, so dass das Relief der kargen und wilden Landschaft völlig verschwimmt. Die Berge erscheinen dann unwirklich. Und die Sonne bleicht alles aus, die Kinder arbeiten den ganzen Tag lang, das Jahr über, ein Leben lang – um überleben zu helfen.

Lasten von fünfzehn und zwanzig Kilo tagelang marschieren sehen, andere beim Auflesen von Steinen auf frisch gepflügten Äckern beobachtet und ein Mädchen in Hunza beim Salzstampfen fotografiert, ohne dass sie es merkte. So vertieft war sie in ihre Arbeit.

»Ein biblisches Bild verstärkt den Eindruck: Ein vom Rheuma steif gewordener Greis krümelt mit knotigen Händen sein Brot und teilt es mit den Lämmern. In Lumpen gekleidete Kinder umringen ihn wie vom Honig angezogene Bienen.«

Roland und Sabrina Michaud

◄ *Wie einst das Südtiroler »Bauernbrot« wird vielerorts in Berggebieten das tägliche Brot selbst gebacken. Bäuerin beim Brotteigkneten, Wakhan, Afghanistan.*

DAS BROT

Brot backen ist eine besondere Aufgabe. Schon als Kind, wenn ich dem Großvater beim Brotbacken half, spürte ich die Hingabe, mit welcher alle Vorbereitungen getroffen wurden. Während bei den Bergbauern in Südtirol das Fladenbrot für ein halbes Jahr im Voraus gebacken wird oder wenigstens wurde, bereiten es die Hunzas, die Nepali und die Bauern im Wakhan täglich.

Die Frau holt so viel Mehl, wie sie für die nächsten Mahlzeiten braucht, aus der Truhe, fügt etwas Wasser hinzu, knetet und knetet – ohne Hefe –, bis der Teig zusammenhält. Dann wälzt sie diesen Teig zu dünnen Fladen aus und erhitzt diese im kleinen, tonnenförmigen Backofen, der im Inneren des Wohnhauses in den Erdboden eingelassen ist. Diese Backöfen sind von Land zu Land verschieden, auch die Mischung des Mehles schwankt, je nachdem wie viel Roggen, Mais, Gerste oder Weizen zur Verfügung stehen und wie viel Wasser beigemengt wird, das Brot aber – ein kräftiges Vollkornbrot – schmeckt allerorten köstlich.

◀◀▲ *In den Weiten Mittel-asiens, zwischen dem Kaspischen Meer und der Wüste Gobi, in den Steppen beiderseits des Amu-Darja und in den kargen Gebirgs-tälern des Pamir leben Turkmenen, Kirgisen,* *Usbeken als Nomaden oder Halbnomaden, als Vieh-züchter oder Ackerbauern. Sie alle leben ganz dem Rhythmus der Natur und den ungeschriebenen Gesetzen der Tradition verpflichtet.*

»Die Nomaden tauschen mit den sesshaften Stämmen Wolle und Milch gegen Gerste und Weizen. Ihre Felder schmiegen sich unten in den Tälern in die Mulden der braunen und kahlen Abhänge. Mit unendlicher Liebe und Pflege unterhalten die Afghanen ein kompliziertes und anfälliges Bewässerungssystem, dessen ver-wickeltes Netz von unterirdischen oder offen liegenden Kanälen das kostbare Wasser auf die ausge-trockneten Felder am Rande der Wüste leitet.«

Mike Barry

Als Gast
UNTERWEGS

Ich fühle mich Bergstämmen gegenüber nicht unterlegen, aber auch nicht überlegen. Normalerweise begegne ich Einheimischen also ohne Waffe. Wer glaubt, sich in der Wildnis mit einer Feuerwaffe schützen zu müssen, irrt. Mein Unterwegssein ohne Gewehr verpflichtet mich zudem zu vorsichtigem Verhalten den Einheimischen gegenüber. So lernte ich sie als Meinesgleichen zu respektieren.

Vor Jahren aber hatte mir der italienische Botschafter vor einer Expedition zum Noshaq im Hindukusch in Kabul ein Gewehr mitgegeben: »Für alle Fälle.« Sein siebzehnjähriger Sohn und ich sollten Proviant und Ausrüstung für drei nachfolgende Reisegruppen ins Basislager schaffen.

Irgendwo auf einer Höhe von 4000 Metern machte unsere Karawane halt. »Hier ist das Basislager«, sagte der Anführer der Träger, der ein paar Worte Englisch sprach. Die Männer wollten nun ihren Lohn und sofort zurück zu ihren Familien ins Tal.

Der Platz aber roch nicht nach Basislager und nirgends war der Berg zu sehen, den wir besteigen wollten. Also ließ ich die Träger warten, nahm meinen Rucksack, in dem in kleinen Geldnoten gebündelt der Trägerlohn für 200 Bauern steckte, und lief bergwärts. Ich wollte mich vergewissern, ob die Einheimischen recht hatten oder der Basislagerplatz anderswo lag.

Unsere Abmachung lautete, dass sie ihren Lohn im Basislager ausbezahlt bekommen sollten. Nach zwei Stunden fand ich den Lagerplatz. Zurück bei den Trägern, weigerten sich diese aber, ihre Lasten wieder aufzunehmen. Sie wollten ihr Geld und verschwinden.

»Ihr könnt ohne Lohn absteigen«, versuchte ich zu erklären, »und ausbezahlt werden nur diejenigen, die das Basislager erreichen.«

◄ *Es ist nicht allein die Anlage eines Gehöfts, die für ein Bergvolk typisch ist, auch die Raum- und Sitzordnung im Inneren ist meist Tal für Tal eine ganz bestimmte. So hat der Hausherr bei den Sherpa seinen Platz rechts der Feuerstelle, die Hausfrau im Wakhan in der Vertiefung vor dem Backofen und der Südtiroler Bergbauer verbrachte einen Großteil des Winters auf oder hinter der Ofenbank. Damit will ich sagen, dass im Kleinen wie im Großen alles seine Ordnung hat. Diese Ordnung hat sich – wie auch die Bauform – auf Grund der klimatischen Bedingungen, der Bodenerträge und der nächsten Umgebung herausgebildet.*

»Kein Blatt im Freien und im Innern kein Möbel: nur die Mauern, der Himmel und Gott.«

André Malraux

Die Träger murrten. In kleineren Gruppen drängten sie näher an mich heran. Einer hatte seinen Stock zu einer Drohgebärde erhoben. Ich gab also Befehl, alle Lasten auf einen Haufen zu stapeln. Dann kletterte ich auf die Spitze des Turms und hockte mich dort auf meinen Rucksack. »Die Lasten bleiben da bis morgen früh. Wer gehen will, kann gehen«, sagte ich nur. Das Schimpfen und Fluchen und Drohen der Träger aber wurde immer lauter. Erst als ich das Gewehr aus meinem Zeltsack holte und es demonstrativ neben mich stellte, verschaffte ich mir Respekt.

»Morgen, im Basislager, bezahle ich für jede Last. Wer aber jetzt eine anrührt, ist ein toter Mann«, sagte ich mit dem Gewehr in der Hand. Es wurde ruhig. Gefährlich ruhig. Sie wussten nicht, dass das Gewehr nicht geladen war.

Die Träger richteten ihr Nachtlager her und keiner verließ die Expedition.

◄ Wenn nun viele die Mullahs als fanatisch ansehen, muss man entgegenhalten, dass der tolerante Geist der Derwische dies in hohem Maße ausgleicht und dass der Islam vielerorts auf Gleichgewicht ausgerichtet ist.

▼ Im Pamir, im Hintergrund der Pik Lenin, im Tien Shan ► und im Hindukusch leben viele verschiedene Volksstämme. Die allermeisten Menschen dort sind Muslime.

»INDEM MONGOLENBLUT MIT RUSSEN-
BLUT SICH MENGTE, EMPFING DIESES
DIE EIGENSCHAFTEN, DIE IHM JETZT
BEI ASSIMILIERUNG DER ZENTRAL-
ASIATISCHEN VÖLKERSCHAFTEN SO
TREFFLICHE DIENSTE LEISTEN.«

Friedrich von Hellwald

LEERE HOCHTÄLER IM TIEN SHAN

Grün und weich ziehen Täler und Hügel, aus der Steppe Kasachstans aufsteigend, zu den Eis- und Schneebergen hin. Nur einzelne Bergrücken sind von hellem Geröll übersät oder wüstengleich abweisend, da und dort ein See. Was hier fehlt sind Menschen! Nirgendwo schwarze Zelte wie in Tibet, keine Jurten wie im Pamir. Nichts weist auf Halbnomaden hin, die den Fuß der großen Berge in Zentralasien sonst allerorts besiedeln.

Das Gras steht hoch im August, überall verblühen die Blumen, in flachen Mulden kann man alte Lagerplätze erkennen. Es kann nicht lange her sein, dass an jedem Bach ein Lagerplatz war. Einst zogen die kasachischen Halbnomaden Sommer für Sommer in diese Berge hinauf, um sich und die Tiere zu stärken. Im Spätherbst kamen sie in ihre Winterquartiere zurück. Einem genauen Rhythmus gehorchend, wechselten sie Jahr für Jahr die Richtung ihres Aufstiegs und nutzten so die Weideflächen rund um ihr Winterlager, wo sie auch Getreide und Obst anbauten.

Ob in den Alpen, den Anden, im Himalaja – der Wechsel aus den Talsohlen auf die Hochflächen, die im Winter unzugänglich sind, gehörte seit Jahrtausenden

zum Lebensrhythmus der Bergbewohner. Auf- und Abtrieb wurden vielerorts mit Festen gefeiert, das Oben-sein entsprach einem Kräfteschöpfen, auch wenn das Leben in der kargen Welt des Hochgebirges sowie der sauerstoffarmen Luft härter war als in den Niederungen.

Wenn die Menschen nicht schon in der Steinzeit die Ressourcen zwischen Berg und Tal zu nutzen gelernt hätten, wir müssten heute ähnliche Wechselformen der landwirtschaftlichen Nutzung im Gebirge erfinden.

Wir tun es nicht! Im Gegenteil, überall dort, wo der Tourismus nicht hinreicht, werden Almen aufgelassen, Randzonen im Gebirge vernachlässigt, Hochtäler nicht mehr beweidet. Wie heute am Fuße des Tien Shan wird es bald überall in den Bergen aussehen.

Die Menschen rotten sich weltweit mehr und mehr in großen Ballungsräumen zusammen, und die Landwirte sind gezwungen zu rationalisieren, zu intensivieren, zu mechanisieren. Was nicht mit Maschinen erledigt werden kann, wird nicht getan. Bedeutet dies, dass der Rhythmus der Halbnomaden gestört ist? Sie werden so zuerst ihre Kraftquellen und dann ihren Platz in der Gesellschaft verlieren.

Die Talflucht ist auf Dauer nicht mit Subventionen oder irgendwelchen Programmen aufzuhalten. Nur die Familien und Sippen, zu deren Selbstverständnis der Wechsel gehört, werden bleiben – Generation nach Generation.

Die Hunza – zwischen Karakorum und Himalaja

»Vermutlich findet man in keinem Tal der Welt auf so begrenztem Raum eine so grosse Zahl hoch aufragender Berge. Diese ungeheure Bergwelt ist von zahlreichen tiefen Tälern durchschnitten, wie sie mir in anderen Teilen des Himalaja-Systems nicht aufgefallen sind.«

John Biddulph

Die Hunza, ein »Griechenvolk im Himalaja«, führen ihren Ursprung auf Alexander den Großen zurück, wenigstens in der Sage. Diese Bergbauern im Norden

von Pakistan – zwischen Karakorum, Pamir und Hindukusch gelegen – zeichnen sich durch Leistungsfähigkeit, ebenmäßigen Körperbau und »vollkommene« Gesundheit aus. Sie sind besonders geschickt, freundlich, sauber und meist fröhlich. Auf Grund ihrer Trittsicherheit an steilen Berghängen, ihrer Duldsamkeit und Hilfsbereitschaft wurden sie schon vor Jahrzehnten immer wieder für große Expeditionen verpflichtet, einige erreichten wiederholt Meereshöhen von 8000 Metern. Ihre Freiheit von chronischen Krankheiten und ihre starke Widerstandsfähigkeit gegen Infektionen sind nicht zuletzt auf ihre »lebensfrische« Ernährung zurückzuführen. Sie

▶ *Hunzaträgerkolonne in Concordia im Norden Pakistans. Träger und Händler aus Hunza, Baltistan und Gilgit, im heutigen Pakistan gelegen, ziehen seit Jahrtausenden durch den Karakorum.*

◀ *Ich habe mich im Karakorum oft gefragt, warum man das hausgemachte Fladenbrot, das frisch fast genauso aussieht und ähnlich schmeckt wie das Bauernbrot in Villnöß, in zwei so entfernten Ländern gleichzeitig isst, wo es doch nie Kontakt zwischen den beiden Völkern gegeben hat. Ganz einfach, weil es sich als Reiseproviant am Berg eignet. Solche Vergleiche treffen auch auf viele soziale Bereiche zu.*

ernähren sich immer noch von Obst, Vollkornbrot und getrockneten Aprikosen. Fleisch und Wein genießen sie nur im Winter oder bei Festlichkeiten. Der alljährliche »Hungerfrühling«, einst ausgelöst durch die schwindenden Vorräte am Ende der kalten Wintermonate, dehnte sich einst bis zu den ersten Ernten Ende Juni aus.

Im April werden die Felder gedüngt, gepflügt, gehackt und bewässert, die Obstbäume geschnitten, die Kartoffeln gejätet. Die Kinder werden wie überall in den Bergen frühzeitig zur Arbeit herangezogen, müssen auf den Almen hüten und sogar Lasten schleppen. Alles hat seine Ordnung. Diese einst in sich ruhende, kleine Welt von Hunza aber, in der nichts Orientalisches zu spüren war, ist in den letzten Jahrzehnten durch eine Straße gestört worden, die die Chinesen zwischen Kashgar und Rawalpindi gebaut haben. Gleichzeitig kamen mit dieser Straße Reichtum und der Tourismus. Nachdem im Sommer 1974 der Mir von Hunza abgesetzt und das Gebiet kurzzeitig gesperrt worden war, kam die neue Zeit. Die Auflösung der königlichen Dynastie des Mir, die fast 700 Jahre regiert hatte, die Straße und der Tourismus bedeuteten das Ende des Hunzareiches und den Anfang der Moderne.

Vorläufig blüht Hunza auf. Einer Synthese von Hunzakultur und moderner Tourismusentwicklung steht nichts im Wege.

▲ Im Sommer ziehen viele Familien mit ihren Tieren auf die Hochalmen. Die Menschen hier gehören einer Sekte des Islam an (Anhänger der Ismaili[Maulai]-Lehre) und ihre Sprache ist Burushaski.

▼ Die Hunza, etwa 10.000 Einwohner in 159 Dörfern, leben zwischen 1600 und 2500 Meter Meereshöhe. Im Winter fällt die Temperatur dort weit unter 0 Grad Celsius und die Familien ziehen sich für fünf bis sechs Wochen in ihre Häuser zurück.

ULTAR NULLAH

Lang vor Sonnenaufgang hatte ich meine Pritsche, die man mir knapp oberhalb des Poloplatzes in Baltit als Nachtlager zugewiesen hatte, verlassen, um zur Ultaralm aufzusteigen. Als ich über Steinstufen durch das Dorf zur alten Burg hinaufstapfte, begegneten mir Frauen und Mädchen, die mit Körben auf die Felder gingen. Der Gipfel des Rakaposhi wurde gerade von den ersten Son-

nenstrahlen beleuchtet, und da und dort drang blauer Rauch aus den Rissen in den Lehmmauern, zwischen denen der Weg bergan führte.

Knapp oberhalb der Burg, einem Wassergraben entlang, zog ein schmaler Steig in eine wilde Schlucht. Die kargen Alpweiden am Gletscherrand höher oben waren das Ziel meines Ausflugs. Aus der Klamm, die sich über mir mehr und mehr zu verengen schien, wehte eisige Luft. Die Terrassen – »Mesas« genannt – lagen jetzt in ihrem zarten Grün unter mir und gingen am Rand in die wüstenhaften Erosionshänge über, die, soweit ich sehen

Steinklotz neben mir, zerrte ein Tuch mit getrockneten Aprikosen aus dem Geäst und bot mir zwei davon an. Dann nickte er mit seinem hohlwangigen Gesicht zum Gruß und eilte dem anderen nach.

Während die Mädchen, Frauen und Männer in den Feldern mit Jäten, Hacken, Wässern, Pflügen beschäftigt waren, mussten die kleinen Buben Feuerholz aus den Bergen holen und Schafe, Ziegen und Rinder hüten.

Es war am frühen Vormittag, als ich oben, wo sich das Tal etwas weitet, ein paar Rasenflecken zwischen den Steinen entdeckte. Dort wurde der milchige Gletscherbach gestaut, und an beiden Schluchtwänden liefen – turmhoch über dem Grund – Bewässerungsrinnen entlang. Aus den bauchigen Trockenmauern, die die wasserführenden Lehmrinnen stützen, sickerte Wasser, das in schwarzen Streifen über die senkrechten Felswände lief. Ich fragte mich, wie die Hunza diese kühnen Kanäle gebaut hatten, aber ohne dieses Wasser aus den Seitentälern wäre unten in den Dörfern kein intensiver Gartenbau möglich. Die Notwendigkeit war also auch hier der Vater der Erfindung.

Ganz oben zwischen einigen Steinwällen traf ich am späten Vormittag auf einige Hirten, die gerade Ziegen und Schafe molken. Ich war auf der Ultar Nullah angekommen, einer Hochalm unter den gleichnamigen Gipfeln. Zwischen mannshohen Felsblöcken waren Eingänge zu höhlenähnlichen Behausungen zu sehen, einige alte Männer saßen davor und schütteten die Milch, die die Melker in kopfgroßen Kürbistöpfen brachten, in sackförmige Ziegenhäute, worin später die Butter geschlagen wurde.

Ich blieb einige Tage, schlief neben den Hirten und stieg am Morgen mit den Tieren hinauf bis unter die Gletscher.

Als ich nach Baltit zurückkehrte, kam mir das Leben dort üppig vor. Da wurde gestrickt und geflochten, gesponnen und gewoben, geschnitzt und gehämmert. Geschäftigkeit allerorten. Nur ein alter Mann saß unter einem Aprikosenbaum und erzählte einer Schar von Kindern Geschichten vom Glanz im alten Hunzakönigreich.

konnte, von schneebedeckten Gipfeln überragt wurden. Die an den Berghang geschmiegten Hauswürfel von Baltit sah ich jetzt nicht mehr.

Auf der anderen Seite des Hunzaflusses wohnten die Nagir. Ihre Dörfer, umgeben von hohen Pappeln, nahmen sich wie Spielzeug aus.

Plötzlich tauchten zwei Buben vor mir auf. Einer trieb drei Schafe talwärts, der andere – ein Bündel Holz auf dem Rücken – war mager und seine Knie zitterten. Der Hunger aus den Wintermonaten und die kalte Nacht standen noch in seinen Augen. Er rastete auf einem

◀ Blick auf die Hausdächer von Baltit, auf denen sich im Sommer das Leben abspielt. Der Winter ist kalt. Der Jubel über die Rückkehr von Wärme und Wasser im Frühjahr verdichtet sich zu einem gewaltigen, das ganze Volk umfassendes Fest, dem Bopfau.

▶ Hirten in Ultar Nullah. Dahinter der Eisbruch der Ultar-Peaks. Sind die Hunza – bis 1974 Königreich unter pakistanischer Vorherrschaft – das gesündeste Volk der Welt? Nein, nicht mehr.

▼ Die alte Burg von Baltit, ehemals Sitz der Könige von Hunza. Die Berge im Hintergrund sind 7000 Meter hoch. Die Gletscher liefern Wasser für die Äcker und Mühlen.

Burg und Alm

Mehr als 600 Jahre alt ist die Burg der Könige von Hunza, die auf einem steilen Moränenhügel oberhalb des Hauptortes Baltit thront. Über Jahrzehnte allerdings residierte die königliche Dynastie des Mir in einem neuen Bau mit europäischem Charakter und die alte Burg, mit den vielen Kammern, Gängen und freien Treppen, war dem Verfall nahe. Heute ist sie restauriert und Museum.

Stolz auf ihre Freiheit wie die Tiroler waren auch die Bürger von Hunza, die vor Jahrhunderten wie Raubritter über chinesische Handelskarawanen hergefallen waren und ein völlig eigenständiges Dasein geführt hatten. Am Ende hat man auch ihnen ihren König genommen.

Früher einmal, so erzählte ein Alter den Kindern in Baltit, mussten Verbrecher, die vom König zum Tode verurteilt worden waren, von einem Felsvorsprung unterhalb der alten Burg in Hunza auf einen kleinen Felsturm springen. Zweihundert Meter fällt die Wand senkrecht

darunter ab. Der Spalt zwischen Absprungstelle und Turm ist gut zwei Meter breit, die Spitze ist schmal, steht frei und ist höher oben. Ein einziger soll in der jahrhundertelangen Geschichte der Hunza den Sprung hin und zurück geschafft haben. Er blieb frei. Gnade dem Tüchtigen.

Unter der Burg liegen, für die Terrassenkulturen im Hunzaland typisch, die Treppenäcker. Am Fuße der Felsklippen, in halber Höhe zum Hunzafluss, verlief einst der uralte Karawanenweg zwischen China und den westasiatischen Kulturen: die »Seidenstraße«. Heute ist es der »Karakorum Highway«, der Sinkiang mit dem pakistanischen Industal verbindet.

Über allem die gleißenden Firnfelder der Siebentausender. Wie bei nahezu allen Bergvölkern – in den Anden, in Südtirol, im Himalaja und im Karakorum – wird auch in Hunza Almwirtschaft betrieben. Bis in 4000 Meter Meereshöhe weiden Yaks, jene genügsamen, langhaarigen Rinder, die sich an den kargen Boden und die große Höhe so sehr angepasst haben, dass sie in den Niederungen auf Dauer nicht mehr leben können. Yaks halten auch die Nomaden und Bauern in Bhutan, im Wakhan, in Tibet, in der Mongolei und in den höchsten Tälern Nepals; sie liefern Milch, Wolle, Fleisch – das getrocknet und geräuchert wird – und Dung, der gedörrt als Brennmaterial Verwendung findet.

»Die Hunza sind fröhlich, offen, aufrichtig, intelligent, lebensvoll und unternehmend, begabt mit einem Sinn für Spass und Humor, und sie zeichnen sich durch einen Geist der Duldsamkeit aus. Es ist angenehm, mit ihnen zu leben und zu arbeiten.« Sir Robert McCarrison

◄ Etwa zur Zeit unserer Fast-nacht beginnt im winterlichen Hunzaland der Frühling: Die Sonne überwindet die Kälte, Rinnsale allerorten. Überall gurgelt und gluckst es in den kunstvollen Bewässerungsrin-nen. In den Gräben zwischen den Ackerhängen rauscht das Schmelzwasser.

»DAS HUNZAVOLK HAT ÄHNLICH WIE DIE WALLISER UND WIE DIE VORLÄUFER DER INKA WASSERFUHREN GEBAUT, MEHRERE VON DEN INTERESSANTESTEN NOCH IN DER ZEIT, DA HACKEN UND MEISSEL MIT DEM HORN VON STEIN-BÖCKEN ANSTATT MIT EISEN BEWEHRT WAREN. ES MUSS AUSSERORDENTLICH SCHWIERIG GEWESEN SEIN, DIESE KANÄLE QUER DURCH SCHLUCHTEN, AN GLATTEN WÄNDEN, JA SOGAR DURCH KLEINE TUNNEL IN JENEM STETIGEN SANFTEN WINKEL ANZULEGEN, DER FÜR DIE GEMÄSSIGTE FORTBEWEGUNG DES WASSERS ERFORDERLICH IST, UND DIESE ARBEIT WURDE OHNE THEODOLITEN, OHNE WASSERWAAGEN, OHNE IRGEND-WELCHE VERMESSUNGSINSTRUMENTE DERART UNFEHLBAR DURCHGEFÜHRT, DASS MAN ES KAUM FASSEN KANN.«

Ralph Bircher

ISAR KHAN

Es war im Gilgittal, auf der Heimreise vom Nanga Parbat: Man setzte mich, nachdem ich den dramatischen Abstieg vom Berg und den Verlust meines Bruders überlebt hatte, zwischen einige Hunzaträger hinten auf einen Jeep, der in einem nächtlichen Sandsturm nordwärts fuhr. Ich war erschöpft, verzweifelt, und meine Füße waren erfroren. Feiner Sand brannte mir in den Augen und ich hatte seit einer Woche nicht mehr geschlafen. Plötzlich – nach einem heftigen Windstoß – nahm einer der Hunzamänner meinen Kopf in seine Hände und drückte ihn sachte in seinen Schoß. Ich lag nun zwischen Expeditionskisten und Beinen auf dem rasenden Jeep, vergrub mein Gesicht im Anorak meines Beschützers und während dieser mein Haar streichelte, begann ich leise zu weinen. Als wir in Gilgit ankamen, graute bereits der Morgen. Ich sah nun dem Mann ins Gesicht, der mich auf der Fahrt fortwährend gehalten und gestreichelt hatte, der erste, der mir mit Zärtlichkeit begegnet war, nachdem ich mich tagelang unter unsäglichen Schmerzen und grenzenloser Einsamkeit heimwärts geschleppt hatte. Es war Isar Khan. Er beantwortete meinen dankbaren Blick, und indem er meine Hände nahm und drückte, tröstete er mich. Er war wie ein Vater, wie ein guter Vater, der auch ohne Worte alles verstand.

Isar Khan war der Führer der Hunzaträger bei unserer Rupal-Expedition gewesen, und er hatte damals schon eine zwanzigjährige Erfahrung als Hochträger gesammelt. Er war bei der ersten erfolgreichen Nanga-Parbat-Expedition mit Hermann Buhl dabei gewesen, hatte mit Erich Abram am K2 eine Höhe von fast 8000 Meter erreicht, als es galt, die Spitzengruppe mit Sauerstoff zu versorgen, und hatte Toni Kinshofer betreut. Er war immer wieder zu seinem Bergbauernleben in Hunza zurückgekehrt. Als Trägerführer, von allen wie ein König verehrt und gefürchtet, schleppte er die größten Lasten, gab Befehle weiter und vermittelte zwischen den Sahibs und den Einheimischen. Daheim lebte er wie die anderen Bauern auch, einfach, zufrieden mit sich und der Welt.

Vier Jahre nach unserer gemeinsamen Expedition am Nanga Parbat besuchte ich Isar Khan in Baltit. Er lud mich zum Mittagessen ein, das wir im Freien unter einem mächtigen Maulbeerbaum einnahmen, und zeigte mir dann seine Felder, seinen winzigen Obst- und Weingarten. Viele Stunden lang saßen wir vor dem Eingang seiner einfachen Lehmhütte. Es kamen seine Tochter und seine Frau und ich spürte, wie sehr er das alles liebte: seine Familie, seine Felder, sein einfaches Leben. Obwohl er bei Expeditionen eine ganz andere Welt kennen gelernt hatte, war er ein Hunza geblieben.

Isar Khan, inzwischen fünfzig oder mehr Jahre alt geworden, hatte sich seine jugendliche Spannkraft bewahrt, er sah aus wie ein selbstbewusster Südtiroler Bergbauer, aber hinter seiner braunen, hohen Stirn war keinerlei Überheblichkeit verborgen. Aus seinen Augen sprachen Weisheit, Erfahrung und die Ehre der Hunza.

▼ *Der berühmte Hochträger Isar Khan, Bauer aus Hunza, der allein am Nanga Parbat ein halbes Dutzend Expeditionen begleitet hat, starb als hoch angesehener Mann.*

MILCH UND BUTTER

Es gibt Täler in den Bergen unserer Erde, wo die Butter ebenso wertvoll ist wie Gold, obwohl man sie nur in Birkenrinde wickeln kann. Die Art und Weise wie die Milch verwertet und zu Butter geschlagen wird, ist dabei so verschieden wie die Techniken beim Mähen auch. Auf den Südtiroler Hochalmen kann man heute noch den Senner oder die Sennerin beim »Kübeltreiben« beobachten, die Sherpa stampfen gekochte Milch zu Butter, und in Hunza habe ich stundenlang bei einem Bauern gesessen, der die Milch in eine Ziegenhaut gefüllt hatte und nun abwechselnd das rechte, dann das linke Knie hob, sodass die Milch gleichmäßig durcheinandergeschüttelt wurde. Zu diesen seinen Bewegungen schnalzte er mit der Zunge. Zudem schlug er mit der linken Hand den Takt zu seinen Beinbewegungen. Als ich wenige Monate später bei den Tibetern eine ähnliche Methode der Buttergewinnung entdeckte, war ich nicht mehr erstaunt.

Bei einer Karakorumexpedition zum Hidden Peak hatten wir ein Dutzend Baltiträger dabei, die uns bis zum Basislager begleiteten. Sie ernährten sich fast ausschließlich von »Atta« (Mehl) und Tee. Mehr als drei Wochen lang. Nur oben am kalten und steinigen Baltorogletscher backten sie ihre »Chapatis« in »Ghee« (Butterschmalz). Das gibt Kraft, sagten sie, und schützt vor Kälte.

»ES IST SCHWER, DAS PHANTASTISCHE FÜRSTENTUM ZU BESCHREIBEN, OHNE IN SUPERLATIVE ZU VERFALLEN.«

Eric Shipton

▼ Zwischen Gletscher und Flusstal liegt jene kleine, autarke Welt, die einst »das einfache Leben« genannt wurde. Alle hatten das Gleiche: Butter, Milch, Getreide, Gemüse, getrocknetes Obst. Niemand musste hungern, niemand wurde reich.

► *Der Tourismus hat auch Hunza zu bescheidenem Wohlstand verholfen. Im Frühjahr reisen Japaner an, im Sommer Rucksacktouristen aus Europa und den USA. Von Gilgit sind es mit dem Minibus zwei bis vier Stunden nach Karimabad.*

GEFAHR DURCH HÖHENLUFT?

Die Vereinten Nationen haben das Jahr 2002 zum »Internationalen Jahr der Gebirge« erklärt. Auf etwa 20 Prozent der Landfläche weltweit stehen Gebirge und rund 10 Prozent aller Menschen leben dort. Bezieht man auch die vorübergehenden Gebirgsbewohner, Menschen, die zeitweilig dort arbeiten, und Touristen mit ein, dann zählt die Hälfte der Menschheit zu den Gebirgsnutzern. Doch viele von ihnen bekommen in den Bergen gesundheitliche Probleme, die bereits ab Höhen von 3000 Metern beginnen. Ab 4000 Meter beträgt der Sauerstoffgehalt der Luft nur noch 60 Prozent des Wertes auf Meeresniveau. Der Blutsauerstoffgehalt von gesunden Menschen erreicht nur noch Werte, die denen von Lungenkranken entsprechen. Bei Menschen allerdings, die ständig im Gebirge leben, hat sich der Körper an die extremen Verhältnisse angepasst. Ob es sich dabei um einen genetischen Prozess handelt, eine so genannte Mikro-Evolution, ist nicht bewiesen.

◄ *Das Geheimnis des langen Lebens liegt vielleicht in einem gesunden Lebensrhythmus. Die Menschen von Hunza treiben Ziegen, essen Müsli und wurden einst steinalt.*

▼ *Alles selbst macht der Mann: ohne Spinnrad auch Garn.*

SHANGRI LA

Vielleicht klingt die Geschichte von Baltistan und Hunza – einst kleine, versteckte Königreiche im Himalaja – wie ein Märchen. Der uralte Menschheitstraum vom selbstbestimmten Leben, von einem Dasein ohne Maschinen, ohne Hektik, in Harmonie mit der Natur, schien hier Realität zu sein.

1878 erst ist der erste Europäer, ein Engländer, John Biddulph, in die versteckte Region im heutigen Nordpakistan gekommen. Es folgten weitere Abenteurer und Entdecker, die gefährliche Wege auf sich nahmen, um dieses »Paradies« – eine Art Shangri La – zu finden. Ob aber die Menschen dort wirklich »fröhlich und in Harmonie« gelebt hatten, darf bezweifelt werden. Sicher, man war autark, machte alles selbst und konnte seine Familie ernähren. Was aber die Aufmerksamkeit der Gesundheitsbewegung des beginnenden 20. Jahrhunderts erregte, war faszinierender. Hier zwischen Himalaja und Karakorum wurden die Menschen anscheinend steinalt. Ohne ausgebildete Ärzteschaft, ohne Medizin, schienen viele

Hunza über 100 Jahre alt zu werden. Und als das »Tal der Alten« wurde Hunza bald berühmt.

Inzwischen ist die alte Mär von den ältesten Menschen nur noch Legende. Die Zivilisation hat Baltistan und Hunza erreicht. Der Norden Pakistans ist heute über eine Asphaltstraße mit der Neuzeit verbunden. Im Bus kommen Menschen aus aller Welt mit Fotoapparaten und Handys an. Kapalu und Hunza sind zu Touristenattraktionen geworden. Links und rechts der Hauptstraße von Karimabad, Kapalu und Skardu sind heute Restaurants und Teppichgeschäfte aufgereiht. Die gestrigen Herrschersöhne sind inzwischen Hoteliers und Geschäftsmänner geworden. Warum auch nicht.

▼ *Ungekochte Nahrung bildet in Berggebieten einen Hauptteil der täglichen Kost. Fleisch wird nur selten konsumiert.*

▲ *Bäuerin beim Schlagen der Wolle. Das Spinnen übernehmen die Männer, das Teppichweben wieder die Frauen.*

ALTE KÜNSTE

In allen Berggegenden spürt man an den alten Künsten, Handgriffen und Arbeitsweisen, wie wenig die Menschen dort von der Technik abhängen. Sie haben gelernt sich zu behaupten, mit einfachen Geräten zu überleben, sich mit wenig in der unwirtlichen Natur durchzusetzen. Wenn sich Bergbauern in Europa heute der industriellen Landwirtschaft anzupassen versuchen, so entspricht das der natürlichen Entwicklung. Ob es auch sinnvoll ist? Vielleicht nur, wenn die alten, einfachen Techniken – das Dengeln, das Weben, das Flechten von Körben – nicht verloren gehen. Solange der Vater seinem Sohn trotz der Mähmaschine zeigt, wie man die Sense wetzt, wird der Bergbauer nicht abhängig von zu teuren Maschinen. Nur so bleibt er eigenständig und kann auf seine alten Künste zurückgreifen, wenn es sein muss. Dem Bauer in den Bergen geht es auch dann wirtschaftlich nicht gut, wenn er mit der Zeit Schritt zu halten weiß, denn er wird nie mit der industriellen Produktion konkurrieren können. Es wird ihm aber nie schlecht gehen, solange er frei und unabhängig ist, unabhängig vom Öl, unabhängig vom Fremdenverkehr, unabhängig von Fabriken.

SELBST-
VERWIRKLICHUNG

Von der Terrasse eines jener Straßenrestaurants in Kapalu sah ich plötzlich, weit im Norden, irgendwo im Grau der Schneewolken, die perlweiße Spitze eines Berges aufglänzen. Als ich im Fernglas in den Umrissen dieses schwebenden Gipfels mein Ziel erkannt hatte, bestellte ich noch ein Bier. Dann, bevor ich mich auf den Weg ins Ungewisse machte, vergewisserte ich mich, ob alles im Rucksack war, was ein Mensch braucht, wenn er für ein oder zwei Wochen die Menschenwelt zurücklässt, um seinem Ziel entgegenzusteigen.

Über den flachen Lehmhäusern im weiten Talkessel wuchsen Staub- und Rauchfahnen empor, und der Wind aus den Bergen trieb die Sommerhitze durch die Gassen. Hinter all diesem gelblichen Staub aber erschien nun nach und nach ein Gebirge, eine Fläche aus dunklen Felsen mit schimmernden Schneestreifen dazwischen: der

Karakorum! Diese hintereinander geschichteten Fels-
kämme, von Nebelbänken gestreift, verschmolzen unter
Schneeschauern und vor dem Grau des Himmels so miteinander, dass sie mir als Rand der Welt erschienen: eine
unüberwindliche Barriere!

Durch hitzeflirrende Täler ließ ich mich am Nachmittag im Jeep nach Hushe fahren, von wo ich anderntags losging, immer weiter in die Tiefe des Gebirges hinein. Erst nachdem ich die letzten von Menschen
bewohnten Nomadencamps und damit die letzte
Zuflucht hinter mir gelassen hatte, führten mich meine

▼ *Wie die Kalasch, die Hunza*
und Lhadaki nutzen auch die
Balti jeden geeigneten Quadrat-
meter Boden für den Ackerbau.
Und sie stellen ihre Häuser an
sonnseitige, karge Hänge.

► *Baltis in Hushe. Die Kopf-*
hauben der Kinder sind meist
bestickt und mit Muscheln,
Korallen oder Münzen verziert.

◄ *Die Balti bauen ihre Häuser*
doppelstöckig. Unten werden die
Tiere untergebracht; zum Ober-
geschoss führt ein mit Einker-
bungen versehener Holzstamm,
die Urform der Treppe.

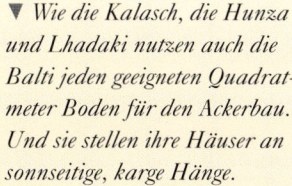

Sehnsucht und das Gehen zur Mitte der Welt. Zwei Berg-
kämme hinter Hushe, zwischen wüstenhaft aufsteigen-
den Granitwänden, fand ich am Abend eine verlassene
Almhütte, von der ein Strauß heller Streifen ausging:
Steigspuren, die sich höher oben im felsigen Gelände
verloren.

Als ob mir dieser Ort vertraut wäre, schlug ich zwischen den Mauerresten und dem letzten Stück Steindach
mein Lager auf. Ich wusste, welchen Steig ich am anderen Morgen wählen würde, und die Bilder, die der Traum
nachts in kurzen Schlafphasen nachformte, waren deut-
licher als die Tagträume und Erinnerungen untertags.

Ein alter Mann – Jäger oder Hirte? –, der mich am
Morgen mit seiner Neugierde weckte, zeichnete mit der
Hand eine Bergspitze in die Luft, als wollte er fragen
wozu. Ja, wozu in diese Höhe, ohne Träger und allein?
Während ich dann losstapfte, starrte er mir nach, und als
ich eine halbe Stunde später innehielt, um Atem zu
schöpfen, stand er immer noch im Talgrund: ein winziger
Punkt verloren in der Tiefe.

Als ich zwei Tage später ins Tal zurückkam, war diese
Landschaft aschgrau und stumpf, das kleine Dorf wenig
überm Flusstal nur an seinen geometrischen Mustern zu
erkennen: Lehmhäuser mit Innenhöfen aufgereiht an
schlängelnden Wegen. Und die Bergbewohner, die nie
und nimmer in die Felsenwelt über der Jagdzone aufsteigen würden, sahen mir nach wie einem Gesetzlosen.

DIE BALTI

Das Baltivolk, nach dem Verfall der Karawanenwege über die Karakorumpässe, den Mustag La zum Beispiel, isoliert und verarmt, galt lange als minderwertiges und schmutziges Volk. Diese Prädikate verdankten die Balti den vielen Expeditionen, bei denen eine beträchtliche Anzahl von ihnen als Träger gearbeitet hatten. Heute sind sie als Bauern und Bergführer erfolgreich und auf dem Weg zu einer Verzahnung von Landwirtschaft und Tourismus. Diese Balti aus den Bergen – ehrliche, gutmütige Charaktere – sind arbeitsam, zäh und sangesfreudig. Mit viel Mühe haben sie den steinigen Boden in der Nähe der Gletscher bearbeitet, so dass er ein bescheidenes Leben gestattet. Sie bauen etwas Getreide an, halten auf den kahlen Hängen Schafe, Ziegen und Rinder, auch Yaks.

In den Gletschertälern leben immer noch Familien in primitiven Steinhütten. Der Lebensstandard dort ist unvorstellbar niedrig. Werkzeug und Geräte sind aus Holz, Eisen, aus der Haut der Tiere und Schalen von Kürbissen. Sie kleiden sich in Felle, weite Leinenhosen, der eine oder andere besitzt eine zerrissene Joppe oder Gore-Tex-Jacke einer früheren Expedition. Schmalz und Mehl, ihre wichtigsten Nahrungsmittel, dienen auch als Tauschobjekte in Skardu oder Shigar.

Das Gletscherwasser ist auch hier der Lebensnerv der meisten Baltidörfer. In einem weit verzweigten System von Gräben werden die Terrassenfelder bewässert. Nach alten Rechten werden die »Weichen« von Zeit zu Zeit umgestellt, um in regelmäßigem Turnus jedem Feld Wasser zukommen zu lassen. Dies zu regeln ist Aufgabe des Lambardars, des »Bürgermeisters«, während über die Rechte der Familie und die allgemeinen Sitten der Mullah, der Dorfgeistliche, wacht. Um Hungersnöten entgegenzuwirken, wandern junge, unternehmungslustige Burschen aus. Sie suchen in den Städten ihr Auskommen. Die Landflucht hat also auch hier begonnen.

GEBET UND STREIK

Immer wenn eine Gruppe von Baltiträgern den sicheren Boden verlässt, um auf dem gefährlichen Gletscher weiterzugehen, rufen sie Ali an, einen ihrer Propheten. Ihr Gesang hallt aus den Felswänden wider, und es ist, als wollten sie selbst den Tod vertreiben. In der Gruppe fürchten sich diese wilden Bauern vor nichts, und so haben sie häufig Expeditionen durch Streiks gezwungen aufzugeben, ehe das Basislager erreicht war.

»DIE BEVÖLKERUNG IN KASCHMIR BESTEHT JETZT MEIST AUS SUNNITISCHEN MOHAMMEDANERN, WELCHE, NEBENBEI GESAGT, DIE SCHÖNSTEN HINDU SIND. DAS VOLK HAT DEN AUSGESPROCHENEN INDOGERMANISCHEN TYPUS.« Friedrich von Hellwald

◄ *Das arme Bauernvolk zwischen Indus und Karakorum. Das einstmals selbständige Baltistan gehört heute zu Pakistan (Hauptstadt ist Skardu).*

► *Die 20.000 Bergbauern, Hirten und Träger leben in einer Meereshöhe von 2200 bis 3500 Metern. Im Winter fällt die Temperatur bis auf minus 10 Grad Celsius. Die Familien ziehen sich dann für fünf bis sechs Wochen in ihre Häuser zurück.*

▼ *Träger im Lager am Baltorogletscher. Im Hintergrund die wüstenhaften Hänge und verschneiten Gipfel des Karakorumgebirges.*

◄ Pflügender Bauer in Nepal. Wer im Himalaja pflügt, pflügt mit Yak oder Kuh, ein Bein angewinkelt, eins gestreckt. Die Scholle des Ackers wird nach der Schneeschmelze umgegraben. Zeile für Zeile. Jeweils über der obersten Furche wird der Pflug wieder angesetzt.

► Neben dem Karawanenweg der Antike, auf dem Gewürze aus Indien nach China und von dort feinste Seide nach Indien transportiert wurden, pflügt ein Balti seine Felder um. Wie eh und je. Jetzt aber führt eine Straße von Gilgit über den Khunjerabpass nach China. Sie ist auch für Lkws und Jeeps passierbar.

KARGE SAAT
IN HARTER ERDE

Der Boden, den die Bergvölker bearbeiten, ist hart und steinig. Überall auf der Erde. Nicht überall aber hat man gelernt, ihn zu bewässern. Vielfach stützen kleine Trockenmauern das Erdreich, ungezählte Terrassen schieben sich hintereinander wie Treppen die Berghänge hinauf, oft bis auf 4000 Meter Meereshöhe. Es ist nicht viel, was die Erde, oft von weit hergetragen oder von unten heraufgeschleppt, hergibt. Auch wenn die Bergbauern deshalb von jeher wenig Steuerabgaben zu leisten hatten, sind sie trotzdem arm geblieben. Sie sind es zwar gewohnt einzuteilen, für die harten Wintermonate zu horten, sind fleißig, doch mit dem Frühling kommt immer wieder Hunger.

Die wenigen Vorräte liegen meist in Scheunen oder Hütten, die perfekt in den Proportionen sind. Harmonisch wie die Gebäude ist auch das Leben der Bergbauern, soweit sie nicht von der Technik berührt werden.

Die Hunza zum Beispiel, angeblich Nachkommen desertierter Soldaten aus der Armee Alexanders des Großen, der im 3. Jahrhundert v. Chr. seine griechische

Armee nach Indien führte, lebten lange dort, wo keine Straße hinführte. Wie im Mittelalter. Und die Geschichte hat sie vergessen, wie die Menschen im Shimsaltal, in Westnepal, im Cordevale in den Dolomiten. Die Sprache dieser Hunza hat mit dem Griechischen nichts gemein, mit gar keiner bekannten lebenden Sprache – abgesehen von Ähnlichkeiten mit dem Wortschatz der Basken in den Pyrenäen.

Die Bergvölker kennen keine Hektik, keine Termine, sie scheinen unendlich viel Zeit zu haben. Einige begleiten Touristen und Bergsteiger auf die höchsten Höhen, kehren aber immer wieder zu ihren Gehöften, zu der vom Vater übernommenen Lebensweise zurück. Sie

beherrschen alte Künste, schlagen die Butter in Nepal zwar anders als in Hunza oder in den Alpen, stellen aber dasselbe hochwertige Produkt her. Ähnlich sind sich Bergmenschen auch in ihrer Psyche. Ganz gleich was bezweckt wird, wenn ein Bauer aus Baltistan vor dem Ringkampf seine Muskeln spielen lässt, ein Südtiroler sich eine besonders lange Feder an den Hut oder ein Dani eine ebenso lange Kürbishülle an sein Glied steckt, sie wollen imponieren, jeder auf seine Weise.

Die Bergvölker bekennen sich zu verschiedenen Religionen, beten aber alle zu einem Gott und stellen in Südtirol Wegkreuze, in Tibet Manimauern und in Nepal Gebetsfahnen auf, die im leisesten Windhauch flattern.

SAUBERKEIT

»Nicht nur Nepal ist ein armes Land, nach der gängigen Berechnungsmethode das zweitärmste Land der Welt. Mehr als 50 Prozent der Bevölkerung leben unterhalb der Armutsgrenze und führen ein menschenunwürdiges Dasein.«

Günter Sturm

Die Großmutter brachte uns, als wir die Sommerferien bei ihr verbrachten, nach dem Aufstehen eine Schüssel mit lauwarmem Wasser in die Küche. Wir wuschen uns Gesicht und Hände damit. Ähnlich machen es die Bergbewohner in Pakistan und Nepal. Nur an heißen Quellen habe ich dann und wann einen ein Bad nehmen sehen.

Ich selbst aber, monatelang im Gebirge unterwegs, kam öfters schon in die nächstgelegene Stadt zurück, ohne in der Rezeption meines Hotels wiedererkannt zu

◄ *Raifamilie in Nepal beim Waschen am Dorfplatz. Nachhaltige Entwicklung darf auch hier keine Utopie bleiben. Da der Tourismus besser als Verelendung ist, müssen wir uns nur der Frage stellen, was wir tatsächlich tun, um seine negativen Begleiterscheinungen so gering wie möglich zu halten.*

► *Ein Baltibauer in Pakistan putzt sich mit Pfefferminzblättern die Zähne.*

werden. So dreckig und verwildert sah ich aus. Denn oft ist hoch oben im Gebirge nur die Sonne Ersatz für die Seife.

Trotz ihrer Genügsamkeit sollten wir die Duldsamkeit der Bergstämme nicht überschätzen. Auch sie haben Anrecht auf sanitäre Einrichtungen, Sauberkeit, ein menschenwürdiges Dasein.

Ungeachtet der vielfältigen konfessionellen, ethnischen und sozialen Spannungen gilt es diesen Grundkonsens aufrecht zu erhalten. Und Konflikte aller Art sollten gewaltfrei auszutragen sein. Zweifellos ist die lange Tradition interethnischen Ausgleichs und gewaltfreier Konfliktaustragung eine Charakteristik der Bergregionen,

andererseits schüren nationale Interessen gerade in den ärmsten Gegenden Hass und Neid. Welcher Südostasien-Experte zum Beispiel hätte sich vorstellen können, was für ein Konfliktpotential in Nepal und vor allem in Kaschmir, einst ein Shangri La im Himalaja, wachsen konnte. Ein multiethnisches und friedliches Kaschmir ist Voraussetzung für den Frieden im Himalaja. Nicht zuletzt aus diesem Grund ist größere Aufmerksamkeit gegenüber den ärmsten Bergregionen dort angebracht – vor allem aber braucht Kaschmir Autonomie.

In Nepal darf es nach dem Königsmord keinen Bürgerkrieg geben, denn das Land lebt vom Tourismus und die Spannungen nähmen ohne diese Einnahmequelle noch zu.

▲ *Terrassenkulturen in Baltistan. Ohne Wasser keine Ernte. Ohne Gletscher keine Bewässerung.*

▼ *In Gilgit, in Hunza, in Baltistan gibt es kaum waagrechte Wirtschaftsflächen, und die Hänge dulden keine Maschinen. Wasser muss zur Bewässerung überall hingeleitet werden, wo etwas wachsen soll. Die Bauern pflegen die Wassergräben das ganze Jahr über. Yaks stehen mit erhobenen Häuptern auf Hochflächen.*

»Trotz des Islam bereiten die Shinakis in Gilgit und Hunza Wein, indem sie die Trauben mit den Füssen ausstampfen, und trinken denselben in grossen Mengen, ebenso wie Bier, Mo genannt, das nach unserer Art bereitet, aber nicht geklärt wird.« Friedrich von Hellwald

Bevor die Zeit sie einholt

Mein Wunsch, die Bergvölker kennenzulernen bevor die Zeit sie einholt, ist ebenso groß wie meine Lust, auf Berge zu steigen. Und doch weiß ich, dass ich mit jedem Besuch in Hunza oder Baltistan zu einer stetigen Veränderung am Selbstverständnis der jeweiligen Kultur beitrage. Ich weiß aber auch, dass dies meine Welt ist und dieses mein Jahrhundert. Also reise ich, mir wohl

◄ *In Baltistan ist das wenige Altholz für die Einheimischen sehr wertvoll. Statt Feuerholz empfehle ich allen Touristen die Verwendung von Kerosin für die Trekkingküchen.*

▼ *Bei der Wahl von Zielen, Routen und Lagerplätzen müssen die Nutzflächen der Einheimischen immer geschont werden. Systematische Abfallvermeidung und Restmüllentsorgung muss eine Selbstverständlichkeit sein.*

bewusst, dass ich überall dort, wo ich nicht aufgewachsen bin, kein Kolonialist sein muss, wenn ich mich auf eine Stufe mit den Einheimischen stelle. Ich bemühe mich also, die Lebensgewohnheiten der Einheimischen zu respektieren und in der Fremde so zu leben, wie diejenigen es tun, die dort daheim sind; ich schlafe in ihren Lehmhütten, ernähre mich aus dem Lande und richte mich wie sie nach der Sonne.

Es wäre übertrieben, würde ich heute von einem Massentourismus bei den Bergvölkern reden, obwohl sich das organisierte Reisen weit über den Rand des Himalaja vorgeschoben hat, bis zum Gipfel des Mount Everest. Kathmandu in Nepal, Wamena in Neuguinea,

Cuzco in den Anden sind nicht selten von großen Reisegruppen übervölkert. Die entlegenen Hochtäler aber, wo es weder Straßen, Flugplätze noch Hotels gibt, werden nach wie vor nur von Trekkern und Rucksacktouristen durchstreift. Und ich weiß, dass es viele kleine Weiler am Fuße der großen Berge gibt, die kein Tourist gesehen hat, die auf keiner Karte eingezeichnet sind und wohl lange noch unberührt bleiben werden.

HOCH ÜBER DEM INDUSKNIE

Wer das wüstenhafte Industal von Rawalpindi Richtung Gilgit aufwärts fährt und wenig nach Chilas erstmals den Nanga Parbat sieht, hält es nicht für möglich: Alles ist kahl und steinig, nirgends kann das Auge auch nur einen grünen Fleck entdecken – aber diese Taleinschnitte, die zum Fuße des großen Berges emporziehen, sind bewohnt!

Und doch gibt es Oasen am Nanga Parbat. Hoch oben in den Tälern, dort, wo das Wasser in schmalen Gräben aus den Gletscherbächen zu den wenigen flachen Erdterrassen geleitet wird, hausen Bauern: völlig abgeschlossen von der übrigen Welt, arm und scheinbar ohne Zukunft. Im relativ breiten und reichen Astortal, im Rakhiot- und Diamirtal sowie in einigen weiteren kleineren Taleinschnitten leben einige hundert Familien. Die Landflucht allerdings hat längst begonnen. Die meisten jungen Burschen aus dem Diamirtal zum Beispiel sind in die Niederungen abgestiegen, um bessere Lebensbedingungen zu suchen.

Achtmal war ich inzwischen am Nanga Parbat. Die Bauern dort kennen mich, und ich kenne sie. Ich weiß, wo die Kinder hingehören und wer die Wege richtet. Manchmal habe ich ein Gefühl, als sei ich dort daheim. Und dies, obwohl ich vor gut 30 Jahren, beim Abstieg vom Berg, fürchten musste, von diesen Menschen umgebracht zu werden. Im Jahr 2000 habe ich dem Tal eine Schule gespendet.

Oben gab es keine Schule und keinen Arzt. Der Winter ist hart, dauert lang, und im Sommer wachsen nur Mais, Kartoffeln und etwas Getreide. Die Hütten – aus Stein und Lehm erbaut – sind eng, rauchig und kalt.

Auch wenn sich die Menschen hier an äußerste Armut gewöhnt haben, keine Seife zum Waschen haben und immer in denselben Fetzen herumlaufen, hofften sie

immerzu auf eine bessere Zukunft, änderten aber nichts. Was sollten sie auch ändern? Nur den Sommer über, wenn sie auf die Gemeinschaftsalmen ziehen, erleben sie einige Wochen der Erleichterung: in höhlenähnlichen Holzhütten, bei Lassi, Honig und Fladenbrot. Da oben drechseln die Männer Schalen und Schüsseln, sticken die Mädchen bunte Muster in ihre Häubchen, da oben geht man auf die Jagd, wird ab und zu eine Ziege oder ein Schaf geschlachtet.

An vielen Kleinigkeiten – alter Silberschmuck, geschnitzter Hausrat – aber erkannte ich, dass dieses Tal einmal reicher war.

◄ *Mutter mit Kind und Bauer in Nagaton im Diamirtal. Dieser Mann ist inzwischen ein Greis. Der erste Mensch, dem ich nach meinem Abstieg vom Nanga Parbat 1970 begegnet bin.*

► *Die Bauern am Nanga Parbat siedeln in Hochtälern. In 25 isolierten Dörfern hoch über dem Indus leben etwa 2000 Menschen in einer Meereshöhe von 2300 bis 4000 Metern. Diese Bergdörfer unterstehen dem Gilgitdistrikt.*

UNSICHERHEIT

Wir in Europa sprechen von der Zukunft oft so, als sei sie Vergangenheit. Ja, wir handeln, als wüssten wir, was in einem Jahr sein würde. Auch deshalb können wir das Leben der Menschen aus den höchsten Himalajatälern nie ganz nachfühlen. Diese wissen nicht, wo sie schlafen, wann sie ankommen oder wann sie heimkehren, wenn sie sich auf Wanderschaft begeben. Sie arbeiten zwar fleißig, sorgen vor, soweit es das Wetter und die Gesundheit erlauben, im Übrigen aber ergeben sie sich passiv ihrem Schicksal. Wie es übrigens der konservative Südtiroler Bauer auch tut. Vielerorts ist es allein das tiefe Bewusstsein, dass alles so sein muss, von Gott oder anderen Mächten bestimmt, was sie dieses Leben ertragen heißt.

Für diese Menschen hat der Gedanke an das Morgen immer auch etwas Beklemmendes, Lebensangst aber haben sie nicht. Im Rakhiottal zum Beispiel gibt es keine Lebensversicherung, keine Krankenkassen und keine Wohltätigkeitseinrichtungen. Trotzdem scheinen die Kinder dort mehr Geborgenheit zu atmen als die unseren. Der Glaube an die Vorsehung, von den Erwachsenen auf die Kinder projiziert, gibt ihnen ein Grundvertrauen im so armseligen Dasein.

◄ *Wegkreuz in Südtirol. Die vielen religiösen Symbole am Weg – Kreuze in den Alpen, Tschörten im Himalaja, Manimauern in Tibet – sind Zeichen des Gottvertrauens.*

► *Frau mit Kind auf dem Weg zur Hochalm Nagaton im Diamirtal am Nanga Parbat in Pakistan. Auch im benachbarten Rakhiottal tragen die Mütter ihre Kleinkinder fast immer bei sich.*

HERBST IM RAKHIOTTAL

Die Schneewolken ließen alles grau erscheinen. Kein Leuchten in den gelben Baumkronen der Pappeln und Aprikosenbäume, kein Farbfleck auf den Feldern. Auch der Nanga Parbat, obwohl frisch verschneit, wirkte stumpf unter den hellgrauen Zirren, die sich im Laufe des Tages zu einer durchgehenden Wolkendecke verdichtet hatten. Der Winter kündigte sich an.

Die meisten Familien aus dem Rakhiottal hatten sich in den vergangenen Wochen in Tato winterfest eingerichtet. Auf den flachen Lehmdächern waren Maisstängel aufgehäuft, die Türeingänge mit Stapeln von Brennholz verschachtelt. Tato heißt heiß, im Sommer ist es hier unerträglich warm. Wenn die Sonne hoch steht und der Nanga Parbat keinen Schatten spendet, brennt sie den ganzen Tag lang in diese steil ansteigende Steinschlucht, die rasch zum Hitzekessel wird.

Die Menschen ziehen im Frühling deshalb höher hinauf, auf eine Anhöhe, wo es das Gletscherwasser und der flache Boden auf dem linken Moränenrücken möglich gemacht hatten, auf ungezählten Terrassen Gerste,

Kartoffeln und Buchweizen anzubauen. Die Häuser hier sind Blockhütten mit winzigen Fenstern.

Noch höher oben liegen die Schaf- und Ziegenalmen und jenes flache Land, das die Bergsteiger »Märchenwiese« nennen und wo im Hochsommer an die zwanzig Familien Platz finden. Auf etwa 3300 Meter gelegen, steht ein Dörfchen am Rande einer großen Wiese mit Mühle, einem kleinen Bach, der als Wassergraben zwischen den Holzhütten angelegt ist, und einer Reihe von Zwingern für Schafe und Ziegen. Äcker gibt es keine mehr, wohl aber Gemüsegärten.

Jetzt war dieses »flache Land« verlassen. Einzelne Schneeflocken fielen und am Bach, dort, wo er steil zur Mühle abfällt, hingen armdicke Eiszapfen. Im Winter war es hier zu kalt, zu stürmisch zum Bleiben. Ich konnte mir das lebhafte Treiben während der Sommermonate hier vorstellen, während ich zwischen den leeren Häusern herumlief und in die Stille des Hochtals hineinhörte.

Weiter unten fand ich noch zwei Familien. Die Männer waren bei der Holzarbeit oder flickten ihre Hütten, die Frauen kochten, schlugen Butter in einem Ziegenfell oder lugten scheu und doch neugierig aus der Hüttentür. Kinder, nur mit dünnen Tüchern bekleidet, standen frierend vor mir. Sie alle schauten mich an, als wäre ich ein einziges Rätsel. Diese Menschen sind immer auf der Hut, immer auf der Flucht. Im Sommer

◄ Blockhaus im obersten Rakhiottal. Die Ritzen sind mit Lehm verschmiert. In den Sommermonaten leben ein Dutzend Menschen in so einer Hütte.

▼ Auch im Rupaltal am Nanga Parbat färben viele Männe ihre Bärte mit Henna, ein Zeichen von Würde.

▲ Kinder, die fernab aller Bildungseinrichtungen aufwachsen, haben in der künftigen Wissensgesellschaft keine Chance. Deshalb gilt es vor allem auch in den Bergen Dorfschulen einzurichten und Lehrer dorthin zu schicken.

fliehen sie vor der Hitze in Tato, im Winter vor der Kälte aus den Bergen zurück nach Tato. Dieses Tal aber bleibt ihr Angelpunkt. Hier sind sie festgemacht. Auch wenn sie wollten, sie könnten nicht weg. Wohin und in welchem Beruf. Ein autarker Bauer kann alles, aber er kann nicht weg. Er hat sein Land, seine Tiere, seine Familie und deshalb muss er bleiben, wo sie sind. Für immer.

Seit einigen Jahren gibt es eine Jeep-Straße nach Tato. Sie ist so abenteuerlich an die linke Schluchtwand geklebt – mit Stützmauern und Lehm –, kein Europäer würde freiwillig auf ihr sein Geländefahrzeug spazieren fahren. Sie ist eine Art Nabelschnur zur Welt, ins Industal. Mehr nicht. Oft bleibt sie monatelang unterbrochen.

Immer droht Steinschlag, bei Regen Rutschgefahr. Früher dauerte der Marsch von der Rakhiotbrücke nach Tato neun Stunden. Ein steiler ausgesetzter Weg ohne Quelle, der Mittags- und Nachmittagssonne ausgesetzt. Die Jeepfahrt heute dauert eine Stunde. Eine Stunde Angst und Gefahr. Ein Fahrfehler, kaputte Bremsen, und es gibt kein Halten mehr. Hunderte von Metern fielen Jeep und Besatzung fast lotrecht bis in den Grund der Schlucht, die kaum irgendwo zugänglich ist. So wenig zugänglich wie die Welt dieser Menschen.

▼▶ *Familie in Baltistan. Die Menschen hier leben teils in festen Siedlungen, dort wo ein Bewässern der Felder möglich ist, oder* *sie ziehen als Nomaden (kleines Bild) durch die Hochtäler. Seit Jahrtausenden überqueren sie den Karakorum.*

▶ *Die Bergvölker zwischen Hindukusch und Kaschmir hatten Glück. In die unnahbarsten Reviere flohen immer wieder die Tüchtigsten unter den Verfolgten. Als die Russen vor drei Jahrhunderten in Sibirien eindrangen, war dieser Winkel von vielen kleinen Stämmen bewohnt, die in ununterbrochener Fehde miteinander lebten.* *Die Eroberer aber unterwarfen sich nur die Stämme weiter im Norden. In kurzer Zeit nahmen sie dort die besten Landstriche für sich und drängten weiter. Im Karakorum aber wurden die Bewohner durch das schrittweise Vordringen der Russen nicht verdrängt.*

LANDFLUCHT

Es war an einem heißen Junivormittag, als ich, eine gute Wegstunde oberhalb von Ser im hinteren Diamirtal, plötzlich vor einem Bauern stand, der gerade sein Feld bewässerte. Er hockte da, zusammengekauert und mit bloßen Füßen zwischen den jungen Maispflanzen, grub winzige Furchen in die braune Erde und beobachtete hingebungsvoll das dreckige Schmelzwasser, wie es den Bahnen folgte, welche er mit den bloßen Händen gegraben hatte. Dabei war der Mann so in seine Tätigkeit ver-

tieft, dass er mich nicht einmal bemerkte, obwohl ich unmittelbar vor ihm stehen geblieben war.

Die wenigen Terrassenkulturen hier knapp unterhalb von Nagaton sind wohl die höchsten am Nanga Parbat. Der Bauer vor mir, der seine zum Teil nur tischgroßen Felder bewässerte, erinnerte mich unwillkürlich an meine Kindheit, als wir bei unseren Sandspielen das Wasser durch kleine, mit dem Zeigefinger gegrabene »Bächlein« geleitet hatten.

Der Bauer hielt zwar eine fußgroße Hacke in der linken Hand, das Wasser aber dirigierte er mit der freien Rechten. Dabei waren seine Finger weich und gekrümmt, liebevoll strichen sie um die Stängel, ließen

keine Handbreit Erdboden aus, sodass das Wasser, das auf fast 4000 Meter bei Nagaton aus dem Gletscherbach gefangen und durch Gräben bis zu diesen Feldern geleitet wurde, zu den Wurzeln jedes einzelnen Pflänzchens gelangen konnte.

Erst als ich zwei Schritte weitergegangen war, sah der Mann plötzlich auf. Er sah mich an und auch ich sah in sein Gesicht. Er sah aus, als stecke ein glücklicher Mensch dahinter.

Ein Jahr später sah ich ihn in Gilgit wieder. Er erkannte mich und erzählte mir dann, dass er seine Felder aufgegeben und das Diamirtal für immer verlassen hatte. Er war in diese »Stadt« abgestiegen, weil es oben

am Berg kein Auskommen mehr gab. An seinem Äußeren hatte sich wenig verändert. Nur in den Augen vermisste ich jene Ruhe und Hingabe, die mich oben unter den Gletschern des Nanga Parbat so von seinem Glück überzeugt hatten. Nein, nie hätte ich angenommen, er würde »gehen«, sein Bauern-Dasein aufgeben.

Wir saßen lange in einem »Hotel« und tranken Tee. Er erzählte mir, wie schwer es war, Arbeit zu finden und wie gerne er mich ins Diamirtal begleiten würde. Als Träger oder Führer. Nein, er wolle nicht oben bleiben, nur einmal noch hinaufsteigen, sein Dorf, seine Felder wiedersehen. Vielleicht auch verstehen, warum er weggegangen war.

◀▼ *Alle Bergmenschen sind Fußgänger. Ob sie Heu zusammentragen (Baltistan), Holz holen (Kali Gandaki mit Dhaulagiri) oder Kranke ins nächste Hospital schleppen (Mustang), sie sind immer zu Fuß unterwegs.*

»Die innere Zufriedenheit und die dadurch hervorgebrachte geistige Trägheit hält den Bergnomaden auch ab, sich viel Kopfzerbrechen um religiöse Verhältnisse zu machen. Eigentlich kümmert er sich blutwenig ›um Gott und die ganze Welt‹.«
                                        Friedrich von Hellwald

Wie vor Jahrtausenden

Träger leben vom Tragen. Wie es überall im Gebirge seit Jahrtausenden üblich ist. Seit Menschen zwischen den Bergen leben, gehen sie über weite Strecken zu Fuß. So wird es seit Jahrhunderten gemacht. Trotzdem – die Bergvölker im Himalaja, in den Alpen und im Dschungel der Südsee werden sich den Lebensgewohnheiten der westlichen Industrieländer anzupassen versuchen. Auch

► *Die Tourismusindustrie bietet eine differenzierte Palette verschiedenster Werte an: Sonne und Strand, Tempel, Naturpark und Folklore sind Attraktionen. Zum Reisen in den Bergen gehört auch das Kennenlernen der Einheimischen.*
Die früher missachteten »Kulis« sind heute Dienstleister, Teil der lokalen Kultur. Auch wenn sie barfuß gehen. Auch Tragen ist moderne Dienstleistung.
Wo der Tourismus nicht hinkommt, braucht es keine Träger mehr. In Gor, einem Ort gegenüber dem Nanga Parbat, wandern die Menschen ab.

sie wollen mobil sein, Straßen und Helikopterlandeplätze haben. Wie sonst sollen sie den Arzt rufen oder ihre Produkte verkaufen können? Wir als Reisende können und dürfen uns nicht anmaßen, dies verhindern zu müssen, obwohl uns der Gedanke – ein egoistischer Gedanke – an ein Hotelleben in Solo Khumbu oder eine Materialseilbahn auf eine Südtiroler Hochalm grauenhaft erscheinen mag. Es ist eine Frage der Zeit, bis Technik, Wissenschaft und westliches Gedankengut die herkömmlichen Arbeitsweisen verdrängt und die Lebensweisen verändert haben werden. Bald wird die Zeit auch die Bergvölker eingeholt haben. Es kommt dabei aber auf das »Wie« der Eingriffe und auf die Nachhaltigkeit der Investitio-

nen an. Im Gebirge bleibt die Selbstversorgung in kleinen Kreisläufen der Schlüssel zum Erfolg.

Durch die Vergleichsmöglichkeit zwischen den Bauern von Bhutan, die vorläufig in der Entwicklungsstufe unseres Mittelalters stehen, und den Hochlandbewohnern in Neuguinea, die eben der Steinzeit entwachsen, kann uns heute eine einzige Reise durch viele Jahrtausende menschlichen Werdens führen. Wie lange das noch möglich bleibt, hängt nicht zuletzt von uns ab. Wie wir uns als Touristen mit den Einheimischen verhalten, ist wichtig. Wir können nicht nur von ihnen lernen, wir stützen mit unserem Respekt für ihre Lebensweise auch ihr Selbstwertgefühl, ihre lokale Kultur.

ZURÜCK IN JURTE
UND SATTEL

Im Süden des Altai liegt Singkiang, das heute zu China gehört; im Westen und Norden Sibirien, wo die Wirtschaft zusammenbricht; im Osten leben Mongolen, die alles wieder so gestalten, wie es in der Vor-Sowjet-Zeit gewesen sein mag.

Die weißen Jurten stehen hier in Grüppchen von zwei bis drei Stück im weiten Talkessel. Wir sind irgendwo zwischen den vergletscherten Bergen des Altai in der Mongolei. Die Morgensonne lässt die Talsohle grüner erscheinen als sie ist. Trotzdem halten die Hirten die Herden, die auf die Weiden hinausgetrieben werden, in ständiger Bewegung. Voraus grasen die Ziegen, dahinter die Schafe. Es gibt keine Stallungen und kein Heulager, nur die paar Jurten, in denen Nomaden in Großfamilien zusammenleben. Daneben der Pferdestand, wo ein halbes Dutzend Tiere gesattelt an einem Seil, das mehr als mannshoch zwischen zwei stabilen Pfosten gespannt ist, angebunden ist. Dann werden die Yak-Kühe, viele hornlos, auf die Weide getrieben. Die Kinder folgen ihnen auf

ihren Ponys. Als hätte sich seit Dschingis Khan, der die Stämme der mongolischen Steppe geeint und ein Weltreich errichtet hatte, nichts geändert. Die Menschen leben hier so selbstverständlich auf ihren Pferden, in ihren Filzzelten, dass mich Zweifel plagen. Ist dieses nomadische Hirtentum, das vor mehr als 10.000 Jahren entstanden sein mag, eine brauchbare Lebensform auch für die Zukunft? Hier, in den Steppen und Bergen der Mongolei mit Sicherheit! Die Halbnomaden sind heute, kurz nach der Jahrtausendwende also, die einzigen überlebensfähigen Gruppen in der Mongolei. Ob dieser Hirtennomadenkultur eine Ackerbaukultur vorausging, ist völlig unwichtig. Sie bleibt – mit ihren Resten von Jäger-, Sammler- und Handelskultur – eine Möglichkeit auch für die Zukunft.

Die Kommunisten konnten in den dreißiger Jahren das Kunsthandwerk, die Klöster und viele Gewohnheiten in der Mongolei zerstören, das Selbstverständnis der Hir-

◄▲ Die mannigfachen Ketten des Altaisystems folgen im Süden der Richtung von West nach Ost, im nördlichen Teil von Süd nach Nord. Überall in den Tälern versuchen die verschiedensten Stämme ihr Überleben zu sichern. Ob es den Mongolen gelingen wird?

◄ Ob Eselkarren auf den Asphaltstraßen in Kashgar, Industriestädte zwischen Wüste und Eisgebirge oder Jurten als Touristenattraktionen – vorerst ist die Welt im Altaigebirge aus dem Gleichgewicht.

tennomaden nicht. Dabei haben die Mongolen, die auf dem Lande leben und sich wesentlich mit den Tibetern identifizieren, nach der Wende, also Anfang der 90er Jahre, ihren alten Lebensrhythmus viel schneller wiedergefunden als andere von den kommunistischen Großmächten unterdrückte Minderheiten in Asien. Vor allem den Halbnomaden in der Mongolei – mit einem festen Lagerplatz im Winter, im Sommer unterwegs zwischen 1500 und 3500 Metern Meereshöhe – war mit Nihilismus, Kommunismus und Planwirtschaft nicht beizukommen. Nach einem halben Jahrhundert Kolchosenwirtschaft und Einschränkungen aller Art, ist nach dem Abzug der Sowjets das Hirtennomadentum wieder entstanden. Mit Kamelen, Yaks, Rindern, Schafen, Ziegen und vor allem Pferden, die von allen Nutztieren den geringsten Wirtschaftswert haben, identifizieren sich alle Mongolen.

Während des Sozialismus gehörten das Vieh und die Weiden dem »Negdel«, einer Art Produktionsgemein-schaft, jetzt gehören die Herden wieder den einzelnen Menschen und die Weiden den Göttern, denen man sich – wie es die Tibeter mit ihren Opferritualen vormachen – freiwillig unterwirft.

Die Nomaden sind Selbstversorger. Die Gerste, die sie verarbeiten wie die Tibeter, bauen sie entweder selbst an oder tauschen sie ein gegen Fleisch. Dieses Selbstversorgerdasein in seiner alterprobten Form bleibt die Basis ihres Selbstvertrauens. Jetzt, da auf dem Lande alles zusammenbricht – Benzinversorgung, Schulsystem, Verwaltung –, besinnen sie sich auf ihre Tradition, auf das Wissen der Großväter. Sie stellen Filz wieder von Hand her und schnitzen ihr Sattelgestell wie zu Dschingis Khans Zeiten. Indem sie sich den neuen Herausforderungen mit alten Gebräuchen und traditionellen Technologien stellen, entstehen Selbstverständnis und Eigenverantwortung, die Voraussetzung sind für ihr Weitermachen, für das Überleben in Jurte und Sattel.

»WENN AUCH DEIN KLEID ZERRISSEN IST, DEINE SEELE IST NICHT ZERSTÖRT. DIE GEHEIMSTEN WINKEL DES HERZENS SIND DIR NICHT VERBORGEN, ZEIGE DEIN GESICHT, DU BIST DER SPIEGEL SELBST.«

Djalaladdin Rumi

REGIONALE IDENTITÄT

»Neben den Kirgisen, welche sich wohl nur am Rande Ostturkestans aufhalten, also zur eigentlichen Bevölkerung des Landes nicht gerechnet werden dürfen, finden wir in Kaschgarien ein Gemisch von sehr verschiedenartigen Nationen. Da sind Usbeken, der herrschende türkische Stamm, und Uiguren von gleicher Nationalität; auch die Dunganen, die Nachkommen von Chinesen und

◀▼ Der Winter ist für alle Bergbewohner eine ähnliche Erfahrung. Das Überwintern gehört zu ihrer gemeinsamen Kultur, auch wenn es in Solo Khumbu (links Khumjung, unten Geschwisterpaar in Khumjung) härter ist als in den Alpen.

◀ Winterlager am Fuße des Mustag Ata in Singkiang. Yaknomaden leben überall in Hochasien und sie sind in Tibet Lamaisten oder Bön-Leute, in Singkiang Muslime, in Nepal auch Hindus.

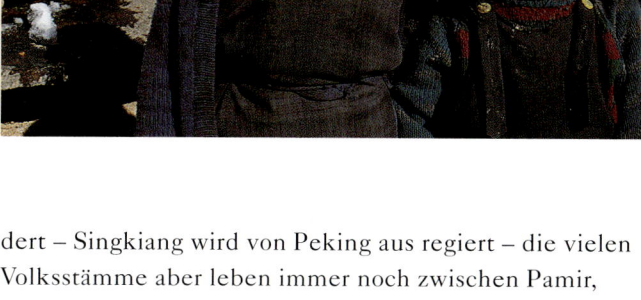

Uiguren, welche wir in der Dsungarei kennen gelernt, und die von dort zum Kriegsdienste herbeigezogen sind, treffen wir hier wieder, desgleichen die Tarantschis, Ansiedler aus dem westlichen Turkestan. Dem mongolischen Stamme gehören an die Dulanen, die längs des Wüstensaums nomadisieren und die buddhistischen Kalmüken östlich von Kaschgar, die Mandschu und Solonen, welche von den Chinesen als Ansiedler in den fernen Westen verpflanzt worden sind. Die Balti, um Yarkand angesiedelt, sind tibetanischen Stammes; sie treiben Ackerbau und hängen dem Mohammedanismus an«, schreibt Friedrich von Hellwald vor mehr als 100 Jahren. Die politische Situation hat sich inzwischen völlig verändert – Singkiang wird von Peking aus regiert – die vielen Volksstämme aber leben immer noch zwischen Pamir, Karakorum und Kuen Lun.

Das Credo der vielen kleinen Volksgruppen muss die Unterstützung lokaler »community-buildings« sein, die Stärkung regionaler Identität ist die Folge. Überall in den Bergen gilt es ganz gezielt auf die Wiederbelebung regionaler Traditionen in Handwerk, Folklore, Musik, Küche, Forst- und Landwirtschaft zu setzen. Hinzu kommt die Förderung des kollektiven Gedächtnisses, der Region und Geschichte. Auch durch die Pflege und den Erhalt von Erinnerungsorten – historische Gebäude, Kultstätten, Literatur – entsteht Selbstverständnis.

◄ Mutter mit Kind in Ser im Diamirtal. Beim Marsch auf die Felder, beim Jäten und Holzholen ist der Bub, obwohl drei Jahre alt, immer dabei.

IM SCHUTZ DER MÜTTER, VÄTER UND MAUERN

Ob in Hushe, Askole oder bei den Kalasch, die Kinder spielen häufig auf den flachen lehmgestampften Hausdächern. Als ob sie noch nicht hoch genug hausten. Als ich 1971 den steilen Weg nach Ser im Diamirtal hochstieg, sah ich ganz oben ein einzelnes Haus. Atemberaubend

der Blick vom Rand der Felder in die Schlucht mit dem Fluss tief unten. Der Fluss selbst, im Sommer fast schon ein Strom, war voll mit reißendem Schmelzwasser. Seine kaffeebraune Brühe trieb die Mahlsteine der Dorfmühle. Auf einer Holzbrücke hatte ich diesen Fluss überquert. Jetzt stand ich vor dem steil aufragenden Haus, auf dessen Dach sich die Kinder versteckt hatten.

Das Haus aus Holz und Lehm ruhte auf einem Steinfundament mit eingebauten Querbalken. Einfache geometrische Figuren schmückten den Balkon. Auf das Dach stieg man über eine tragbare Leiter. Bei unerwünschtem Besuch wurde sie einfach hochgezogen. Wenn Feinde ins Dorf kamen, zerstörte man die Brücke

▼ *Scheu schaut der Kleine zum
Fremden auf. Aber in der Obhut
des Vaters fühlt er sich sicher.*

▲ *Überall in den Bergen sind
Kinder aufeinander angewiesen
und Fremden gehen sie aus dem
Weg. Es ist wie ein Reflex. Nur
in Dörfern an Touristenwegen
werden Fremde manchmal
angebettelt.*

über dem Fluss. Diese Wildnis hatte also auch ihre Vorzüge.

Beißender Rauch drang aus der Hütte, obwohl die Bewohner auf den Terrassen arbeiteten, wo die Frauen den verschiedensten Arbeiten nachgingen. Die Männer, die entlang den Stützmauern kauerten, betreuten die Kinder, die nicht zur Schule gingen, weil es nirgendwo eine Schule gab. Man mied mich Fremden, aber die Kinder spielten, dass es eine Freude war.

Als ich auf einem Ziegenpfad die Richtung nach Ser einschlug, verstand ich besser, dass diese Kinder den Schutz der Mütter, Väter oder Mauern brauchten. Ihr Ausgesetztsein hatte sie zu Raubvögeln gemacht. Sie

brauchten ein sicheres Nest, um flügge werden zu können. Manchmal schmiegten sie sich an die Geschwister, andere, die Kleineren, lagen auf dem Rücken der Mütter und schliefen.

Der schmale Weg wand sich um Felsen und weitere Häuser, aber es gab keinen Zugang zum Inneren des Dorfes. Ich musste von Terrasse zu Terrasse klettern, um zum Dorfkern zu kommen. In Ser selbst erst empfing mich ein vornehmer Alter mit herzlicher Gastfreundschaft. Er ließ mir Tee servieren, und ich sah weiter zu, wie auf dem Dach weiter unten die Kinder tanzten. Den Kopf hoch erhoben, standen sie alle da und streckten die Arme aus. Als wollten sie gleich losfliegen.

Uiguren in der Takla Makan

Es war Mitte Oktober 1992, am Rande der Wüste Takla Makan. Wir lagerten nur einen Steinwurf weit entfernt von zwei Hütten, die eine kleine Sippe von Uiguren bewohnte. Die Behausungen waren viereckig und etwa zweieinhalb Meter hoch. Alle hausten wir also auf ebener Erde. In der Mitte des Kochraums, auf frischem Sand, lag die Feuerstelle, drumherum, auf gestampftem Lehm und wenig erhöht, die Sitzflächen, die mit Decken belegt waren. Die »Schlafzimmer« waren ähnlich ausgestattet. Und alles reinlich und still und von zeitloser Ruhe. Eine Frau hockte am Feuer. Alle ihre Bewegungen waren sanft und selbstverständlich. Ein Mädchen, ihr Kind, schaute ihr mit großen, aufmerksamen Augen zu. Da war keine Neugierde uns Fremden gegenüber, keine Ungeduld, überhaupt keine Gier.

Was war es, was mir an diesen Menschen gefiel? Das Maßlose in ihrer Zeitlosigkeit. Sie bauten ihre Häuser aus Holzstämmen und Schilf, holten das Wasser mit einer Pumpe aus dem Boden und lebten mit ihren Hühnern, Eseln und Schafen. Wie einst Adam und Eva im Paradies. Nein, sie hatten nicht viel: Eier, Milch, Fleisch, Gemüse, das sie in winzigen Gärten anpflanzten, Holz als Brennstoff. Aber mehr brauchten sie nicht. Ein Mehr hätte ihren Untergang bedeutet. Wie hätten sie es auf ihre Wanderungen mitnehmen sollen! Hier teilte die Natur ein, nicht der Mensch. Und weil diese Wüstenbewohner nicht einteilten, war alles vorhanden, reichlich, wie selbstverständlich: Land um sie herum, das Jahr mit seinem Sommer und Winter, das Licht, das Wasser. Nein, ich hätte nicht bleiben mögen, ein so ärmliches Leben war ich nicht mehr gewohnt. Dafür war ich voller Respekt als ich weiterzog, Respekt für eine Lebensart, die Wüste und Berge vielerorts auf der Erde hervorgebracht haben.

> »Die Kleidung besteht gewöhnlich aus einer hübsch gearbeiteten Kappe und einem langen weissen Gewande, welches Bámbéry's Bermerkung, dass die Zentralasiaten stets in ihren Nachtkleidern umherzuziehen scheinen, rechtfertigt.«
>
> Friedrich von Hellwald

▲ *Siedlung in der Takla Makan. Das kunstvoll gestaltete Tor in der Umzäunung kann in der Höhe verstellbar geöffnet werden, je nachdem, ob Ziegen, Menschen oder Esel eingelassen werden.*

◀ *Familie in der Takla Makan. Auch die Frauen gehen hier in vollkommener Freiheit und unverschleiert herum. Ich habe beobachtet, wie Frauen, die Stunden des Tages in ihren Gärten außerhalb der Hütte arbeiten, Fremde mit neugierigen Augen betrachteten.*

SCHICHTEN

In Kashgar scheint es mit der Einfachheit nicht weit her zu sein. Wenigstens was die Kleidung betrifft. Die Bewohner der Stadt tragen mindestens zwei, die reicheren aber bis zu fünf Gewänder aus Halbseide auf dem Leib. Im Winter tragen sie eine Lammfellmütze, einen mit Schafpelz verbrämten naturfarbenen Rock, Filzstrümpfe und Stiefel aus ungegerbtem Leder. Schmuck sieht man weder bei Frauen noch bei Männern. Letztere tragen meist ein Messer am Gürtel, das sie als einzige Waffe führen.

»FRÜHER WURDE JEDES WICHTIGE EREIGNIS, OB GEBURT ODER TOD, VOM TANZ BEGLEITET. MAN TANZTE SELBST AM KRANKENBETT, WEIL MAN MEINTE, DASS DER TANZ DAS BÖSE VERTREIBEN UND SO DIE SCHMERZEN ERLEICHTERN KÖNNE.«

Roland und Sabrina Michaud

TANZ UND SPIEL

An jenem Morgen waren in Gilgit die stärksten Männer der ganzen Umgebung zusammengekommen, um sich im Ringkampf zu messen. In den Straßen herrschte noch lebhafteres Treiben als sonst, und die Luft zwischen den zahlreichen Bazars war geschwängert von Erwartungen.

Am Nachmittag endlich – alles Volk war auf den Poloplatz geströmt – wirbelten die Trommeln, ertönte ein Horn und die »Gladiatoren« – in kostbare, bunte Kleider gehüllt – traten ein. Was nun folgte glich anfangs

◀ *Polospieler auf ihren kleinen,
wendigen Pferden in Gilgit, im
Norden von Pakistan gelegen.*

▼ *Spiel im Sand, Takla Makan.
Die Stöckchen sollen Tiere sein,
ein Teil ist umzäunt, geordnet
und friedlich.*

▶ *Kinder in Tibet oder am
Rande der Wüste stellen in ihren
Spielen oft die väterliche Herde
dar, womit auch immer.*

eher einem Tanz, einer rituellen Handlung, und erinnerte oberflächlich betrachtet an die Tänze in Bhutan. Die Ringer, die zu zweit auf die Wiese traten, ließen zuerst ihre Muskeln spielen, auf Geheiß eines »Schiedsrichters« gingen sie – offensichtlich genaue Regeln befolgend – aufeinander los. Zuerst war es mehr ein Schieben und Kräftemessen, dann ein Ausspielen von Griffen und Tricks, plötzlich flog einer durch die Luft, und der andere stieß wilde Schreie aus. Diese Schreie und Bewegungen glichen den Kriegstänzen der Danis in Neuguinea.

Überall im Gebirge sind solche Wettkämpfe eine muntere Angelegenheit. Jeder Ringkämpfer hat eine Gruppe von Zuschauern hinter sich, die ihn anfeuern,

und immer dann, wenn der Gegner zu Boden geht oder auch nur in die Defensive gedrängt wird, veranstalten sie einen wilden Tanz. Es ist wie bei Sportveranstaltungen überall sonst auf der Welt.

Aber nicht nur die Ringer, auch die Zuschauer ließen mich ahnen, dass es von diesem Fest bis zum Krieg nur ein kleiner Schritt ist.

Die Kinder in den Bergen spielen anders als ihre Zeitgenossen in den Städten, aber indem sie die Lebenswelt der Erwachsenen nachbauen, verraten auch sie ihre Wünsche. Der Wunsch nach Geborgenheit scheint sie dabei zu lenken. Verständlich, wenn man bedenkt, in welch lebensfeindlicher Welt sie zurechtkommen müssen.

LADAKH – LETZTE HOCHBURG DES LAMAISMUS

▲ *Ladakhi bei der Rast.*

▼ *Ladakh, Klein-Tibet (»Tschota-Tibet«), ist heute ein Distrikt des indischen Bundesstaates Kaschmir. Dieser trockene Landstrich ist dem östlichen Nachbarn Tibet enger verbunden als dem seit 1949 geteilten Kaschmir. Die Hauptstadt Leh liegt 3500 Meter hoch.*
8 bis 10 Meilen westlich von Leh schon werden die Moslems zahlreich.

Ladakh ist ein ödes Land: nur Pastelltöne, keine grellen Farben. In der Nähe der Klöster aber lebt die Wüste, Gärten, Bäume, Gebetsfahnen leuchten zwischen dem Weiß der Hausfassaden. Das Land gehört großteils diesen Klöstern. Die Menschen hier leben noch vielfach im Schutz dieser Klöster, in denen Mönche auch die Druckstöcke für die Bücher schnitzen. Tausend Jahre und älter sind die Wandmalereien an den Tschörten, die wie Marksteine am Rand kilometerlanger Gebetsmauern stehen: Zeugen einer lebendigen Religion in dieser letzten Hochburg des Lamaismus.

In diesem Teil des alten Tibet lebt die lamaistische Religion, die tibetische Form des Buddhismus, reiner fort als anderswo. In etwa 200 Klöstern, über den nördlichsten Zipfel Indiens verstreut, meditieren 10.000 Mönche. Seit dem Bau der Straße von Srinagar nach Leh ist es zwar mit der Weltabgeschiedenheit Ladakhs vorbei, auch Wellblechhütten stehen neben alten Tempeln, aber die tibetische Kultur blüht weiter. Der alte Palast der Könige von Ladakh in Leh ähnelt dem Potala, der weltberühmten Palastburg über Lhasa. Darunter schmiegen sich, eng aneinandergebaut, die Häuser der Stadtbewohner. In den Klöstern hängen Hunderte Thangkas, Altarbilder, die mit roten, blauen und gelben Borten aus Brokat und Seide eingefasst sind. Darauf sind Himmel, Luftraum und Erde, alles in Naturfarben gemalt, dargestellt. Weniger prunkvoll leben die einfachen Ladakhi in ihren Bergdörfern und Nomadenzelten. Trotzdem sind sie gastfreundlich und von beneidenswerter Heiterkeit. Wie die Tibeter auch.

In Ladakh wachsen Buchweizen, Kartoffeln, Mais und Gerste. Aber ohne künstliche Bewässerung wächst auch hier nichts. Wie in Hunza wird also das kostbare Wasser aus den Bergen nach einem bestimmten Schlüssel unter den Bauern verteilt. Nur die Aprikosen gehören allen gemeinsam. Gartengroße Felder sind mit Steinmauern eingefasst und so vor Stürmen und Sturzwasser geschützt. Die Häuser sind aus luftgetrockneten Lehmziegeln erbaut. Auf den flachen Dächern sind Holz und Yakmist gestapelt und dahinter spielen wie am Nanga Parbat die Kinder. Man ernährt sich hier auch wie im alten Tibet: Thugpa – ein Eintopfgericht aus Mehlklumpen, Fett und Rüben –, Buttertee, Momos – kleine, mit Fleisch gefüllte Teigtaschen – und Tsampa – geröstetes Gerstenmehl, das mit ranziger Butter verrührt wird – sind die Hauptgerichte.

Zu den großen religiösen Festen bekommt die arme Bevölkerung in den Klöstern Tormas geschenkt, faust-

große Kegel aus Teig und Zucker. Die Lamapriester, als Dämonen des Sterbens verkleidet, tanzen dabei das Ballett des Todes, ein Beweis dafür, dass auch die Tantrakultur noch lebt.

▼ *Die Klosterstadt Thikse bei Leh in Ladakh scheint die Wolken zu berühren. Hier sind die Götter der Berge noch nicht gestorben, und die Ladakhi, Anhänger des Lamaismus, sind stolz auf ihre 200 Mönchsgemeinschaften.*

LANDSCHAFTS-ARCHITEKTUR

Wie die Falten eines hingeworfenen Kleides liegen die Täler des Himalaja da, besonders von der Wasserscheide abwärts, gegen Süden hin. Die Rücken und Hügel werden immer kleiner – bis sich die Landschaft in die Ebene hinein verliert.

Reis- und Getreidefelder – Ende März in frischem, zartem Grün leuchtend – sind überall dort entstanden, wo der Boden flacher ist. Meist steht kein Haus dazwischen. Die Dörfer – Streusiedlungen – liegen im steileren

Gelände, am Rande der Felder. Vereinzelt kleine Waldstücke daneben. Überall dort, wo es möglich war, sind die Hänge gerodet: steiles Gelände ist Weide; fruchtbares in ungezählten Terrassen zu Kartoffel- oder Buchweizenäckern geformt. Das Erdreich wird mit viel Mühe und Steinmauern befestigt. Dort wo die Bergrücken felsig sind und in steilen unzugänglichen Tälern grasen Ziegen.

Wie gleichmäßig sich die Menschen hier verteilt haben! Wie ähnlich sie leben! Aber wie lange wird das Land noch reichen für die immer schneller wachsende Bevölkerung? Wie lange wird das Erdreich oben bleiben, wenn Büsche und Wald allerorten den Menschen weichen müssen? So harmonisch sich die Menschen hier in die Landschaft hineingefunden haben – die dörferverbindenden Wege so zart ausgetreten, dass sie uns natureformt erscheinen; die Streusiedlungen und Einzelgehöfte immer auf wertlosem Boden; die Kulturlandschaft ohne Fremdkörper – so schnell wird sie der Monsunregen von den Hängen spülen, wenn kein schützender Wald übrig bleibt und die Hänge überweidet werden. Bald schon könnte vielerorts im Winter das Trinkwasser ausbleiben.

Dort wo Straßen hinführen, ist es noch schlimmer. Überall dort wo Straßensiedlungen entstehen sind Erdrutsche an der Tagesordnung. Eine Frage ist daher nicht nur, wie lange Trucks und Busse die Nahrungsmittel in die Berge karren können, die die zugewanderten Menschen dort brauchen. Die Frage ist auch, wie lange sie das angelieferte Essen bezahlen können. Der wirtschaftliche und ökologische Kollaps wird kommen. So wie der Monsun kommt. Und niemand wird ihn aufhalten können: die Entwicklungshelfer aus aller Herren Länder nicht und nicht der »Idealismus« der Trekker, die diese Menschen seit bald zwei Generationen idealisieren. Romantisch ist das Leben zwischen Himalaja und Terrai nicht; auch nicht gesund. Es ist nur noch zu retten, wenn die Menschen die globalen Zusammenhänge begreifen und dementsprechend handeln, auch lokal handeln: Familienplanung und Aufforstung müssen Priorität haben. Bevor es zu spät ist.

»Ausführliche Kunde über das westliche Tibet verdanken wir zunächst
den Gebrüdern Schlagintweit,
deren Forschungen so vieles zur
Erschliessung des Himalaja
beigetragen haben.« Friedrich von Hellwald

▲ *Typische Himalajalandschaft.*
Die Menschen hier sehen hinter
jedem Strauch, im Wintersturm
wie im Wettersturz das Wirken
mächtiger Götter.

◄ *Packtiere im Kali Gandaki*
mit den typischen Siedlungen im
Hintergrund. Darüber der
Dhaulagiri.

Regeln des Zusammenlebens

Es ist auch die Landschaft, die die jeweilige Lebensform bestimmt. Nirgendwo habe ich dies stärker empfunden als in Baltistan und in den weiten Hochsteppen Tibets.

Zum Beispiel haben nur die Yaknomaden auch unter der chinesischen Vorherrschaft ihren Lebensrhythmus beibehalten: Der periodische Wechsel des Lagerplatzes, Vielmännerei, völlige Autarkie und gelegentliche Raubüberfälle sind hier nicht selbstverständlich, aber nie auszuschließen. Bei der Vielmännerei, die in der Abgeschiedenheit mancher Dörfer diesseits und jenseits des Himalaja noch praktiziert wird, werden die jüngeren Brüder des Bräutigams mit seiner Frau mitverheiratet. Der jüngere Bruder springt ein, wenn der ältere mit seiner Karawane unterwegs ist. Die Kinder gehören allen.

Matriarchale Formen des Zusammenlebens finden wir in dünn besiedelten Gegenden und dort wo die Naturreligionen nicht ganz verdrängt worden sind. Ja, dort wo die Frauen bestimmen, ist ein Überleben gesicherter.

◄ Frauen in Baltistan bei der Arbeit auf ihrem Hausdach. Das Fehlen aller Hygieneeinrichtungen ist auch hier eine der Ursachen für allerlei Krankheiten.

▲ Das Makeup der Nomadenfrauen, auf Wangen, Nase und Schläfen aufgetragen, wird aus Molke, in kleinen Schalen gekocht bis sie schwarz ist, hergestellt.

◄ Nomadenfamilie in Osttibet bei Dege. Erwachsene und Kinder ziehen mit ihren verschiedenen Herden sieben bis acht Monate lang in Außen- oder Sommerlager. Die Hygiene kommt dabei natürlich zu kurz.

VERSTECKT UND VERDRECKT

Die Frauen in Nordafrika, auch im Mittleren und Vorderen Orient, verstecken sich oder laufen davon, wenn ein Fremder auftaucht. Eine anerzogene Scheu und der Koran zwingen sie, sich abzuwenden, wenn ein fremder Mann des Weges kommt. Deshalb ist es in diesen Gebieten für jeden Fremdling schwierig, die Lebensgewohnheiten der Einheimischen zu studieren.

Nur wer bereit ist, in weniger überlaufenen Tälern abseits der Fahrwege zu wandern, versteckte Hochflächen und Nebentäler aufzusuchen, trifft immer wieder auf jenes ursprüngliche Leben, das den Bergmenschen eigen ist.

Dies gilt, wenn auch aus anderen Gründen, auch für die Bergbauernkultur bei uns. Eine Reise in die Alpen ist heute, wo fast alle Pässe und alle größeren Bergtäler durch Fahrstraßen erschlossen sind, kein Problem mehr. Trotzdem ist es nicht ganz einfach, mit den Bergbauern in jenen Kontakt zu kommen, der Recherche gleichkommt. Alle, die noch ein ursprüngliches und großteils autarkes Leben führen, sind zuerst einmal zurückhaltend.

Das Hochland von Tibet

Tibet ist seit der Besetzung durch die Chinesen nicht mehr Tibet. Nur der Potala-Palast in Lhasa, das eindrucksvollste Bauwerk, das der Lamaismus hervorgebracht hat, steht noch in all seiner Pracht über der alten Hauptstadt. Pagoden, aus feuervergoldetem Goldblech gehämmert, leuchten weithin. Jetzt sind die Märkte zwar wieder frei, Gebetsfähnchen dürfen aufgehängt und Opferfeuer entzündet werden, der Dalai Lama aber, der Gottkönig der Lamaisten, lebt seit 1959 im Exil in Indien. Sonne, Mond und die Lotosblüte, die überall Häuser und Wege zieren, sind Glückssymbole ohne Kraft.

Nach der Besetzung durch die Chinesen und der Flucht des Dalai Lama flohen zahlreiche Tibeter in die angrenzenden Länder, wo sie ein halbwegs verträgliches Klima für sich vorfanden und sich ansiedelten. Sie halten zwar an ihren Bräuchen und an ihrer Sprache fest, auch sind sie leicht von den Nepalesen oder Indern zu unterscheiden, aber sie bleiben Fremde dort. Meist tragen die Männer langes Haar, das sie in Zöpfen, mit roten Bändern verflochten, aufstecken.

Obwohl sich die Tibeter bis zum Jahre 1950 mehr oder weniger selbst verwaltet hatten, haben sich diejenigen, die nach Bhutan, Sikkim, Indien, Nepal, der Schweiz und auch Deutschland geflohen sind und heute dort leben, recht gut integriert.

Vom heutigen Tibet, der »Autonomen Provinz der Volksrepublik China«, wo inzwischen Chinesen auch in der Zahl vorherrschen, wissen wir nur, dass die Zentralregierung in Peking die tibetische Kultur und Religion auslöschen möchte. Um so erfreulicher ist es, dass die Flüchtlinge an ihrem Volksglauben und an den Kulturgütern festhalten. So bleibt zu hoffen, dass durch ihre weise Lebenshaltung das zeitlose Erbe ihres Volkes sowie ihre Religion, welche das formende Element der tibetischen Kultur ist, erhalten bleiben.

▲ *Die Tibeter leben auf der größten Hochfläche der Erde. In ungezählten kleinen Siedlungen versuchen sie ihre lokale Kultur zu retten. Bis 1950 war Tibet ein mehr oder weniger selbständiger Mönchsstaat mit der Hauptstadt Lhasa. Seit 1965 gilt es als autonome Region der Volksrepublik China.*

◄ *Die Klöster stehen oft dort, wo der Himmel beginnt, fast auf der Spitze des Berges, den Göttern ganz nah. Nur Eingeweihte finden den Weg dorthin.*

► *Täglich umkreist dieser Tibeter die Manimauer seines Dorfes. Einige Millionen Tibeter sind auf dem Hochplateau von Tibet geblieben. Hunderttausende sind nach 1959 ins Ausland geflohen.*

Die Hochfläche von Tibet besitzt im Osten, Süden (Himalaja), Westen (Ladakh und Karakorum) und Norden (Kuenlun und Altai) hohe, natürliche Grenzen. Im Westen und Norden ist Tibet dünn besiedelt – es herrschen Nomadentum und Viehhaltung vor (Yaks, Pferde, Ziegen, Schafe) – im Osten und Süden wird gemischte Wirtschaft betrieben (Ackerbau und Viehzucht). Die Tibeter, meist fröhliche und intelligente Menschen, sind kein homogener Volksstamm. Obwohl man sie auch in den Grenzländern Bhutan oder Nepal an ihren Gesichtern sofort von den anderen Bergbewohnern unterscheiden kann, gehören sie mehreren Stämmen an. Die großen, langschädeligen Tibeter mit dem scharf geschnittenen Gesicht kommen aus dem Osten und Norden des Landes; die kleineren mit rundem Schädel und hohen Backenknochen aus Zentraltibet und aus dem Westen. Auch in den Sitten, der Ernährung und der Kleidung bestehen erhebliche Unterschiede zwischen den Upa, Khampa, Amdoa und Vicong.

▲ *Die Menschen in Tibet tragen überall ähnlichen Schmuck. Das Land hat ein ausgeprägtes Hochlandklima mit starken Temperaturschwankungen zwischen Tag und Nacht, Sommer und Winter. Dazu kommen eine starke Sonnenbestrahlung und Trockenheit.*

▶ *Khampa in Osttibet mit einem Glücksbringer (Amulett) am Hals. Die Khampas waren einst gefürchtete Krieger, obwohl ihnen nur primitive Gewehre und altertümliche Schwerter zur Verfügung standen.*

»ETHNISCHES TIBET: WIR VERSTEHEN DARUNTER EINE KERNZONE ALLER TIBETISCHER LANDSCHAFTEN UND REGIONEN, DEREN BEWOHNER SICH SELBST ALS BOD PA (CHIN. T'U-FAN) BEZEICHNEN. SIE SIND DIE TIBETER IM ENGEREN SINNE DES BEGRIFFS.«

Peter Kessler

AMULETTE UND SCHMUCK

Wie in Ladakh zeigen fast alle Frauen in den Bergen mit ihrem Schmuck auch ihren Reichtum. Der Perag, der flache Kopfschmuck aus Filz und Leder, den oft Hunderte von Türkisen zieren, ist dabei das typische Schmuckstück der Frauen in Ladakh. In Baltistan hingegen habe ich Mädchen vorbeihuschen sehen, die sich Broschen aus Konservendosen und Kopfschmuck aus Plastikmüll –

▼ *Sherpafrauen mit Xi-Stein-Ketten. Überall, wo einst Tibet war, kennt man den Xi-Stein und das Gesar-Epos. Allerdings verkaufen Händler allerorten auch Fälschungen. In Straßenläden, auf dem Boden ausgebreitet, bieten Khampas und Sherpas billige Ringe, Ketten aus buntem Kunststoff, Amulette aus Lehm und Messing sowie falsche Xi-Steine an.*

► *Die Religion (Lamaismus), die tibetische Sprache (tibeto-birmanische Sprachfamilie, verschiedene tibetische Dialekte) und der Schmuck sind verbindende Elemente bei den Tibetern.*

wohl Überbleibsel von Expeditionen – angefertigt hatten. In Tibet, seit der Besetzung durch die Chinesen kulturell verarmt, tragen die Frauen, die früher ihr Geschmeide gern zeigten, kaum noch Kopfschmuck, aber silberne Halsketten, Armreifen und Fingerringe in allen Variationen. Alle Männer dort sind weiterhin stolz auf ihre Xi-Steine. Jede und jeder zeigt, was man hat, wenn nach Kulturrevolution oder Flucht noch etwas übrig geblieben ist.

Am Gürtel, aufgereiht an Lederriemen, hängen die glücksbringenden Kaurischnecken, wie sie die Danis in Neuguinea auch tragen. Korallen, Bernstein und Halbedelsteine trägt man in Ladakh, Nepal und Tibet, feine

selbst gestickte Schultertücher in Südtirol. Das ewig weibliche Kokettieren mit Schönheit und Reichtum ist ein verbindendes Element auch unter den Bergvölkern. Überall wird der oft prachtvolle Schmuck über Generationen vererbt. Denn Gold, Silber, Seide, Edelsteine, Brokat und Leinen, die Materialien, aus denen Schmuck gefertigt wird, gelten auch als Sparkasse. Generationen haben die Türkise und Korallen zusammengetragen, die die Ladakhfrauen auf ihren eigenwilligen Hüten »ausführen«, Erbstücke, die auch die soziale Stellung der Trägerin zeigen sollen. Das Gold stammt aus den Flüssen, das Silber aus den Minen, die Türkise aus den Bergen, die Xi-Steine von vorgeschichtlichen Kulturen.

◄ *Wie Gebetsfähnchen in ihrer Glaubenswelt spielen Naturgewalten in der Mythologie der Tibeter eine große Rolle. Beides kommuniziert mit dem Göttlichen.*

► *Die Toten wurden in Tibet einst den »ragyapa« übergeben, den Leichenzerschneidern. Diese schlitzten den Leichnam auf und fütterten die Geier damit. Nach buddhistischem Verständnis eine gute Tat, da sogar der Verstorbene so von Nutzen ist. Diese klassische »Himmelsbeerdigung« wird auch heute noch praktiziert. Denn Holz für eine Feuerbestattung ist in Tibet knapp, der Boden felsig, das Wasser heilig.*

KARMA

Karma, ein Freund von mir, kommt aus Kham. Er war es, der mir ein Himmelsbegräbnis zeigte und jene versteckten Täler in Osttibet, wohin früher keine Europäer gekommen waren. Seine Biographie klingt wie ein Märchen.

Karma war dreizehn, als er von zu Hause fortlief. Er wusste damals nicht, warum er ausriss aus der Geborgenheit eines Bergdorfes, er ahnte nur, dass er in Meshe, wo er am 4. Juni 1969 geboren worden war, nicht bleiben konnte. Nicht für immer.

Das Haus seiner Eltern stand auf einem Hügel, umgeben von Äckern, eingebettet in ein kleines Haufendorf. Oft hatte der kleine Karma vom Flachdach des Hauses auf die Berghänge gestarrt, die steil über den Gerstenfeldern im Talboden aufragen. Was war hinter all diesen Bergen?

Weit im Norden, über dem Bergkamm, lag Dora, die Alm der Familie, wo Karma jahrelang Ziegen, Schafe und Yaks gehütet hat. Was alle Kinder im Dorf taten, die zwar zeitweise in die Schule gingen, meist aber daheim oder auf der Alm bei der Arbeit halfen.

Karma wusste nur, dass hinter den schwarzen Bergen im Westen irgendwo Lhasa war, die heilige Stadt, in

aber gab es viele wie sie und keine Arbeit und weniger Mitleid als auf den staubigen Straßen in Kham oder Amdo. Aber in Ganden wurde gerade das Kloster wieder aufgebaut und Karma arbeitete ein paar Tage lang dort – für Kost, eine Decke und die Erfahrung, sich in die Essenskolonne einschleichen zu können, ohne gearbeitet zu haben. Mit diesem Trick überlebte er weitere zwei Monate lang. Dann reiste er mit einem anderen Buben nach Shigatse und allein weiter nach Westen – den Kailash als vages, fernes Ziel vor Augen.

Ein Truckfahrer nahm ihn mit bis zum heiligen Berg. Nach der Umrundung des Khailas marschierte Karma weiter, im Uhrzeigersinn umrundete er auch den Manasarowarsee. Dieser liegt im Süden des heiligsten aller Berge wie ein Spiegel eingebettet zwischen pastellfarbenen Hügeln und Schneeflächen. Anschließend wanderte er über die nahe Grenze nach Nepal, um sein Glück in der »freien Welt« zu suchen.

Ein viertel Jahr lang blieb Karma als Schafhirte bei einem großzügigen Bauern in Westnepal. Als der Monsun abflaute, kaufte Karma mit seinem Hüterlohn in Simikot ein Flugticket nach Nepal Gansh, von wo er zu Fuß über die Grenze nach Indien ging. Später erreichte er im Bus Daramsala, jenes Shangri La, wo inzwischen viele junge Tibeter ausgebildet werden, die irgendwo auf dieser Welt ihren Platz finden müssen. Denn den meisten ist die Rückkehr in ihr Herkunftsland zu gefährlich. Die Zentralregierung in Peking will Ruhe in Tibet und freie Hand beim Abholzen der Wälder und Ausforschen der Bodenschätze.

Der Junge kam als Stipendiat nach Missuri, wo er in einem »Haus für Tibeter« dreieinhalb Jahre lang lernte: Englisch, Tibetisch, Mathematik.

Karma verliebte sich zweimal, aber beide Beziehungen zerbrachen, weil es ihn immer weiter zog. Er kehrte nach Nepal zurück und wollte von dort wieder heim nach Tibet. Mit einem anderen Burschen stieg er im Juni 1986 von Jiri über Namche Bazar zum fast 6000 Meter hohen Nangpa La auf. Als die beiden bei Nebel und Schneetreiben dort ankamen, wussten sie nicht mehr weiter. Schneeblind, halb verhungert, frierend lagen sie drei Tage lang unter einer Decke zwischen Fels und Eis, zwischen Nepal und Tibet, dem Tode näher als dem Leben.

der alles anders sein musste. Anders als in den düsteren Tälern und rauchschwarzen Höhlen, in denen er groß geworden war. Als Karma von zu Hause fortging, nahm er nichts mit als die Hoffnung auf ein anderes Leben.

Die Flucht begann Karma mit einem etwas älteren Buben aus dem Tal und sie kamen bis nach Qamdo. Über die große Brücke am Jangtse, durch eine Schlucht und einige Pässe gingen sie zu Fuß, ohne dass sie von den Angehörigen zurückgeholt wurden.

Drei Monate waren sie unterwegs, haben Hunger, Nässe und Kälte ertragen, das Heimweh immer wieder verdrängt, in der Hoffnung, in Lhasa das Paradies zu finden. Bettelnd, wartend, auf fahrende Trucks aufsprin-

► *Der Potala-Palast in Lhasa ist so prächtig, dass ihn jeder Pilger, ob Buddhist oder Tourist, besuchen sollte. Wäre der Dalai Lama, einst weltliches und geistliches Oberhaupt der Tibeter, nicht im Exil, wäre der Potala seine Winterresidenz. Nicht weit davon entfernt liegt auf einer Insel der Lukhang-Tempel, wo eine Anleitung zum Eingang ins Nirwana verborgen ist.*

▲ *Ihr Schicksal selbst zu bestimmen und den Leidensprozess zu beenden ist das Ziel der Tibeter. Die Gier als Ursache der menschlichen Leiden, angetrieben von Glück, Reichtum und Ruhm sowie Unwissenheit und Hass kann aufgehalten werden. Das »Nirwana« als gnädiges Nichts folgt nur dem Verzicht.*

► *Nach dem Tod tritt die Schattenseele des Verstorbenen, »La« genannt, in ein Zwischenstadium ein, das 49 Tage dauert. Lamas werden gerufen, um für das Seelenheil der Toten zu beten und sie auf den rechten Weg zu bringen. In diesem »Bardo« entscheidet sich, wo die Verstorbenen wiedergeboren werden.*

Als die beiden, wie durch ein Wunder gerettet, Tingri am Nordfuß des Cho Oyu erreichten, reiste Karma sofort nach Lhasa und ohne Rast weiter nach Meshe im Osten des Landes, wo er aufgewachsen ist.

Aber nur einen Winter lang hielt es der junge Mann in seinem Dorf, bei seiner Familie aus. Dann musste er wieder fort.

Es waren nicht die Enge des Tales oder die einfachen bäuerlichen Verhältnisse, die Karma im März 1987 wieder nach Lhasa aufbrechen ließen, er konnte in Meshe nicht bleiben. Nicht mehr.

Inzwischen hat er seinen Beruf als Fremdenführer gefunden, am Rande von Lhasa ein Haus gebaut, er hat geheiratet und hat Kinder. Ein Zuhause hat er nicht. Heute kommt Karma öfters in sein Dorf zurück. Er bringt Touristen in die Welt, aus der er einst geflohen ist. Er zeigt ihnen die schroffen Granitberge und weiten Hochalmen über seinem Tal. Er führt sie durch Dörfer und Felder, die daliegen, als ob in Meshe seit Jahrtausenden alles gleich geblieben wäre. Und er weiß, dass es dieser Stillstand ist, den Fremde an der Tradition der Selbstversorger so bewundern, obwohl er deren Niedergang bedeutet. Der Gedanke an ein Meshe ohne Menschen macht die Berge in seiner Vorstellung weiter und höher und größer – seine Trauer um den Verlust seiner Heimat aber kleiner.

REICH SIND NUR KLÖSTER UND GÖTTER

In Bhutan gibt es es zahlreiche Klöster, Tausende von Mönchen und Abertausende von Thangkas, auf denen Millionen von Gottheiten dargestellt sind. Die Götter sind für das einfache Volk wie die Naturkräfte beseelte Wesen, und man bringt ihnen Opfergaben dar.

Die Klöster, einst wirtschaftlich unabhängig, lebten von Ländereien, die ihnen der Staat oder die Gemeinschaft überlassen hatten, von Handelsgeschäften, dem Verleih von Geld und von den Abgaben der bäuerlichen Bevölkerung. Für viele Bauern, sowohl in Nepal, Tibet, Bhutan als auch in Südtirol, ist es eine Selbstverständlichkeit, Klöstern oder Geistlichen ab und zu Geschenke zu machen – als Ausdruck der Verehrung oder als Entgelt für religiöse Dienstleistungen. Nicht selten aber verschenken Bauern ihr Kostbarstes, ja ihren gesamten Hof an eine geistliche Institution, freiwillig und ohne äußeren Zwang, auch wenn sie ihre Kinder in Lumpen kleiden müssen.

Zerstörte Klöster (links Shegar, rechts Ganden) gibt es in Tibet mehr als intakte. Während der Kulturrevolution wurde alles Religiöse verfolgt und zerstört. Die Roten Garden haben selbst Blumentöpfe zerschlagen, weil diese als »reaktionär« galten. Heute stehen auf den Fensterbänken der Ruinen wieder Blumentöpfe – Symbole der Liberalisierung? Der Refrain »Om mani padme hum«, der Gutes nicht nur erreicht, wenn er ausgesprochen, sondern auch, wenn er gelesen, gesehen oder als Papierrolle in die Gebetsmühlen integriert wird, war überall in und um den Klöstern auf Felsen und Wände geschrieben. Die Rotgardisten aber haben das Mantra ausgelöscht und durch »Lang lebe der Vorsitzende Mao« ersetzt.

»ICH SAGE MEINER TIBETISCHEN GEMEINDE OFT, DASS DER FREIHEITS-KAMPF NICHT VON EINER PERSON ABHÄNGEN DARF. DIES IST DER KAMPF EINES VOLKES, NICHT DER KAMPF DES DALAI LAMA. WIR KÄMPFEN UM DAS ÜBERLEBEN ALS NATION, UND DESHALB MUSS DAS VOLK DAFÜR DIE VERANT-WORTUNG TRAGEN.«

Seine Heiligkeit, der Dalai Lama

TOD, ZERSTÖRUNG UND WIEDERAUFBAU

Nach 1959, als Pekings Truppen den letzten antichinesi-schen Volksaufstand niedergeschlagen hatten und der Dalai Lama mit 85.000 seiner Anhänger nach Indien geflohen war, wurde der Potala für die Tibeter gesperrt. Tibetweit wurden etwa 5000 Klöster oder religiöse Stät-ten zerstört, darunter Ganden, eines der größten Klöster der Welt. Heute ist zwar der Potala wieder geöffnet, aber

von den Klöstern sind längst noch nicht alle wieder aufgebaut worden.

Die fünf Jahrzehnte lang unterdrückten religiösen Gefühle der Tibeter sind nicht tot. Die eingeschränkte Religionsausübung aber hat das tibetische Volk verunsichert. Auch die Zentralregierung in Peking ist beunruhigt. Man versucht die Gefolgschaft der unterdrückten Provinz mit liberalen Zugeständnissen zurückzugewinnen. Tibet stellt ein Achtel des chinesischen Territoriums dar. Durch seine lange gemeinsame Grenze zu Indien und den ehemaligen Sowjet-Provinzen ist dieses Hochland als eine Art Puffer entlang der chinesischen Grenzen ein ebenso empfindliches wie wichtiges Gebiet

für China. Eine Rebellion gegen die chinesische Zentralherrschaft in Tibet würde nicht nur das Image Chinas im Ausland mindern, es könnte auch destabilisierende Folgen in China selbst haben, wo weitere unzufriedene Minderheiten wohnen. In anderen Grenzprovinzen.

Trotzdem, Tibet hat sich als Land mit eigenständiger Kultur erwiesen. 50 Jahre marxistisch-leninistische Ideologie und der reale Sozialismus haben nicht vermocht, die Menschen im Schneeland zu brechen.

Die Chinesen bestimmen in Tibet zwar seit bald 50 Jahren. Aber heute werden viele Klöster wieder aufgebaut, und seine Heiligkeit, der Dalai Lama, wird immer noch zurückerwartet.

► *Wie in Osttibet ist auch in Solu Khumbu die Gerste das vorherrschende Nahrungsmittel. Zur gewöhnlichen Kost gehören Dal (eine Bohnenspezies), Rüben, Reis und Weizenmehl. Auch Ziegenmilch ist beliebt.*

◄ *Siedlung in Kham, Osttibet. Viel Rauch und wenig Licht gibt es in den Hütten. Infolge von Staubwinden im Sommer und Rauchluft in den Häusern während des Winters sind Augenleiden dementsprechend häufig. Und gewöhnlich sind beide Augen betroffen.*

► *Ob es religiöser Streit, kriegerische Ereignisse, Hungersnöte oder Naturkatastrophen waren, die die Bewohner von Salmo Gang einst bewogen haben mögen, auszuwandern, wissen wir nicht. Salmo Gang in Kham ist die Wiege der Sherpa, jenes Volkes also, das aus dem Osten kam und heute südlich des Mount Everest in Nepal siedelt.*

VÖLKERWANDERUNG

1965 hat Michael Oppitz, ein deutscher Wissenschaftler, der damals im Rahmen der Thyssen-Stiftung arbeitete, in Solo Khumbu in Nepal alte Dokumente gefunden. Darin wird jene Wanderung der Sherpa beschrieben, die ihren Ursprung deutlich werden lässt. Das wichtigste dieser Dokumente heißt Ruyi. Ru bedeutet Knochen oder Clan, Yi die Legende. Es ist also der Bericht von den Knochen oder auch die Stammesgeschichte der Sherpa. Dieses Ruyi dürfte zwischen 1500 und 1530 geschrieben

worden sein. Die vier Ur-Clans der Sherpa – Minyagpa, Thimmi, Serwa und Chakpa – lebten ursprünglich in Kham, östlich des Jangtse Kiang, in einem gebirgigen Land, das dem von Solo Khumbu ähnelt. Dort kämpften nicht nur China und Tibet jahrhundertelang um die Vorherrschaft, auch Mongolen stießen seit Dschingis Khans Zeiten vom Kokunor aus immer wieder nach Süden vor und die von Tsongkhapa reformierten Gelbmützen übten einen starken Druck auf die Anhänger der alten Bön-Religion aus, zu denen die Sherpa zählten. Also traten die vier großen Clans unter Führung von Thakpa Tho ihre Völkerwanderung an. Sie begannen einen 2100 Kilometer langen Marsch, der in der neuen Heimat enden

sollte. Es muss um etwa 1533 gewesen sein, als eine erste Gruppe von vielleicht zwanzig oder fünfzig Sherpa den Nangpa La überquerte. Am Südfuß des Qomolungma (heute auch Mount Everest) fanden sie ihr Paradies.

Im April und Mai genügen dort einige wolkenlose Tage, und die Sonne brennt allen Schnee von den Hängen. Im Bewusstsein, dass dieses Land das ihre war, bauten sie Häuser, versorgten sich und die ihren mit lokalen Nahrungsmitteln und pflegten ihr Erbe. Vielleicht ist ihr Wesen deshalb so heiter, anspruchslos und ungezwungen, weil sie unabhängig geblieben sind.

Wie unverkrampft diese Menschen sind! Sie zerbrachen sich nie den Kopf über das, was sie taten. Ihre

Erfahrung ließ sie ganz selbstverständlich tun, was zu tun war: Tiere züchten, pflanzen, Häuser bauen.

Heute noch brennt den ganzen Tag über das Rauchfeuer am Altar vor der Hütte. Man kommt und geht – immerzu Gebete murmelnd – und handelt den Jahreszeiten entsprechend.

Es ist die Umwelt, die das religiöse und geistige Leben der Sherpa prägt, und die Kultur ihrer Ahnen, das Erbe Tibets.

▲ *Die Nomaden hängen an ihrer Lebensweise und sie wollen auch in Zukunft selbst bestimmen, was sie annehmen oder ignorieren sollen. Sie können vorerst nur das Leben ihrer Ahnen fortsetzen und dabei überleben oder scheitern, wie es die Götter bestimmen. Obwohl sie große Probleme haben, ist die Lebensweise der Hirtennomaden in der Changtang voller Kraft und Leben – zudem eine Bereicherung auch für uns.*

SALZ AUS TIBET

Jedes Jahr im Frühling machen sich Drokpas, Hirtennomaden, mit ihren Yakkarawanen auf den Weg zu den Salzseen in der Changtang, einer großteils menschenleeren Hochebene in Nordtibet. Dort liegen viele Salzseen, »Tränen der Göttin Tara« genannt. Dort beladen sie ihre Yaks mit Salz und führen sie wieder nach Hause. Später wird das »weiße Gold« verkauft oder eingetauscht. Der Salzhandel ist eine der wichtigsten Einnahmequellen der tibetischen Nomaden, denn im Tausch gegen Getreide aus dem Süden – bis hin nach Nepal – und gegen Tee aus China ergänzen sie ihre Nahrungsmittel. Das tibetische Salz ist besonders reich an Mineralstoffen und gilt als wertvoll.

Das Hirtennomadentum dürfte in Südwestasien vor 9000 bis 10.000 Jahren entstanden sein. Etwa zur gleichen Zeit wie der Ackerbau. Die ersten Hirtennomaden züchteten Schafe und Ziegen. Rinderkulturen sind erst später nachzuweisen. Heute repräsentieren Tibets Nomaden eines der letzten Beispiele einer Lebensweise, wie sie einst in vielen Regionen der Welt verbreitet war. Sie leben nach strengen Regeln. Eine davon ist die Salzsprache, die nur unter Salzmännern gesprochen wird und geheim ist. Zur Abgrenzung gegen Fremde und zur Erhaltung der Tradition. Frauen zum Beispiel dürfen nicht mit zu den Salzseen und Männern ist es untersagt, sich unterwegs mit Frauen einzulassen. Die zornvolle Göttin des Salzsees könnte eifersüchtig werden und den Salzabbau vereiteln. Wie lange aber werden sie auf moderne Transportmittel verzichten, wie lange noch ihre Salzlieder singen?

Ob die nomadische Viehzucht vor der Domestikation des wilden Yak möglich war, weiß ich nicht. Die archäologische Forschung in Tibet steckt noch in den Kinderschuhen. Es ist aber anzunehmen, dass die Domestikation des wilden Yak in der Changtang, wo diese Tiere

»JENSEITS VOM HIMALAJA VERZEICHNEN UNSERE KARTEN NOCH WEITERE, GROSSE KETTEN, WIE DAS KARAKORUM UND DEN KUEN LUN, DIE MIT DEM HIMALAJA ZWAR ZIEMLICH PARALLEL STREICHEN, SEIT A. V. HUMBOLDT ABER ALS GESONDERTE GEBIRGSSYSTEME GEDACHT WERDEN.«

Friedrich von Hellwald

noch immer zahlreich vorkommen, begonnen hat. Von dorther kommt auch der Mythos vom Wildyak.

Buddhistische Prinzipien, heidnische Bräuche und tantrische Elemente – das mythologische Erbe aus Tibet – haben eine einzigartige Lebensform geschaffen. Es ist der Glaube, der Tibet und seine Geschichte prägt. Der tibetische Buddhismus ist mehr als eine Religion. Er ist das Fundament, auf dem Menschen unterschiedlicher Rassen im Laufe der Jahrhunderte zu einer Nation zusammengefunden haben.

◀▲ *Die Entfernung von Ladakh bis zur chinesischen Provinz Qinghai beträgt mehr als 1600 Kilometer und die Wüste im nördlichen Tibet stellt fast 70 Prozent der Landmasse Tibets dar. Diese Changtang, die »nördliche Hochebene«, ist aber keine weite Ebene, sie besteht aus einer Unzahl von Tälern und Hochflächen unterschiedlicher Größe, die von Bergrücken getrennt werden. Dieses riesige Hochland ist nicht nur die Heimat von Millionen domestizierter Schafe, Ziegen und Yaks, hier leben auch 25 Prozent der rund zwei Millionen Bewohner der Autonomen Provinz Tibet.*

DURCH TIBET

Régis Évariste Huc, vom Kokunor nach Schobando unterwegs, überquerte mit seiner Karawane einen riesigen Fluss. Wie ich es 400 Jahre später auch tat. »Wir mussten den Buchain-gol passieren«, schreibt Huc. »Er entspringt im Nan-schan-Gebirge und ergießt sich in den Blauen See. Er ist nicht tief, aber in zwölf unweit voneinander strömende Arme geteilt, die zusammen eine Breite von einer guten Wegstunde haben. An den ersten Arm

gelangten wir noch vor Tagesanbruch. Er hatte eine Eisdecke, aber sie war nicht stark genug, uns zu tragen. Die Pferde wollten nicht vorwärts, die Yaks wurden unruhig, und es entstand im Dunkel der Nacht eine unbeschreibliche Verwirrung. Endlich gelang es einigen Reitern, ihre Pferde vorwärts zu bringen. Sie zerstampften mit ihren Hufen das Eis. Dann erst folgte alles in buntem Durcheinander. Dasselbe geschah bei jedem einzelnen Flussarm. Bei Tagesanbruch steckte die ›Heilige Gesandtschaft‹ noch in Wasser, Eis und Schlamm. Später kam sie wieder aufs Trockene, aber mit der Poesie war es nun vorbei. Alles jubelte und wünschte sich Glück, dass der Übergang so vortrefflich vonstatten gegangen sei, denn

◄◄ Yaknomaden im Zelt (linke Seite) und Almsiedlungen (oben links in Kham, unten links in Solo Khumbu). »*Nur wenn Tibet glücklich ist, kann es China gut gehen*«, *sagt eine alte Weisheit. Wie alle Bergvölker sind auch die Bergtibeter noch großteils autark und viele Tibeter hoffen, dass Peking die Bedeutung der alten tibetischen Weissagung begreift. Sie üben sich in Geduld.*

▲ Die Walser mögen Geranien (oben). Den Tibetern sind Bäume, Blumen und Quellen heilig. Nach ihrem uralten Naturglauben sind letztere die Wohnorte von Wassergeistern, den schlangen- und drachengestaltigen lu oder nagas. Diese Geister können, so ihr Glaube, die menschlichen Energieströme beeinflussen.

nur ein Mensch hatte ein Bein gebrochen und nur zwei Yaks waren ertrunken.«

Auf der anderen Seite des Flusses sah man Rauch aufsteigen, der aus Zelten und Häusern kam, die vereinzelt in den Schluchten lagen.

Dort wohnen heute noch Tibeter in armseligen Hütten und schwarzen Zelten. Schobando lehnt an einem Berg und ist auf der Talseite von einem Fluss umzogen, genauso wie vor Jahrhunderten.

»DAS LEBEN IM TOTENLAND YIMBU GLEICHT DEM AUF DIESER ERDE; DIE TOTEN ARBEITEN AUF IHREN FELDERN, FEIERN DAS FRÜHLINGSFEST, HEIRATEN, HABEN KINDER UND STERBEN SCHLIESSLICH WIEDER. SIE GEHEN DANN IN EIN WEITERES YIMBU, DOCH DORTHIN KANN IHNEN LIMNIA NICHT FOLGEN.«

Christoph von Fürer-Haimendorf

Im Norden Tibets

Als ich im Norden des heiligen Berges Kailash durch die leichten, zerschlissenen Nebel in die pastellfarbene Changtang blickte, glaubte ich in meinem Nomadendasein, in diesem Herumziehen, auch meine Bestimmung zu erkennen. Es gab keine wildere Welt als diese. Auch keine schönere Unterhaltung als das Gehen, dieses stetige Umherziehen in den Weiten der Wüste. Und je tiefer ich in diese Welt hineinging, je weiter ich bei den Amdoa herumkam, umso mehr wichen Ängste und Zweifel. Ja, je mehr ich mit dieser unheimlichen Kultur in Berührung kam, umso weniger dachte ich über Gott als etwas Absolutes nach. Der universelle Gott erschien mir als eine intellektuelle Erfindung, als eine Konstruktion des menschlichen Geistes. Gott als das »Göttliche« aber fand sich in jedem Winkel dieser Wüste und dieses »Göttliche« bedeutete überall etwas anderes.

Hier lag die Wiege des geheimnisvollen Tibet. Die Menschen hier, die Amdoa, sind die ältesten Vertreter der tibetischen Viehzuchtnomaden, eine Hirtenkultur, die in Innerasien seit Jahrtausenden lebendig ist. Die Nomaden stellen Butter und Joghurt her, sind geschickte Händler und leben im Schwarzzelt, das auch weiter im Westen verbreitet ist. Die Amdoahirtenkultur ist jene spezialisierte Überlebensform im Hochgebirge, die sich im Raum Westhimalaja, Pamir und Hindukusch bewährt hat. Ohne diese Kultur wäre die Changtang menschenleer. Ursprünglich hatten die Amdoa nur Schaf- und Yakzucht gekannt, Pferdezucht war später dazugekommen.

Das Pferd – ihr Tibet-Pony ist eine eigene Hochgebirgsrasse – scheint neben dem Yak ihren Stolz auszumachen.

»Tibet war nicht das ›Schangrila‹, von dem entrückte Romantiker in Amerika und Europa jahrzehntelang geschwärmt hatten – eine heile Welt, bevölkert von heiligen Männern und glücklichen Menschen, die nichts anderes wussten, als einander Gutes zu tun.«

Peter Hannes Lehmann

◄ Die von Gebirgen durchzogene Hochebene der Changtang ist im Winter bitterkalt. Es fällt kaum Schnee dort, und die Sonne scheint fast täglich. Die nomadisierenden Viehzüchter der Changtang, die zwischen 5300 und 5800 Metern Höhe und größtenteils von ihren Tieren leben, bauen kein Getreide an. Sie züchten Yaks, Schafe, Ziegen und Pferde, tauschen den Überschuss gegen Getreide, Tee und andere Güter, die sie mit ihren Yakkarawanen transportieren.

»Für den Aussenstehenden lebt der Sherpa in einer bizarren Geisteswelt. Nur der ungewöhnliche Lebensraum und die auf Urformen menschlichen Denkens zurückgehenden Vorstellungen, die man aus Tibet mitgebracht hat, bieten die Erklärungen dafür.« Friedrich W. Funke

Im Sherpaland

Ich weiß, Nichteingeweihte verbinden mit dem Namen Sherpa ausschließlich die Vorstellung vom Hochträger. In Wirklichkeit sind die Sherpa ein kleines Volk tibetischen Ursprungs, das sich großteils süd- und südwestlich des Mount Everest angesiedelt hat.

Wie viele Achttausender-Besteigungen wären ohne die Sherpaträger gescheitert? Die meisten. Also gilt: Der Großteil der Expeditionen in Nepal ist auf Sherpahilfe angewiesen. Niemand ist besser für das Höhenbergsteigen geeignet als diese starken und zähen Bewohner von Solo Khumbu. Auch hätten die Sherpa den höchsten Berg der Welt schon Jahrzehnte vor uns ohne Sauerstoffmaske besteigen können, wenn nicht religiöse Hemmungen und Respekt vor den Naturgewalten sie davon abgehalten hätten.

Die Sherpa, besonders jene aus dem Khumbutal, sind dem Aussehen und Verhalten nach Tibeter. Ihre vorstehenden Backenknochen, die schmalen, nach oben gezogenen Augen sind nur ein Beispiel dafür. Ihr Schmuck, ihre Kleider und ihre tägliche Nahrung – alles tibetische Kultur. Auch ihre Sprache und Religion sind tibetisch. Kultur und Aussehen der Sherpa aus dem Solotal und noch größerer Entfernung von der tibetischen Grenze aber verschmelzen mehr und mehr mit dem Nepalesischen. Sie leben heute vom Tourismus, aber nach wie vor auch von landwirtschaftlichen Erträgen und vom Handel. Im Khumbugebiet wachsen bis in Höhen von 4000 Metern Weizen, Buchweizen und Kartoffeln. Man hält Yaks, die als Tragtiere dienen und dazu Milch, Butter, Käse, Fleisch, Leder und Wolle liefern.

Jene Männer, die Jahr für Jahr Expeditionen zu den großen Bergen des Himalaja begleiten, kommen aus den Sherpadörfern nahe der Grenze. Sie zeichnen sich durch besondere Ausdauer, Geschicklichkeit und Hilfsbereitschaft aus, sind anpassungsfähig und mutig. Einige von ihnen standen ein Dutzend Mal auf den höchsten Bergen

◄ *Den Hauptort der Sherpa kennzeichnen diese typischen Häuserfronten. Das Baumaterial besteht immer noch aus Bruchsteinen und Lehm. Als Anstrich dient Kalk, zur Dachdeckung nimmt man Holzschindeln, die mit Steinen beschwert sind.*

▲ *Träger in den Bergen Nepals bei der Rast (oben) und Wochenmarkt in Namche Bazar (links), Treffpunkt der Sherpa aus Solo Khumbu.*

unserer Erde, wenige, wie zum Beispiel Tensing Norgay, sind weltberühmt geworden.

Die Treue und Ehrlichkeit, früher viel gerühmte Eigenschaften der Sherpas, scheinen in den letzten Jahren gelitten zu haben. Auch in ihrer Alltagskleidung beginnen sie sich umzustellen. Bewahrt aber haben sie sich ihre lebensfrohe Art und ihren Optimismus. Die Dörfer der Sherpa ähneln jenen in entlegenen Westalpentälern. Die Schindeldächer sind mit Steinen beschwert, die Felder liegen um die Haufendörfer verstreut. Der Unterschied: Überall vor den Häusern wehen Gebetsfahnen, deren stumme Bitten der Wind zu den Göttern ins All hinaus trägt.

◄ *Die drei Sherpamädchen, die sich gestritten hatten, eine Last tragen zu dürfen, waren mindestens so schnell und zäh wie die männlichen Kulis. Sie rochen nach Rauch und Schweiß, und ihre Kleider waren zwei Wochen lang immer dieselben. Beim Rückmarsch warfen sie an einem Bach die Lasten ab, schoben ihre Armreifen über die Handgelenke und wuschen sich Hände, Haare und Gesicht. Anschließend hockten sie sich auf einen Baumstamm und pflückten sich gegenseitig die Läuse aus dem Haar.*

► *Trägerinnen benützen häufig die Rast, um sich zu waschen oder gegenseitig zu entlausen. So auch bei einer Makalu-Expedition im Himalaja 1974. Die Zuras, tibetische Armreifen aus Silber, verziert mit Elfenbein, Korallen oder Türkisen, sind inzwischen vielerorts durch Plastikschmuck ersetzt.*

HOTEL-TOURISMUS IN DEN ANFÄNGEN

Als ich endlich eine Herberge fand, nicht mehr als vier Steinmauern, zwei Fenster und ein Blechdach, war es stockdunkel. Die Tür war abgeschlossen! Von innen verriegelt. Nach langem Klopfen öffnete ein Kind die Tür von innen. Im Schein der Taschenlampe stand ich in diesem tristen Gebäude, das ich acht Stunden später wieder verlassen wollte. Nach einer lauten Nacht.

Wieder einmal übernachtete ich in Namche Bazar, dem Hauptort im Sherpaland. Diesmal nicht im Zelt, sondern im »Hotel«. Khumbu-Hotel stand in großen Lettern über der Eingangstür. Im Hinterraum spielten ein paar betrunkene Sherpas Karten. Sie tranken Rakshi, einen Kartoffelschnaps der übelsten Sorte, schrien und grölten. Auf einer Pritsche neben der meinen, aus rohen Brettern zusammengezimmert, lagen zwei Trekker.

Früher beruhte der relativ hohe Lebensstandard der Sherpa auf der Tatsache, dass sie den Handel zwischen Nepal und Tibet kontrollierten. Da es in Nepal kaum Salz gab, war der Salzhandel mit Tibet ein gutes und sicheres Geschäft. 1960, nach dem großen Aufstand der

Fenstern starren, wenn weitere Touristen vorbeikommen.

Gestern noch waren viele dieser Sherpas in Solo, Khumbu und im Rolwalingtal Halbnomaden gewesen. Bis zu einer Meereshöhe von 4200 Meter hatten sie ihre festen Dörfer. Im Sommer aber, vorübergehend also, nutzten sie ihre Unterkünfte zwischen 4600 und 4900 Meter Höhe, um ihre Herden auf den Sommerweiden betreuen zu können. Nach wie vor ziehen die Sherpa mit ihren Familien den Sommer über auf die höher gelegenen Almböden und leben in den kleinen Steinhäusern, die sie im Herbst wieder verlassen. Im Winter sind diese Hütten leer und verschlossen.

Im Oktober dann kehren sie in ihre Winterhäuser zurück. In dieser Jahreszeit hängen oft die Morgennebel über den Tälern und es beginnt zu schneien. Eine stille Zeit, der Winter beginnt.

Nach der Überlieferung der Sherpa war diese verborgene Gegend einst mit dichtem Urwald bewachsen gewesen. Es sollen Tiger, Bären, Moschustiere, rote Affen und giftige Schlangen dort gelebt haben. Nur Menschen nicht. Auch hatte es keine Steige, keine Brücken, keine Hütten gegeben. Erst die Sherpa brachten Frauen, Kinder, Schafe und Yaks mit; sie rodeten die Wälder, bauten Häuser und trieben Handel zwischen Tibet und Indien.

Ja, bei den Sherpa ist vieles ähnlich wie im alten Tibet geblieben. Die Frau ist das Oberhaupt der Familie. Der Mädchenname der Frau wird der Familienname und alle weltlichen Güter der Familie gehen in den Besitz der Frau über. Die Frauen können sich von ihren Männern scheiden lassen, indem sie diesen ein Yak oder ein Schaf schenken und »Lebewohl« sagen. Ja, oft nehmen die beiden Ehepartner einen Strick, ziehen bis er reißt und sind geschiedene Leute.

Tibeter gegen die Chinesen 1959 und der anschließenden Flucht des Dalai Lama nach Indien, wurden die Grenzen aber geschlossen. Der Handel über den Nangpa La war jäh zu Ende.

Heute sind es die Bergsteiger und Trekker, die Wohlstand bringen: Der Handel mit gebrauchten Ausrüstungsgegenständen blüht; Arbeitsmöglichkeiten für Tausende von Sherpaträgern sind entstanden; Führer werden gebraucht; einfache Hotels wurden gebaut. In Khumjung, der größten Sherpasiedlung im Khumbugebiet, herrscht regeres Treiben denn je. Die Gassen und Häuser scheinen oft überzuquellen von Trekkern und Bergsteigern, die neugierig herumlaufen oder aus den

◄ Die Sherpa, heute Bergführer, Bauern und Träger, die am Fuße des Mount Everest in Solo Khumbu (Solo, Pharak, Khumbu und Barun) leben, unterstehen dem Königreich Nepal. Der Hauptort ist Namche Bazar. In jeder Wohnung steht ein Hausaltar. Zwei, auch drei Stockwerke hoch sind die Wohnhäuser der reichen Sherpafamilien. Balkone, Tür- und Fensterumrahmungen sind oft kunstvoll beschnitzt. Fensteröffnungen und Altäre sind mit Schutzgittern verziert.

► Die Einwanderung der Sherpa in den Siedlungsraum des nepalischen Everest-Himalaja setzte die Menschen veränderten Umwelteinflüssen aus. Ihr Geistesleben aber, obwohl vielen neuen Impulsen unterworfen, veränderte sich über Jahrhunderte kaum. Ihr soziales Leben wie auch die Wirtschafts- und Siedlungs-struktur änderten sich erst mit dem Tourismus.

Der alte Lama von Pangboche

Auf dem Weg zwischen Tengboche und Dingboche in Solo Khumbu war ich der Expeditionsgruppe, mit der ich zur Lhotse-Südwand unterwegs war, etwas vorausgeeilt und verweilte nun in Pangboche, wo ich die Gomba, das Kloster, zu besichtigen gedachte. Ein junger Lama, der von einem Privathaus weiter unten gekommen war, um

die heiligen Hallen aufzuschließen, begleitete mich an den Regalen entlang, die gefüllt mit Büchern und Buddhas waren, und zeigte mir dann auch den Skalp des Yeti, der hier aufbewahrt wird. Ich betrachtete ihn zwar neugierig, aber nicht ohne Skepsis, da ich die Geschichte um den Schneemenschen damals für eine reine Fabel hielt.

Über diese spitze, rothaarige Schädeldecke nachdenkend, die abgesehen vom Yeti auch von einem Affen oder Schaf hätte stammen können, schlenderte ich später durch einen kleinen Pinienwald zum Steig zurück, wo ich mit meinen Kameraden zusammentreffen wollte. Plötzlich vernahm ich dumpfe Trommelschläge. In

hof, stellte die Holztür wieder auf und trat gebückt ins Haus. Wegen der Finsternis und der niederen Räume konnte ich mich nur langsam vorwärts tasten. Über eine steile Treppe erreichte ich endlich den Raum, aus dem die seltsame Musik kam.

Im ersten Augenblick wusste ich nicht, ob ich das Haus eines Toten betreten hatte. In einer Ecke des Zimmers, etwa drei mal drei Meter im Quadrat und höchstens einssechzig hoch, saß in einer Art Kiste ein weißhaariger, runzeliger Mann. Links von seinem scheinbar abwesenden Gesicht hing eine Trommel, rechts neben ihm lag ein aufgeschlagenes Buch. Nur auf das vergilbte Papier vor ihm fiel ein schwacher Lichtschein. Ich rührte mich nicht, sah die schwarzen Spinnweben, Staub und Ruß, die Stalaktiten gleich und armlang von der Decke hingen, sah die wenigen Töpfe, die leeren Regale und den alten, ausgezehrten Lama, der einen so friedlichen Ausdruck hatte als wäre er mumifiziert oder würde schlafen. Ich erschrak so tief, als eine greise Hand den Trommelschlegel hob, dass ich kurz erzitterte. Der Lama war also nicht tot, er hatte mich weder gesehen noch gehört und setzte nun seine Mantras in gleichbleibenden Rhythmen fort. Er meditierte.

Von der kontemplativen Stimmung dieser winzigen Enklave und den gleichmäßigen Schwingungen der Trommel in einen traumhaften Zustand versetzt, ging ich erst eine Stunde später wieder weg.

Das Urgebet der Buddhisten – »Om Mani Padme Hum« – vereinfacht mit »Oh Kleinod in der Lotosblüte« übersetzt, ist in Solo Khumbu allgegenwärtig: auf Steine gemeißelt, auf Gebetsfähnchen gedruckt, gemurmelt von einer alten Frau am Wegrand oder einem Einsiedler in seiner Enklave lebt es fort. »Om« – »Ich beschwöre die Erfahrung des Universums« – »Mani« – »damit der Schimmer meines unsterblichen Geistes« – »Padme« – »in der Tiefe des Bewusstseins erwache« – »Hum« – »und ich ausfließe in das alle Horizonte durchbrechende Nichtsein«. Auch der Bauer auf dem Feld, beim Holzhacken, hinter den Yaks herschlendernd, bewegt sich im Rhythmus dieser Gebetsformel.

gleichmäßigen Rhythmen drangen sie zu mir. Dazwischen der Gesang einer matten, männlichen Stimme. Ich blieb stehen und lauschte. Sofort spürte ich die Richtung, aus der die Trommelschläge und der choralartige Gesang kamen, ich spähte dorthin und es fiel mir dabei ein winziges Haus auf, das mir ob der seltsamen Klänge, die aus seinem Inneren drangen, und seiner Kargheit geheimnisvoll erschien.

Angelockt durch diesen kehllautigen Gesang und getrieben von Neugierde stieg ich den Hang zum Haus hinauf. Als ich die niedrige Tür zum Atrium aufmachen wollte, fiel sie polternd nach innen. Da die Trommelschläge aber nicht aussetzten, schlüpfte ich in den Vor-

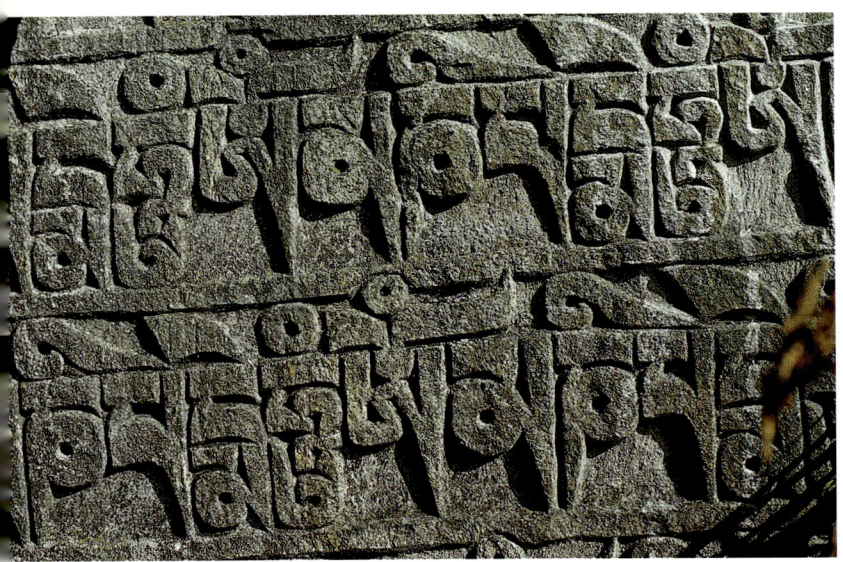

DIE WASSERTRÄGER DER BERGSTEIGER

Sherpas – seit einem Jahrhundert ein Begriff für alle, die sich für den »Kampf um die Gipfel des Himalaja« interessieren. Ohne diese »Tiger«, so heißt es heute noch, läuft am Berg gar nichts. Sie sind die Wasserträger der Sieger – der weißen Herren, die sich mit dem Gipfelruhm schmücken. Und oft zahlen die Sherpas für die Passion dieser »Sahibs« mit ihrem Leben. Wie damals, als die Deutschen versuchten, mit dem Nanga Parbat den ersten Achttausender zu »erobern«.

Es war der 8. Juli 1934. Die renommiertesten deutschen Bergsteiger – Willy Merkl, Willo Welzenbach, Uli Wieland – werden an der Rhakiotseite des »Nackten Berges« (8125 m) vermisst; mit ihnen ein knappes Dutzend Sherpas. Am Silberplateau, 7600 Meter hoch, sind sie plötzlich von einem Schneesturm überrascht worden und während des Abstiegs bei bitterer Kälte, bodenlosem Neuschnee und dichtem Nebel in größte Schwierigkeiten geraten. Neun Tote bleiben am Berg. Der Nanga Parbat wird mit dieser Tragödie zum Schicksalsberg der Deutschen. Vor allem aber wird er zum Schicksalsberg

für die Sherpa. Sechs von ihnen – Gay-Lay, Pinzo Norbu, Nima Dordsche, Dakschi, Nima Norbu, Nima Taschi – kamen bei der Katastrophe von 1934 um; neun weitere starben bei einer weiteren Nanga-Parbat-Expedition.

Die weißen Herren, die sich seit nun einem Jahrhundert bemühen, auf die höchsten Gipfel der Erde zu klettern, wären ohne Hilfe der Sherpa nie weit gekommen. Schon zu Beginn der zwanziger Jahre unternahmen Briten Versuche, den Mount Everest, den höchsten Berg der Erde, zu besteigen. Dabei brachten sie ihren Helfern bei, wie man Zelte aufbaut, Tee serviert und den weißen Herren begegnet: »Yes, Sir!« Die Sherpas führten die Sahibs also auch künftig durch die unwegsamen Täler

◄ *Kein anderer Bergstamm ist derart zum Synonym für das Bergsteigen geworden wie jener der Sherpa, die wie die Walser nach einer unvergleichlichen Wanderung und durch Zufall in eine berühmte Bergregion gekommen sind. Auch Sherpafrauen arbeiten heute als Trägerinnen.*

► *Die Sherpa, dieses »Ostvolk«, waren einst über den 5716 Meter hohen Nangpa La nach Süden gekommen, in das heutige Solo Khumbu. Andere kamen durch die Schlucht von Rongshar und den Tinsang La. Sie besiedelten die Gegend von Helambu nördlich von Kathmandu. Aus Tibet brachten die Sherpa Sprache und Symbole (Manisteine links oben und rechts), den Lamaismus alter Schule und die Fähigkeit mit, in Hochregionen zu überleben.*

des Himalaja, und die Sahibs wurden mehr und mehr von ihnen abhängig. Ohne diese örtlichen Helfer kam niemand weit. Am Berg waren sie es, die die Lasten schleppten, Hochlager aufbauten und die Spur traten. Wenn sie es nicht bis zum Gipfel schafften, so meist deshalb, weil ihnen der Ehrgeiz fehlte oder ein Anreiz, ihre Berge zu »erobern«, die sie ja als »Sitz der Götter« respektieren. Das Sherpa-Heldenlied entstand.

Vielleicht waren diese Sherpa in den zwanziger und dreißiger Jahren – den ersten beiden Jahrzehnten der großen Himalajaexpeditionen – wirklich so anhänglich und pflichtbewusst, dass sie bereit waren, mit ihren Sahibs in den Tod zu gehen. Vielleicht aber wurde ihr

Sterben hinterher von den Sahibs nur deshalb als heldenhaft dargestellt, weil diese damit ihr schlechtes Gewissen zu beruhigen hofften.

Heute jedenfalls ist die Einstellung der Sherpas den Sahibs und Bergen gegenüber eine sachliche. »Träger« werden für ihre Führer- und Hilfsarbeit so gut bezahlt und entsprechend den Vorschriften der nepalesischen Regierung so ausgerüstet, dass es lukrativ geworden ist, als Sherpa zu arbeiten. Gleichaltrige Männer in Kathmandu etwa verdienen nur einen Bruchteil dessen, was Sherpas kassieren. Zudem ist das Ansehen der Sherpa hoch, nicht nur bei Touristen und Bergsteigern aus aller Welt.

Arbeit und Gefahr

1953 erreichten Edmund Hillary und Sherpa Tenzing Norgay erstmals den Gipfel des Mount Everest. Diese Weltsensation und der anschließende Streit der Chronisten, wer nun zuerst oben gewesen sei, der Sherpa oder der Sahib, machten das Wort »Sherpa« weltweit zu einem Begriff. Die Fehlinterpretationen und Klischees von damals haften der Bezeichnung Sherpa aber heute noch an: Die Sherpa sind weder eine Bergsteiger-Kaste noch prädestinierte Himalaja-Helden. Die Sherpa (Tibetisch: »Ost-Menschen«) sind schlicht ein Volk von etwa 20.000 Menschen. Noch im 15. Jahrhundert waren ihre Vorfahren in Kham zu Hause gewesen, einer Provinz im Nordosten Tibets. Nach einer jahrzehntelangen Wanderung, 2000 Kilometer weit über das Hochland von Tibet nach Westen, überquerten sie am Ende den Himalaja.

Seit 100 Jahren lassen sich die stärksten und mutigsten unter den jungen Männern aus dem Sherpaland als Expeditionshelfer anheuern. Dabei lernen sie neben der Technik des Eiskletterns in streng hierarchisch gegliederten Gruppen vor allem die Kunst des Dienens. Klettern im Fels braucht ein Sherpa nicht zu lernen. Klettern kann er längst. Wenn er mit Pickel und Steigeisen umzugehen weiß, ist er ein »Hochträger« – das, was man allgemein unter einem »Sherpa« versteht. Als solcher trägt er die Lasten vom Basislager in die Hochlager, kocht für die Sahibs und hilft ihnen herunter, wenn sie erschlagen vom Gipfel zurückkommen. Weil es die Sherpa sind, die die gefährlichsten Passagen am Berg wieder und wieder begehen müssen, um Proviant, Brennstoff und Sauerstoffflaschen bis ins letzte Lager zu schaffen, kommen bei Expeditionen mehr Sherpas als ihre Arbeitgeber um. Hunderte von ihnen sind nicht mehr zurückgekommen.

Der Sherpachef heißt »Sirdar«. Er übernimmt die Befehle von den Sahibs und gibt sie an seine Leute weiter. Ein guter Sirdar organisiert nicht nur den Anmarsch, er »schmeißt« die ganze Expedition.

»Früher«, sagen alte Expeditionshaudegen, »waren

die Sherpas ehrlich, brav und folgsam. Aufopfernd bis in den Tod.« Ich kann es nicht beurteilen, ich kenne sie erst seit 30 Jahren. Allerdings gab es früher weder den Trekkingtourismus noch einen Second-Hand-Markt in Kathmandu mit Seilen, Zelten und Schlafsäcken. Heute ziehen es viele Sherpahochträger vor, Wandergruppen zu führen statt an Expeditionen teilzunehmen. Und es ist hauptsächlich die kostbare Ausrüstung, die jeder Sherpa erhält, die den einen oder anderen dennoch verleitet, weiterhin den »Wasserträger für die Sahibs« zu spielen. Jede Expedition in Nepal ist nämlich verpflichtet, die Sherpas auszurüsten, und diese Ausrüstung lässt sich hinterher gut verkaufen.

◄ *Die »Menschen aus dem Osten« sind höhentauglich, zäh und das Lastentragen im Hochgebirge seit Kindertagen gewöhnt. Die Almen für ihre halbwilden Yaks liegen 4000 bis 5000 Meter über Meeresniveau.*

► *Größe des Sherpavolkes: ca. 20.000 Einwohner in mehreren Tälern. Diese Sherpa folgen der lamaistisch-buddhistischen (tibetischen) Glaubensrichtung und sie sprechen Sherpasprache, eine tibeto-birmanische Sprache. Das Klima mit drei Jahreszeiten ist alpin. Einer kühlen bis kalten Winterzeit mit Höhenstürmen (Nachmonsun), folgt eine warme Sommerzeit (Vormonsun) und die Regenzeit von Ende Mai bis Anfang Oktober (Monsun).*

Seit den siebziger Jahren schwemmt der Tourismus Hunderttausende von Trekkern ins Land. Die Sherpas haben ihre Hütten inzwischen zu »Lodges«, Herbergen, umgebaut, Läden eingerichtet und den Lastentransport so organisiert, dass Yaks und Kulis aus niederen Regionen die Ausrüstungen schleppen.

Obwohl ich schon Mitte der siebziger Jahre gelernt hatte, auf die Sherpas als Hochträger zu verzichten, habe ich trotzdem immer wieder welche verpflichtet. Lapka zum Beispiel half, wo immer ich ihn brauchte: Er schleppte die Rucksäcke bis zum letzten Lager; er hielt heißen Tee bereit, wenn wir wieder vom Gipfel zurückkamen. Ganz hinauf aber wollte Lakpa nie. Es war ihm

zu gefährlich. Die Mädchen, sagte er mir, seien nicht gern mit Expeditions-Sherpas zusammen: »Sie haben Angst, dass wir einmal nicht mehr zurückkommen.« Auch sein Großvater drängte ihn, daheim zu bleiben, den Hof zu übernehmen. All das habe noch Zeit, das Leben auf den Bergen sei ihm wichtiger als Besitz und Familie, meinte er und auf meine Frage, wie er privat so lebe, antwortete Lapka spontan: »A little bit divorced.«

Ja, so sind die Sherpas von heute, ein bisschen geschieden von ihren Frauen, ein bisschen belächelt von ihren Mitbürgern, ein bisschen unverstanden auch von uns, wenn sie »fürs Geld« unser gefährliches Leben in »eisigen Höhen« teilen.

◄► *Yaks und Sherpas beim Lastentransport. In den Tälern setzt man Yaks (Grunzochsen) zum Lastentransport ein, im »Tal des Schweigens« und in der Lhotseflanke am Mount Everest schleppen die Einheimischen selbst.*

► *Politisch fühlen sich die Sherpa Nepal zugehörig. Ihre Bräuche und ihr Lebensrhythmus aber verraten ihre tibetische Herkunft. Immer noch. Ihre Religion ist der Lamaismus, der Elemente der Bön-Religion enthält, und sie sprechen in ost-tibetischen Dialekten miteinander. Mit Europäern verständigen sie sich in »Sherpa-Englisch«, das sie nach wenigen Expeditionen oder Trekkings beherrschen. Einige Sherpas haben Hotels gebaut, andere haben es als Everest-Führer zu Ruhm gebracht.*

BERGFÜHRER IN EUROPA UND SHERPAS IM HIMALAJA

Unbestritten sind Sherpas die fähigsten Hochträger der Welt. Diese Männer, aus Hochtälern zwischen Solo Khumbu und Darjeeling stammend, sind seit eh und je die Begleiter aller großen Himalajaexpeditionen. Ihre Treue, ihre Geschicklichkeit und ihr Mut sind Legende.

Inzwischen haben auch reine Sherpaexpeditionen hohe Gipfel erreicht, und viele sind wie die Bergführer in den Alpen fähig, Touristen auf den Mount Everest zu begleiten.

Die alpinen Bergführer – ich greife jetzt 100 und mehr Jahre in der alpinen Geschichte zurück – begannen ihre Tätigkeit einst genauso wie die Sherpas in Nepal 100 Jahre später. Sie zeigten den »Herren« – diese kamen zuerst als Forscher oder Eroberer – den Weg durch die Täler, trugen deren Lasten und berieten sie hinsichtlich der Unterkunft. Am Berg aber übernahm der »Herr« die Führung; der »Bergführer«, der zu diesem Zeitpunkt der alpinen Entwicklung noch eher als »Trä-ger« fungierte, stieg hinterher. Erst nach und nach ent-

Honorar durch. Man denke an Zurbriggen, Schroffen-
egger, später Dibona, Solleder, Bonatti, Eisendle.

Bis heute hat sich an dieser Entwicklung nicht viel
geändert. Immer wieder haben Bergführer als Amateure,
also aus Begeisterung zur Sache, Außerordentliches geleistet. In der jüngeren alpinen Geschichte sind gerade diese
Profis die großen Pioniere: Steger, Soldà, Buhl, Terray,
Desmaison, Profit. Ja, sie haben das Bergsteigen ent-
scheidend geprägt.

Was die Sherpas betrifft, so sind auch sie nicht in der
ersten Phase stehen geblieben. Heute noch zeigen sie
den Expeditionen den Weg zum Berg. Sie verhandeln
mit den Talträgern, betreuen diese und lösen lokale Ver-
sorgungsprobleme. Am Berg selbst tragen sie nicht nur
große Lasten, sie tragen die Verantwortung für die
»Sahibs«, wenn notwendig versichern sie die Route. Sie
kochen in den Lagern, die auf den von früher bekannten
Plätzen ausschließlich von Sherpas aufgebaut werden.
Fast alle Entscheidungen werden von ihnen getroffen,
sie zeigen große Fertigkeit im Eis, wissen mit Steigeisen
und Pickel umzugehen. Die Bezeichnung »Hochträger«
ist nicht mehr zutreffend für ihren Beruf, tragen sie doch
neben den Lasten alles Risiko in 8000 und mehr Meter
Meereshöhe.

Wenn man bedenkt, dass viele dieser Sherpas bei
zehn und mehr Himalajaexpeditionen dabei gewesen
sind, dass sie sich schneller akklimatisieren als Bergsteiger aus dem Westen, denen sie sich für einen fixen
Tageslohn als Hochträger verpflichten (sie leben von
Haus aus auf 3000 bis 5000 Meter Meereshöhe), frage ich
mich, warum sie nicht richtige Führerdienste übernehmen. So wie es in den Alpen alle Bergführer tun. Aber
immer noch werden viele Gruppen, die durch das Bergland Nepal wandern (Trekkings), von Alpenbergführern
begleitet. Warum? Weil sich die Sherpas, diese starken
Männer aus dem Himalaja, den Respekt vor der Größe
ihrer Berge bewahrt haben? Vielleicht. Aber nur, wenn
man auch noch bedenkt, dass im Himalaja kein Erobe-
rungs- und Leistungsdenken herrscht, kann man diese
Entwicklung bei den Sherpas verstehen.

wickelten sich die fähigsten dieser Träger – sie waren
meist Jäger, Hirten oder Kleinhäusler gewesen – zu Bergsteigern, zu eigentlichen Bergführern. Nun übernahmen
sie die physische und geistige Führung, das heißt, sie
stiegen voraus, bestimmten den Weg bei einer Erstbesteigung und trafen alle wichtigen Entscheidungen am
Berg.

In diese Zeit fallen die Erstbesteigungen durch rei-
ne Bergführerseilschaften (zum Beispiel die Eroberung
der Kleinen Zinne durch Michl und Hans Innerkofler).
In kurzer Zeit waren diese Bergführer zu den besten
Bergsteigern ihrer Zeit herangereift, und oft führten sie
Besteigungen auch auf eigene Initiative, also auch ohne

◄► *Mehrere Talschaften in Nepal weisen eindeutig tibetische Merkmale auf, haben jedoch ihre Verbindung zum tibetischen Mutterland verloren oder aufgegeben. Einige davon haben eigenständige Kulturformen entwickelt. Andere tibetische Randvölker wurden teilweise hinduisiert oder islamisiert (wie die Balti). Zu den Randzonen tibetischer und halbtibetischer Peripherievölker, die sich zur tibetischen Religion bekennen, gehört Solo Khumbu mit Khumjung (rechts).*

▼ *Schon immer wurde in Hochasien das Paradies vermutet. Religion und Legende speisen diese Vorstellung. Im Himalaja liegt für die Hindus der Berg Meru, der die Mitte der Welt bedeutet. Der Sitz der himmlischen Geister, für die Chinesen der Jadeberg, auf den sich die Unsterblichen zurückgezogen haben, ist für die Tibeter das Land der Reinheit, dem die geheimen Lehren entspringen.*

NEPALESISCHE BERGBAUERN

Nepal war bis 1950 von der Außenwelt völlig abgeschlossen. Dann kamen Entwicklungshilfe und Tourismus, aber es wird noch Jahre dauern, bis alle Vorurteile gegen den Westen abgebaut sein werden.

Die nepalesischen Bauern der verschiedenen Täler und Gegenden unterscheiden sich stark voneinander: Äußerlich, in ihrer Sprache und ihren Dialekten, in der

Lebensart, den Sitten und Gebräuchen, der Religion und der Kleidung.

Im Allgemeinen sind die Nepali gesellige, gläubige und sehr fleißige Leute. Auffallend bei den Nepali ist ihre Kinderliebe. Meist führen sie ein harmonisches Familienleben. Auf ungezählten Terrassen bauen sie Reis, Getreide, Kartoffeln an. Der Versuch, die Bauern Nepals intensivere Landwirtschaft zu lehren, stößt auf Widerstand. Die früher häufig gepriesenen Eigenschaften wie Treue und Verlässlichkeit, Ehrlichkeit und Unbestechlichkeit mögen in den vergangenen Jahrzehnten wohl durch den Tourismus gelitten haben, der das Land seit den Siebzigern zu überfluten begann.

Der Tourismus ist inzwischen der wichtigste Devisenbringer des Landes, garantiert er doch Tausenden von Bergbauern Nebenverdienst, Geld, das sie trotz ihres Selbstversorgerdaseins brauchen!

Ohne Tourismus wäre Nepal nicht mehr überlebensfähig. Der Bevölkerungsdruck in diesem Himalajastaat ist so stark, dass neben Tourismus und Landwirtschaft weitere Verdienstmöglichkeiten geschaffen werden müssen. Es wäre aber ein Verbrechen, Fabriken und Autostraßen in die Bergtäler Nepals zu bauen. Die Verzahnung von lokaler Kultur, Landwirtschaft und Tourismus muss also auch hier der Schlüssel zum nachhaltigen Erfolg werden.

◄ *Der Sherpa-Sirdar Urkien vor seinem Haus in Khumjung, Nepal. Seit der britische Bergsteiger Dr. Kellas 1907 zum ersten Mal Sherpas als Begleiter in große Höhen mitgenommen hat, werden diese Männer verherrlicht. Ungezählte romantisierende Berichte haben dazu beigetragen, ihren Volksstamm im Bewusstsein von Menschen aus dem Westen zu Helden werden zu lassen.*

▶ *Die Gottheit ist im Tantra-Buddhismus wie ein mächtiger Berg, über dessen Mitte sich Wolken bewegen. Die Lebensenergien, Emotionen und Sinneswahrnehmungen des Körpers sind also nichts anderes als Transportmittel des Geistes. Nicht Dualismus, sondern Einheit von Geist und Materie, von Mystik und Profanem ist das Ziel: die Blume am Fuß des Berges, das Geräusch fallender Wasser, Vögel in den Wäldern.*

URKIEN

Auf zweien meiner Expeditionen im Himalaja war Urkien unser Sirdar und als solcher war er der Chef der Sherpamannschaft. Ein Sirdar übernimmt die Überwachung der Kulis beim Anmarsch, er gibt die Befehle der Sahibs an die Hochträger weiter und kümmert sich um den Nachschub frischer Nahrungsmittel aus dem Tal.

Bestimmt zählte Urkien damals zu den erfahrensten Sherpas von Solo Khumbu. Hätte er in seinen letzten Jahren nicht mehr und mehr zu trinken begonnen – eine Untugend, der viele Sherpas verfallen –, wäre er wohl als berühmter Sirdar in die Geschichte eingegangen.

Die meisten Sherpas sind ausgezeichnete Hochträger, treue Gehilfen, gute Köche. Einige aber nützen jede Gelegenheit, »ihre Expedition« zu bestehlen. So am Ende auch Urkien. Mich nahm's nicht Wunder. Fast überall dort, meine Heimat Südtirol mit eingeschlossen, wo die Leute durch den Tourismus zu Wohlstand kommen, versucht so mancher – mit kleinen Betrügereien, Lügen und Fälschungen – noch mehr Reichtum anzuhäufen. Wir haben nicht das Recht, von den Sherpas mehr Charakter zu erwarten als von unseren eigenen Landsleuten, ein nachhaltiger Tourismus aber setzt Ehrlichkeit voraus.

Als ich Urkien in seinen letzten Jahren in Khumjung besuchte, war er außer Haus. Die Haustür aber stand offen. Ich setzte mich also auf seine Türschwelle und versuchte, die Expeditionen zu zählen, die Urkien begleitet hatte. Es mochten 18 sein, 18 Expeditionen zwischen dem Makalu und den armen Tälern Westnepals. Im Leben dieses Mannes aber hatte sich wenig verändert. Sein Haus sah aus wie alle anderen Häuser in Khumjung, seine Kinder waren gleich gekleidet wie die anderen auch, die Regale im Wohnraum bargen keine besonderen Reichtümer.

Am Manaslu hat Urkien viel Organisationstalent und Durchsetzungsvermögen bewiesen, Eigenschaften, die

ihm schon die Erstbesteiger des Kangchenjunga bestätigt hatten, nachdem er diese bis in fast 8000 Meter Höhe begleitet hatte. Später hat er Norman Hardie durch das »Höchste Nepal« begleitet und den berühmten Kartographen Erwin Schneider geführt; mehr als einmal war er mit Sir Edmund Hillary unterwegs gewesen. Er hat sogar einen Achttausender, den Manaslu, bestiegen.

Die Ama Dablam stand jetzt in der vollen Nachmittagssonne und wirkte unnahbar, unnahbar wie die Kinder des Urkien, die sich inzwischen vor mir versammelt hatten. Sie sahen mich nur kopfschüttelnd an, als ich ihnen erzählte, ich wäre mit ihrem Vater am Manaslu und am Makalu gewesen. Auch in Tibet.

◄ Zum hellen Klang der
Zeremonialglocken schreiten die
prächtig gekleideten Magier
durch das »Haus der Götter«.
Indem sie Opfergaben für
übermenschliche Wesen auf den
Boden streuen und die Berg-
geister beschwören, werden sie
zum Medium.

► Wie für die Tibeter Lhasa ist
für die Sherpa Tengboche Mekka,
Lourdes und Jerusalem zugleich.
Den Jokhang zweimal täglich im
Uhrzeigersinn zu umschreiten,
wobei das Heiligtum stets zur
Rechten liegen bleibt, ist Pflicht
der Pilger in Tibet; beim Mani
Rimdu in Tengboche dabei zu
sein, ist eine Selbstverständlichkeit für die Sherpa.

► Beim Mani Rimdu in
Tengboche in Solo Khumbu sitzt
der Ringboche auf erhöhter
Position, wie in einem Schloss
aus Diamanten und Rubinen.
Darüber die Berge. Wer diesen
Ort kennt, wird immer wieder
hierher kommen.

MANI RIMDU

Ich habe Mönche bei ihrem kontemplativen Gottesdienst
in Ladakh, in Tibet, in Bhutan und beim Mani Rimdu in
Tengboche beobachtet. Überall drückte die Sitzordnung
der Lamas ihre Rangfolge aus. Erhöht, über allem, stand
das Bild des Dalai Lama.

Das eindrucksvollste Fest dieser Art war für mich
das Mani Rimdu in Thame gewesen. Es war heiß auf
dem Weg dorthin und dennoch spürte ich überall die
Härte des Winters: staubige, nackte Äcker zwischen den
weißgrauen Steinmauern; Vögel sah ich nur an verborgenen Plätzen; und jetzt der Wind, der in Stößen vom Trashi
Labtsa herunterfuhr. Er zerrte an den bunten Gebetsfahnen, die im Reisiggeäst an den Hausfronten hingen, riss
an ihnen, als wollte er sie hinwegtragen für immer.

Ich war auf dem Weg zum Kloster von Thame, das
an der Grenze zu Tibet hin liegt. In diesen Stunden sollte das große Lamafest Mani Rimdu dort beginnen.

Am Weg, der zur höher gelegenen Gomba führte,
drängten sich zwischen zerfallenen Hütten die Pilger.
Ein Dorf war da nicht. Einige Häuser waren verlassen,
die Dächer eingestürzt, die Türen offen. Andere Hütten

An schier endlosen Manimauern entlangwandernd, erreichte ich am späten Nachmittag den Platz vor der Gomba: Unter einem riesigen weißen Zelttuch saßen die Lamas des Klosters in einer langen Reihe und beteten. Lautlos kamen und gingen die Mönche. Sei schienen dabei unnahbar, in Meditation versunken. In ihrer Mitte, gekleidet in Rot und Gold, saß der Ringboche. Die Luft war geradezu geschwängert vom Duft süßlicher Gewürze und dem ununterbrochenen Gemurmel der Lamas.

Bemüht, Ruhe, Kraft und Würde auszustrahlen, eröffnete der neunzehnjährige Ringboche Akt um Akt der Feier. Er begab sich in die Versenkungsstellung oder läutete mit erhabener Geste rituelle Übungen und Gebete ein. Die Lamas, die seit drei Tagen gefastet und nicht geschlafen hatten, folgten ihm. Ihre Körper schienen sie abgestreift zu haben. Ob sie wirklich eine höhere Dimension des Sehens erreicht hatten?

Anderntags erschien der Ringboche spät. Umständlich setzte er sich auf seinen erhöhten Platz vor den Thangkas neben die leeren Kissen, die symbolisch für den Dalai Lama ausgebreitet blieben. Er hob Dorje und Drilbu – Zepter und Glocke, mit denen alle Rituale eingeleitet wurden – und begann mit zierlichen Handbewegungen eine Reihe von Tänzen und Gesängen, deren Texte ich nicht verstand, denen ich aber ebenso verfiel wie die festlich herausgeputzten Sherpafamilien neben mir.

Erst als ich am Nachmittag wieder talwärts ging, begann sich auch das Dorf zu beleben. Eine kleine Yakkarawane kam gerade vom Nangpa La. Sie brachte wohl Salz aus Tibet.

Wie lange das alles so bleiben wird? Ich weiß es nicht. Die Schäden jedenfalls, verursacht durch den Tourismus, der seit 30 Jahren einen gewissen Wohlstand ins Solo-Khumbu-Gebiet am Fuße des Mount Everest gebracht hat, sind bei weitem nicht so groß wie Kulturkritiker und Naturschützer oft glauben machen wollen. Eines aber ist sicher: Den Beschreibungen von Shangri La entspricht das Sherpaland nicht. Alles wurde so verfälscht, dass es auf keine Yakhaut passt.

waren nur leer. Die groben Läden waren verschlossen, die Türen mit schweren Eisenschlössern verriegelt.

Nur eine alte Frau hockte zusammengekauert am Wegrand, das Haar verklebt vom Blut der Läuse, an Mund und Augenwinkeln schwarze Spuren toter Fliegen. Sie lehnte an einer Mauer, in der Rechten drehte sie die Gebetsmühle, in der Linken hielt sie die Tanga, eine Art Rosenkranz. Es war zuviel des Elends, so dass meine festliche Stimmung in Melancholie umschlug.

Etwas weiter oben saß ein betender Lama am Wegrand. Er verströmte einen ranzigen Geruch und saß auf einem Stapel modriger Teppiche. Nur sein Gesang hatte etwas Heiteres.

◄ Nur Träger sind die Sherpas schon lange nicht mehr. Ihre Position im Sinne des Helfers und Hochträgers haben in Nepal andere Volksstämme übernommen – Tamang, Gurung, Magar, Rai und Bhotia. Die Sherpas bauen sich schöne Häuser und jetten auf Geschäftsreisen in der Welt herum. Ihre Cleverness und ihre ansteckende Fröhlichkeit sind dabei die Schlüssel des Erfolges.

► Sherpas kannten keine Kraxen oder Rucksäcke. Sie trugen einst alles an Riemen, die über dem Kopf laufen.
Die Möbel im Innern eines Sherpahauses bestehen aus eingebauten Schränken und Sitzbänken, die auch als Schlafstatt dienen. Als wichtigste Hausgeräte dienen Kupfer- und Messinggefäße sowie hölzerne Kübel.

UNTERWEGSSEIN

Entlegene Dörfer aufzusuchen und als Beobachter eine Zeit lang dort zu bleiben, ist eine Lieblingsbeschäftigung von mir. Ich halte nicht viel davon, in organisierten Haufen zu reisen, und obwohl ich selbst Trekkinggruppen in einsame Bergtäler geführt habe und führe, rate ich jedem, der sich für diese Bergvölker begeistern kann, in kleinen Gemeinschaften von Freunden zu reisen. Es braucht nicht viel Organisationstalent – ein bisschen Geschick vielleicht, um günstige Flugtarife auszuhandeln; die Bereitschaft, wie die Einheimischen und aus dem Lande zu leben; die Ausdauer, wochenlang zu marschieren oder zu reiten, wie es Kuli und Könige in den Bergen seit Jahrtausenden tun – und die Lebenserfahrung der ältesten Kulturen stehen uns offen. Nein, es ist nicht das ethnologische Wissen oder die Historie, die ich gesucht habe und vermitteln will, sondern jene Lebensart, die darin besteht, hoch oben am Berg überlebensfähig zu bleiben.

STEILE PFADE

Die Steige, die im Hochland von Neuguinea das eine Dorf mit dem nächsten verbinden, sind keine Pfade in unserem Sinne, geschweige denn Wege. Es sind schmale, begehbare Geländestreifen, Traumpfade, die durch den Dschungel, durch mannshohe Wasserläufe und durch riesige Hochmoore führen. Oft nützen sie umgestürzte Baumstämme, die glatt und glitschig, aber wenigstens fest sind, oft führen sie über eine Reihe von Steinen, die

sich wie Perlenketten über die sumpfigen Hochflächen schlängeln, um begehbares Gelände zu verbinden.

Besser zu erkennen und bedeutend leichter begehbar sind die Steige in den Hochtälern der Anden – ob Incatrail oder Indiosteig – vielfach führen hier Brücken über die Wasserläufe, und die Maultiere übernehmen einen Großteil der Trägerarbeit. Nur einmal – bei Schneefall auf einem hohen Pass – kam ich mir in Peru vor wie Napoleon beim Rückzug aus dem winterlichen Russland. Auch in den Bergen Nepals und Bhutans gibt es kaum befahrbare Wege. Die Mönche wehren sich zu Recht gegen alle Eingriffe in die Landschaft. Sie glauben, es sei Sünde, Straßen zu bauen. Nach der buddhistischen Lehre ist es untersagt, Leben zu vernichten und Erdrutsche, fallender Schutt, stürzende Felsblöcke könnten ja Bäume zersplittern.

Die Pfade im Himalaja, oft nur im Gedächtnis alter Leute existent, führen in vielen Tausenden von Stufen über steile Berghänge, über Brücken, die von Seilen aus gedrehtem Bambus getragen werden; sie laufen an lotrechten Felswänden entlang, wobei oft nur Trockenmauern oder krumme Holzstämme den wenige Fuß breiten Pfad tragen, der turmhoch über dem Abgrund zu kleben scheint.

An breiteren Stellen zieren oft – besonders im Land der Sherpa und in Tibet – Manimauern und Gebetsfahnen den Wegrand. Ein Dank an die Götter. Wie die Wegkreuze, die bei uns in Südtirol von frommen Bauern in der Zeit vor den Traktoren und Autos auf Passhöhen oder an steilen, ausgesetzten Stellen aufgestellt worden sind, stehen sie als Fürbitt- und Dankeszeichen.

Mit der Fertigstellung von Fahrwegen sind all die Mühen und Ängste des Gehens rasch vergessen und mit ihnen auch ein Teil der religiösen Gefühle, die mit Aufstieg und Gefahr einst verbunden gewesen sind.

◄ *Sherpaland: Alles hier ist Arbeit und Gebet. Wie sonst wäre das Leben erträglich. Buddhas Lehre vom friedfertigen Leben bestimmt den Alltag. Selbst am Wegrand liegen Steine und Hörner mit eingemeißelten Gebeten. Dieser große Religionsstifter und Sozialreformer, der vor über 2500 Jahren als Prinz geboren worden und als Bettelmönch gestorben war, lehrte, dass im Leben alle Dinge voneinander abhängig, gleichzeitig veränderbar und vergänglich sind.*

► *Bauernhaus in Thame, im nördlichen Nepal. Das Leben an der oberen Grenze menschlicher Besiedlung ist härter und die Sitten hier sind rauer als bei Volksstämmen in tieferen Lagen. Das Wertbewusstsein ist getragen vom Wissen, den heiligen Bergen nahe zu sein, die für die Einheimischen die Große Göttliche Mutter, deren Schwestern und ihre Kinder sind.*

DIE ROWLWALING-SHERPA

Beding ist ein kleines Sherpadorf im Rowlwaling, ganz nahe an der tibetischen Grenze. Ein knappes Dutzend Hütten – lang gezogen, mit zwei Fensterreihen – türmen sich als Haufendorf am steilen Hang über dem rechten Flussufer. Dazwischen liegen einige hausgroße Steine und die Gomba, ein im Inneren reich bemaltes Kloster. Die Gomba ist ochsenblutrot gestrichen, die Felstrüm-mer darunter sind schwarz, die Häuser daneben grauweiß mit verschiedenfarbigen Fensterreihen.

Taleinwärts hat es nochmals so viele Häuser. Sie stehen einzeln und sie sind neueren Datums. Dazwischen Steige und hausdachgroße Kartoffeläcker. Das letzte Haus in Beding ist die Schule. Einst vom Himalajan Trust, den der Mount-Everest-Erstbesteiger Edmund Hillary ins Leben gerufen hat, erbaut, ist diese Schule ein Zweckbau aus Stein und Holz. Seit sie von der Zentralregierung in Kathmandu verwaltet wird, ist sie leider verwahrlost.

Der Spielplatz darunter ist zum Bachbett geworden und Bachbett geblieben. Seit im Sommer 1992 die Mon-

geschickten vor allem, sind weg, irgendwo unterwegs mit Expeditionen oder Trekkinggruppen. Die Rowlwaling-Sherpa sind überall in Nepal als ausdauernde und bescheide Hochträger gefragt.

Beding ist das mittlere Dorf einer kleinen Sherpagemeinschaft, die den Winter über in Ramding, eine halbe Stunde talwärts, lebt. Wenn im März die Kartoffelfelder bestellt sind, ziehen sie mit Kindern und Hausrat nach Beding, um dort nach dem Rechten zu sehen. Im April und Mai geht es nochmals bergwärts, auf die Almsiedlung Naa. Auch dort sind die Hütten von Kartoffelfeldern gesäumt. Hier und weiter oben gibt es genügend Weideland für Yaks, Ziegen und Schafe.

Wenn im September die Kartoffelernte in Naa eingebracht und in tiefen Erdlöchern winterfest verstaut ist, ziehen die Familien mit ihren Herden wieder nach Beding, von wo sie im Dezember nochmals tiefer gehen, um die kältesten Wochen des Jahres in ihren kleinen Hütten in Ramding zu verbringen. Holz gibt es hier genug und Nahrungsmittel – Reis und Gerste vor allem – tauschen sie mit den Bauern weiter unten gegen jene Kartoffeln, von denen sie zu viel ernten. Das Preisverhältnis Kartoffel – Reis ist etwa eins zu vier.

Seit Ende März 1993 leiten die Beding-Bewohner nun ihren Fluss um. Alles in Handarbeit. Ein Holländer hat Eisennetze spendiert und damit soll das alte Bachbett eingefasst werden: Frauen schleppen Steine, alte Männer und Kinder zerren größere Blöcke an den Rand. Solange es Winter ist und der Bach in zwei Sätzen übersprungen werden kann, wird das Wasser so fließen, wie der Mensch es haben will. Im Sommer aber, mit der Schneeschmelze und dem Monsunregen, kann der Rowlwalingkhola so stark anschwellen, dass er sich immer seinen Weg bahnen wird. Ohne Hemmung und ohne auf die Arbeit der Menschen zu achten. Zwei Häuser und die besten Kartoffelfelder in Beding haben ihm schon weichen müssen. Zuletzt soll das alte Bachbett aufgeschüttet werden, so dass das Wasser ins neue fließen muss. Ob die Menschen hier ahnen, dass sie nur geduldet sind und nichts von Dauer ist?

sunwasser den Rowlwalingkhola so stark anschwellen ließen, dass die 50 Meter breite Talsohle unterm Dorf völlig überspült wurde, ist das ganze Dorf in Gefahr. Zurück blieben meterdicke Schuttfelder und ein Spinnennetz von Rinnsalen. Nur der Tschörten, weiter talwärts gelegen, ist stehen geblieben. Dort, wo früher eine Reihe von Kartoffeläckern bebaut wurden, steht er allein in einer verwüsteten Welt. Die Wasser hatten diesen Tempel verschont. Als hätten sie, wie die Bewohner auch, Respekt vor diesem steinernen Himmelssymbol.

Im Frühling, also März bis April, leben etwa 300 Menschen in Beding. Kinder und Mütter vor allem, Alte und Kranke. Die jungen Männer, die gesunden und

OHNMACHT

Auf dem Heimweg vom Makalu hatte ich mich in ein kleines Dorf unterhalb von Sedoa verirrt. Ich war in ein Haus getreten, um zu fragen, wo der Weg zu finden wäre, den ich eine halbe Stunde vorher im kniehohen Mais verloren hatte. Die Frau des Hauses bot mir in einem zerbeulten Aluminiumbecher, der wohl von einer früheren Expedition stammte, Chang an, das Reisbier der Sherpa. Sie ging dann hinaus, um ihren Mann zu holen, der gerade einen steinigen Acker umpflügte. Er ließ die beiden Ochsen im Schatten eines Laubbaumes stehen, kam in den rauchigen Raum und aß, nachdem er mir Auskunft erteilt hatte, einige gekochte Kartoffeln, die ihm seine Frau hingestellt hatte.

Während ich meinen Chang trank, bemerkte ich eine bedrückte Stimmung im Haus. Sogar die Augen des Knaben, der vor dem Eingang Mais auslöste, sahen mich vorwurfsvoll an. Ich fühlte mich unbehaglich und wollte mich auf den Weg machen. Als ich mich aber erhob, stand auch der Hausvater auf und mit einem Wink bat er mich, ihm zu folgen. Er ging mir voran in ein kleines Nebenhaus, eher eine Hütte als ein Haus, wo er auf ein Mädchen zeigte, das halb hockte, halb saß und leise wimmerte.

Der Mann sah mich an, hob dann den Rupfensack, mit dem das Mädchen zugedeckt war, und in wenigen Augenblicken hatte ich alles begriffen.

Das Mädchen war von der linken Schulter bis zum Schenkel von einer einzigen Narbe bedeckt, aus der da und dort Eiter und Blut quollen, eine Brandwunde, wie ich sie vorher noch nie gesehen hatte. Die Arme war im Schlaf ins offene Feuer gerutscht und wurde nun von Wundfieber und Schüttelfrost gepeinigt. Ich wusste, dass sie bald sterben würde, falls kein Arzt kam. Ja, ich verstand die Bitte in ihren Augen, konnte aber trotzdem nicht helfen. In meiner Verzweiflung, nicht helfen zu können, war mir ganz elend zumute.

▲ *Bergbauernkind auf dem Weg ins Dorf in der Nähe von Sedoa im nördlichen Nepal.*

▼ *Etwa 7 Millionen Nepali leben im Bergland; sie gehen auf mehrere Völkerstämme zurück, die sich aber vermischt haben.*

▶ *Auf den mittleren Berghöhen Nepals, zwischen 1500 und 2500 Metern, liegen auf offenen, terrassierten Hängen die Siedlungen der Gurung. Der oft braune Anstrich der Hauswände besteht aus Kuhdung und Ocker. Die Gurung sind Hinduisten, denen die Berge heilig sind.*

Ich wusste, dass es weit und breit keinen Arzt gab – unser Expeditionsarzt war bereits nach Kathmandu vorausgeeilt. Ich war gewohnt, nur das Gute und Schöne in diesen Bergtälern zu sehen, und wurde nun so brutal mit dem harten Leben dieser Menschen konfrontiert, dass ich in Resignation verfiel. Ich verstand jetzt, warum viele dieser Bergbewohner fliehen würden, wenn sie nur wüssten wohin. Ich ahnte, warum mich Sherpas immer wieder gebeten hatten, sie mit nach Europa zu nehmen. Wie oft hatte ich den Neid der Einheimischen ob unseres Lebens im Überfluss gespürt. Nun überkam mich eine grenzenlose Scham ob meiner Hilflosigkeit diesem armen, sterbenden Mädchen gegenüber.

Ich konnte mich lange nicht verabschieden, und als ich endlich ging, sah ich in die großen Augen des Knaben, der vor dem Haus immer noch Mais auslöste.

»Nepal ist ein Vielvölkerstaat. Die Zahl der nepalesischen Völker, die oftmals auch eigene Sprachen besitzen, hat sich auf über 100 erhöht.« Friedrich W. Funke

▼ *Der Mann auf der Straße, die Frauen hinter den Marktständen, die spielenden Kinder und betenden Mönche, die Tänzer und Musiker, sie* *alle gehören zur exotischen Kulisse, durch die der Tourist neugierig und staunend spaziert. Handwerker hingegen arbeiten* *meist im Verborgenen. Aber es gilt: So lange in Tibet das Handwerk lebendig bleibt, ist die tibetische Kultur nicht verloren.*

»TIBET IST GROSS. DER VERKEHR ZWISCHEN VERSCHIEDENEN TEILEN DES LANDES IST BESCHRÄNKT, DENN DAS LAND IST SCHWER ZUGÄNGLICH UND DIE VERKEHRSMITTEL SIND PRIMITIV. DARAUS FOLGT, DASS LEBENSART UND BRAUCHTUM SICH IN DEN VERSCHIEDE-NEN BEZIRKEN UND PROVINZEN UNTER-SCHEIDEN. DESHALB SOLLTE EIN BRAUCH NICHT ALS UNGENAU VERUR-TEILT WERDEN, NUR WEIL EIN ANDERER BESUCHER DENSELBEN WOANDERS UNTERSCHIEDLICH GESEHEN ODER GEHÖRT HAT.«

Sir Charles Bell

◄ *Alles machen die Bergbewohner selbst: Tonkrüge, Gangros – handgetriebene Wasserkrüge aus Messing und Kupfer – sowie alle anderen Gerätschaften. Links Töpfer bei der Arbeit im Aruntal, Nepal. In Nepal ist nur das Tal von Kathmandu wirtschaftlich erschlossen. Dort gibt es Arbeitsplätze, wenn auch längst nicht in ausreichender Zahl, Industrie und organisierten Tourismus. Immer mehr Menschen ziehen von den Bergen dorthin und drohen dieses einzigartige Kulturdenkmal in ein abgasgeschwängertes Chaos zu verwandeln.*

DAS HANDWERK

Die Werkzeuge mögen verschieden sein, die Ergebnisse aber sind sich überall ähnlich: in Bhutan, in den Alpen, in Tibet oder in Hunza. Ich habe in den Bergtälern Pakistans Spaten und Pflüge gesehen, die denen der höchsten Alpentäler aufs Haar glichen, und in Nepal habe ich über Schindeldächer und Fensterrahmen gestaunt, die ein Zimmermann aus meinem Heimattal hätte machen können. Vor allem in Tibet war vieles Handwerkliche in den Häusern einst kunstvoll gestaltet, so auch der

Schmuck und die Opfergaben, die den Göttern umgehängt wurden. Inzwischen haben Chinesen alles zerstört oder verboten.

Frauen und Männer aber, die ihre Kunst wie eine Religion weitergeben, sind die Basis einer starken Kultur. Töpfe formen, Bogen schnitzen, Sensen dengeln, das alles sind handwerkliche Überlieferungen, die nur dann mit der Religion, mit dem Rhythmus der Jahreszeiten, dem Leben dieser Menschen in Einklang stehen, wenn sie sich frei entfalten können. Das Gestalten von Formen und Mustern ist nur dort ein Ritual geblieben, wo sich die Natur des Menschen uneingeschränkt ausdrücken kann.

ARM UND REICH

> »ES GEHT DOCH NICHT UM MEINE
> PERSON. MEINE RÜCKKEHR NACH
> TIBET IST VÖLLIG UNWICHTIG. NUR
> WENN SIE DAZU BEITRAGEN KANN, DAS
> LOS DER 6 MILLIONEN TIBETER ZU
> VERBESSERN, IST DIESE FRAGE ÜBER-
> HAUPT VON BEDEUTUNG. MIR SELBST
> IST ES VOLLKOMMEN GLEICHGÜLTIG,
> WIE ICH LEBE.« Seine Heiligkeit, der Dalai Lama

Im Rahmen von drei Dutzend Himalajaexpeditionen durch viele verschiedene Täler Nepals habe ich zwar in jedem Tal eine andere charakteristische Hausform vorgefunden, überall aber die gleiche Hilfsbereitschaft, die gleiche Gastfreundschaft, die gleiche Freundlichkeit. Am Südfuß des Himalaja spürte ich wenig von jener abweisenden Haltung, die für die Muslime im Orient typisch ist, hier fühlte ich mich oft wie zu Hause, wie in Südtirol.

◄ *Ob es eine heilige Kuh auf dem Gemüsemarkt ist oder eine tote Ziege beim Dhasai-Fest in Kathmandu (links), alles hat seine Bedeutung. Blut gehört in Nepal zu fast jeder Zeremonie. Die Tibeter hingegen lehnten das Töten von Tieren ab. Sie waren aus religiösen Gründen sogar gegen die künstliche Bewässerung ihrer Felder. Regen hingegen empfanden sie als Segen der Götter.*

► *Tibet verändert sich wieder. Seit der Aufhebung des inländischen Reiseverbots kommen Flüchtlinge sowie Nomaden nach Shigatse, Lhasa und zum heiligen Berg Kailash – auch Sadus (rechts) aus Indien, die oft 1000 und mehr Kilometer zu Fuß dorthin zurücklegen müssen.*

Zu besonderen Anlässen, bei religiösen Festen zum Beispiel, wird überall den Göttern geopfert. Dabei werden auch die Armen gespeist. Ganz selbstverständlich und reichlich werden sie dabei mit den Gütern der Reichen versorgt: kunstvoll geformte Tormas – bizarre Gebilde aus Teig, Zucker und Butter – sind es im Sherpaland, ähnliche Geschenke gibt es in Tibet und Ladakh, Fleisch ist es in Nepal.

Die Tibeter dort – viele tausend leben immer noch in einer Art Exil – hoffen irgendwann in ihre Heimat zurück zu können, und dies wäre ihr sehnlichster Wunsch. Auch in Südtiroler Bergdörfern war es in den Weihnachts- und Neujahrstagen einst üblich, den Armen etwas vom eigenen Hof zu bringen oder sie zu Tisch zu bitten. Inzwischen aber gehören die Bergbauern selbst zu den Armen im Lande, und helfen können sie sich nur selbst.

Auf den Gipfeln in Hochasien wohnen tatsächlich die Götter, und all die Menschen am Fuß der Berge gehorchen ihnen. Wird doch alles unter der Aufsicht der Naturkräfte getan und nur sie gestatten das Überleben der Menschen.

Nirgends auf der Erde gehören Bergvölker nationalpolitisch zu den Überlegenen. Fast überall sind sie in der Minderheit. Ihre Zukunft liegt trotzdem in ihrer eigenständigen Lebenshaltung und nicht im bewaffneten Aufstand. Sogar wenn die gesamte tibetische Bevölkerung bewaffnet wäre, sie würde nur 6 Millionen Menschen ausmachen. Diese hätte keine Chance im Militärstaat China. Diese Erkenntnis ist traurig, aber am Anfang einer friedlichen Revolution stand immer Weisheit.

◀ Das Königreich Nepal gehört zu den ärmsten Ländern der Erde. Nepali leben nicht nur auf ungezählten Terrassen, die über Hügel und Täler verteilt sind, Hunderttausende leben eng gedrängt in der Hauptstadt Kathmandu, wo 2001 die gesamte Familie um König Birendra ausgelöscht worden ist.

RELIGIOSITÄT

Eines haben alle diese Bergmenschen gemeinsam und dem aufgeklärten Bürger fast überall auf der Welt voraus: eine tiefe Religiosität. Schließlich kommen die großen Religionen von den Bergen: Moses empfing die Tafeln mit den zehn Geboten auf dem Berge Sinai. Buddha wandelte am Fuße des Himalaja. Die Inkas stiegen auf 6000 Meter hohe Andengipfel, um dort Altäre zu errichten. Bis heute haben die Gebirge nichts von ihrer mystischen Ausstrahlung verloren.

»ES IST NICHT SO, DASS WIR NICHT IN DER LAGE SIND, MACHT AUSZUÜBEN, ABER UNS IST KEINERLEI MACHT GEGEBEN WORDEN. EIN SKLAVE IST NACKT, NICHT WEIL ER KEINE KLEIDER ANZIEHEN WILL, SONDERN WEIL SEIN HERR IHM KEINE KLEIDER GEGEBEN HAT.«

Panchen Lama

◄ *Überall schimmert im Gebirge das Religiöse durch. Ob indische Gurus auf dem Weg sind zum Heiligtum von Muktinath in Nepal oder Kinder vor einem Altar in Kathmandu spielen, überall finden wir religiöse Symbole: in Ladakh (unten rechts), in Südtirol (Hausbemalung, unten links) und vor allem in Tibet und Nepal (links).*

▼ *Mit dem historischen Erfolg von Tenzing Norgay am Mount Everest und der Öffnung Nepals kamen Fremde in das Land und viele Einheimische nutzten die Gunst der Stunde, indem sie Lodges und Teestuben bauten oder Fremde auf ihre Trekkingtouren als Führer, Köche oder Träger begleiteten. Ihre religiöse Haltung und ihre Symbole (Manisteine auf einem Pass) gaben sie bis heute nicht auf.*

GLAUBE, GLÜCK UND SCHÖNHEIT

Es ist eine kollektive Geisteshaltung, die Harmonie in den Alltag der Bergvölker bringt und nur selten das Werk eines Einzelnen. Bauwerke wie ein Tschörten im Himalaja oder ein Gemälde an der Hausfassade eines Gehöftes in Villnöß sind immer unsigniert. Weil weder der Maler bei der Arbeit noch der gläubige Hirte beim Aufschichten der Steine daran dachte, etwas Besonderes zu leisten.

Das Gestalten schöner Dinge ist der Wunsch aller, vom Bauern, der eine Pflugschar schnitzt, bis zum Mädchen, das ein buntes Tuch webt. Alles wird liebevoll mit den Händen geformt.

Glück und Schönheit sind eins, sie liegen in der gestaltenden Arbeit, im gemeinsamen Gesang, im Bau eines Tempels, im täglichen Gebet. Ja, »Om mani padme hum« und das »Vater unser« gehören im Gebirge zum Alltag. Die Kraft dieser Worte ist überall spürbar, gleich ob sie mit Andacht gesprochen oder in Monotonie gemurmelt werden. Überall dort, wo ursprüngliches Bergbauerntum weiterlebt, wird alles in Beziehung zu Gott oder dem Göttlichen gesetzt.

NICHT NUR EIN KÖNIG

Es ist kein Widerspruch. In Bhutan führt König Jigme Singye Wangchuk sein Volk in einer Art demokratischer Monarchie. Fast jeder Bhutanese hat seinen König schon einmal mit eigenen Augen gesehen. Denn Jigme Singye Wangchuk kommt regelmäßig in all seine Distrikte, auch in die entlegensten Ecken Bhutans. Mehrmals im Jahr ist er wochenlang in seinem Land unterwegs und sucht in offenen Dorfversammlungen den Kontakt mit dem Volk.

Die vielen Dzongs, die Bhutans Landschaftsbild prägen – massive Festungen mit weiß getünchten Steinmauern, die im oberen Teil in Fensterfriese und überhängende Dächer übergehen –, symbolisieren die beherrschenden Kräfte des Staatswesens: die buddhistischen Mönchsklöster. Diese sind nämlich gleichzeitig Sitz des »Dzongda«, des obersten Bezirksbeamten. Seit 1629,

dem Jahr der Staatsgründung durch Ngawang Namgyal, ist das schon so.

In Thimbu, dem Hauptort, in der Landessprache Druk Yul genannt, steht der Thimbu Dzong, Sitz des »Druk Gyalpo«, des Königs, und des »Je Khenpo«, des religiösen Oberhauptes Bhutans.

Dieser Thimbu Dzong ist das Zentrum eines Bauern- und Königsstaates, der seinesgleichen sucht. Die höfischen Rituale – die Teezeremonie zum Beispiel, bei der die Gaben der Erde gesegnet werden – sind einfach und erinnern an die elementaren Formen bäuerlichen Lebens.

Die Residenzen der vier Königinnen, alles Schwestern, liegen im Nachbartal, durch einen Hügel vom »Tal des Königs« getrennt. In Bhutan ist es nicht außergewöhnlich, dass ein reicher Mann mehrere Frauen hat, und diese dürfen auch Schwestern sein. Bei der Eheschließung zieht der Mann in das Haus der Frau und die zugeheirateten Schwestern leben im Haushalt weiter, in dem sie zusammen aufgewachsen sind.

Jigme Singye ist der vierte Monarch seines Landes, seitdem sein Urgroßvater, Ugyen Wangchuk, von den Lokalfürsten und Dorfältesten des Landes inthronisiert worden ist. Da dieses Erbkönigtum rechtlich und historisch kaum verankert ist und der Mahayana-Buddhismus das Konzept eines säkularen Königtums nicht kennt, werden die Könige Bhutans an ihren Leistungen gemessen. Ein Priesterkönigtum – die theokratisch ausgeübte weltliche und geistige Macht, wie sie etwa der Dalai Lama in Tibet innehatte – ist nicht mehr zeitgemäß. Also setzt der König in Bhutan auf Reformen, und sein Erfolg ist beachtlich.

◄► *Das Kloster Taktshang (Tigernest) in Westbhutan und Maskentanz. Architektur, Tracht und Brauchtum sind in Bhutan bis heute unverfälscht am Leben geblieben. Das Resultat ist ein Gebirgsidyll, das jeder ankommende Besucher spürt – falls er zu den gezählten Touristen gehört, die jährlich ins Land gelassen werden.*

◄► *Es gibt in der peripheren Zone des Ethnischen Tibet auch nicht-tibetische Ethnien, die tibetische Traditionen angenommen haben (Darden, Uiguren, Mongolen). Bhutan ist ein eigenständiges Königreich im Himalaja, zwischen Assam und Tibet gelegen, ein Mönchsstaat der besonderen Art. Hauptstadt ist Thimbu. Der Buddhismus, mit Überbleibseln der Bön-Religion vermischt, bildet wie in Tibet die Grundlage der lokalen Lebenshaltung. Von 1.000.000 Einwohnern sind etwa 100.000 Mönche. Bhutan liegt in Höhen von 1200 bis 4500 Metern, das Klima ist gemäßigt und die Monsunregen erreichen hier Rekordhöhen.*

DAS GEHEIMNISUM-WOBENE VOLK DER 100.000 MÖNCHE

Das Land des Drachen, wie Bhutan genannt wird, war bis Ende der fünfziger Jahre ohne Straßen und ohne Kontakte zur Außenwelt. So hatten sich die Bhutanesen zwischen dem Einflussbereich Tibets, dem Land des Schnees, und den warmen Tropen als eigenständiges Bergvolk erhalten, das von der Welt jenseits ihrer Gebirgsketten nichts ahnte.

Wie einst die Tibeter sind die Bhutanesen stolz, selbstbewusst und unbeugsam geblieben. Sie verachten die in den Niederungen lebenden Völker, sind lustig und völlig ungehemmt. Die allermeisten Bhutanesen haben eine robuste Konstitution. Sie sind kräftig, gesund und meist auch sauberer als ihre Nachbarn. Ihre Haut ist heller als die der Tibeter, die Nase schmal und lang und ihre Augen haben die Mandelform, jedoch ohne Mongolenfalte. Eine Ausnahme bilden hier die Drokpas, nomadische Viehhirten, die stark ausgeprägte mongolische Züge

haben. Diese hoch gewachsenen Nomaden bleiben immer auf den hohen Bergrücken, wo sie Schafe, Kühe, Yaks, Dzos halten und in Stoffzelten aus Yakhaar hausen.

In Bhutan sind alle Menschen gleich und frei, Frauen haben im Gegensatz zu anderen orientalischen Frauen einen hohen Rang in der Gesellschaft, abgesehen von der königlichen Familie gibt es keinen Adel.

Bhutan ist ein religiöses Land geblieben. Überall verraten Gebetsfahnen mit ihrem schmetterlingshaften Geflatter sowie mehr als dreißig Klöster den aktiven Glauben der Bewohner. Die Architektur ist streng und einfach. Harmonie scheint die Basis dieser Volksgemeinschaft zu sein.

Die ambitiöse Vorgabe des Königs, die traditionelle Gesellschaftsform zu bewahren, ist weitgehend geglückt. Die letzten beiden Könige, Jigme Dorji Wangchuk und sein Sohn Jigme Singye, steuerten ihr Land mit Umsicht in die Moderne. Jigme Dorji, 1952 an die Macht gekommen, erkannte rasch, dass die Zeit der Isolation für Bhutan zu Ende ging. Im Norden hatte China Tibet besetzt, im Süden versuchte das unabhängige Indien die Demokratie und den eklatanten Entwicklungsrückstand aufzuholen. Diese beiden großen Nachbarn verschrieben sich einer Modernisierung und Industrialisierung, und Bhutan wurde in diesen 50 Jahren zum Juwel Hochasiens, ein Himalajakönigreich mit Charakter.

◄ *Normalerweise besorgen im Himalaja Yaks den Transport schwerer Güter, wie zum Beispiel Zelte, Holz oder Salz. Sie sind wegen ihres komfortablen Gangs auch Reittiere, doch sind sie vergleichsweise schlecht zu lenken. Auch Kinder tragen überall im Himalaja Lasten: Mist, Holz oder Wasser.*

► *Das Leben in großer Höhe gestaltet sich überall beschwerlich und nicht alle Bewohner sind tüchtige Bauern, Viehzüchter und Kaufleute. Viele betreiben Gersteanbau und züchten Hybriden zwischen Yak und Rind, die sich sowohl in Tibet als auch im nepalesischen Hügelland verkaufen lassen. Andere sind so arm und Trinker und sie leben in baufälligen Hütten. Die wunderschönen Lamaklöster und Dörfer mit den reichen Kulturschätzen bieten keinen Platz für Gestrandete.*

KINDERARBEIT

Ob in Ne in Bhutan, in Shabando in Kham oder in Thame in Nepal – um halb fünf wird es im Sommer hell. Eine halbe Stunde später schon gehen die ersten Frauen zur Feldarbeit. Viele Kinder, alle weiteren Männer und Frauen verlassen wenig später mit Hacken das Dorf und verlieren sich zwischen den oft nur dachgroßen Kartoffel- oder Kornfeldern.

Diese Früharbeit dauert bis zu drei Stunden, wobei gejätet, Boden umgegraben oder bewässert wird. Später erst gibt es das Frühstück, zu dem sich meist alle zu Hause treffen. Das Mittagessen hingegen wird oft auf das Feld gebracht.

TIBET WAR VOR 1911 ÜBER MEHRERE HUNDERT JAHRE CHINA LOSE UNTERGEORDNET UND FÜHRTE ZWISCHEN 1911 UND 1951 EIN DE FACTO UNABHÄNGIGES POLITISCHES DASEIN.

Melvyn C. Goldstein und Cynthia M. Beall

ALKOHOL

Der Yaktreiber, der schon am frühen Morgen ein halbes Dutzend Tiere talwärts trieb, war so besoffen, dass er laut fantasierte. Aber seine Tragtiere kannten den Weg. Fluchend und schwankend ging er hinter ihnen her.

Diese Art Säufer hatte ich in den Bergen Bhutans ebenso angetroffen wie in Tibet oder in Mustang. Am schlimmsten war es in den Straßendörfern auf der chinesischen Seite des Karakorum. In Gruppen hingen die jungen Männer halbe Winternächte lang in irgendwelchen Bretterverschlägen herum und tranken bis zur Bewusstlosigkeit. Die Winter hier waren lang und kalt, die nächste Stadt, Kashgar, weit weg. In der Einsamkeit und Trostlosigkeit einer kaputten Gesellschaft soffen die Männer ihre Verzweiflung tot und in ein paar Jahren sich selbst.

Vielleicht aber steckte auch nur die Absicht der chinesischen Regierung dahinter, die Leute zu vergiften. Um so leichter mit dieser Grenzregion fertig zu werden. Ähnlich wie die Eskimos in Grönland und ganze Indianerstämme in Nordamerika dämmerten auch hier Volksstämme vor sich hin, denen man mit der Erschließung – Straßen, Elektrizität und Verbote – ihre Identität genommen hat und jede Hoffnung.

▲► *Abenteurer und Ent-*
decker haben nach geheimnis-
vollen Orten im Himalaja
gesucht und verstanden, dass
sie einer Schimäre nachjagten.
Viele aber haben einmalige
Plätze gefunden: Dörfer in
völlig verschiedenen Bau-
stilen. Die meisten Pilger, die
einst nach Muktinath in Nepal
wollten, marschierten durch das
Kali-Gandaki-Tal, wo sich
tibetische und nepalesische Bau-
kultur begegnen. Die Suche nach
dem Paradies aber war auch
hier umsonst.

»FERN IM OSTEN DES TIBETISCHEN
HOCHLANDES, ZWISCHEN DEN
ZUFLÜSSEN DER GEWALTIGEN STRÖME
YANGTSEKIANG UND HUANGHO,
TÜRMEN SICH DIE HIMMELHOHEN
BERGE VON KHAM. ES IST DAS LAND
JENER KHAMPA, DIE VON DEN WEITER
ÖSTLICH IN DEN FRUCHTBAREN
NIEDERUNGEN LEBENDEN CHINESEN
VON SZETSCHUAN SEIT ÄLTESTEN
ZEITEN ALS ÄUSSERST KRIEGERISCH
GEFÜRCHTET WERDEN.« Friedrich W. Funke

◄► Wie Trutzburgen sehen die Häuser im äußersten Osten der Provinz Kham in Osttibet aus (links unten). Die Bewohner, die Khampas, sind hoch gewachsene und selbstbewusste Menschen, so stolz, dass sie Mitte der fünfziger Jahre die bewaffnete Auseinandersetzung mit den Chinesen nicht scheuten. Alles vergebens. China hat Kham aufgeteilt und verschiedenen chinesischen Provinzen zugeordnet.
Im subtropischen Klima Zentralnepals, mit Monsunzeit von Juni bis September, und zwischen 1400 bis 3500 Meter Meereshöhe leben in oft malerischen Dörfern an steilen Berghängen die Gurkhas (rechts).

MIT OFFENEN AUGEN

Wer mit offenen Augen im Himalaja unterwegs ist, kann das Ineinandergreifen mehrerer Kulturen sinnlich wahrnehmen. Beim Aufstieg von Pokhara durchs Kali-Gandaki-Tal bis an die Grenze von Mustang wechselt die Dorfstruktur von der typischen Raisiedlung bis zum tibetischen Haufendorf. Mehr noch gilt dies für den Übergang aus dem Baruntal ins Solo-Khumbu-Gebiet.

Fast alle Organisationen von Trekkingreisen bieten heute völkerkundliche Touren an – in Nepal, Bhutan, Indien – und diese bieten Einblick in das Leben der Bergbevölkerung der jeweiligen Himalajaregion. Wer also in kleiner Gruppe reist und die nötige Kondition und Gebirgserfahrung mitbringt, kann auf einer solchen Wanderung durch die Himalajatäler den Übergang von einer Kultur zur anderen erleben. Auch diese Reisen aber sollten nicht ohne Bergführer und nur bei gutem Wetter durchgeführt werden. Im Notfall muss wegen Lawinengefahr an hohen Pässen abgewartet werden. Eine ausreichende Akklimatisation ist meist durch die langen Anmärsche gegeben.

»Die Lo-pa-Dörfer bestehen aus Lehmhäusern,
die jeweils am Rand des beackerten Landes in
einer Meereshöhe zwischen 3500 und 4000 Metern
gelegen sind.«
Friedrich W. Funke

◀ Lo Mantang, die Hauptstadt von Mustang, ist für viele Touristen ein Ort der Sehnsucht. Von 1950 bis 1992 konnten Fremde nicht mehr nach Mustang, das seit gut 200 Jahren zu Nepal gehört. Die Regierung in Kathmandu wollte keine Touristen in einer Gegend, in der tibetische Khampa-Krieger den Widerstand gegen China probten.

▼ Das hoch gelegene und schwer zugängliche Mustang gehört politisch zu Nepal, geografisch zu Tibet. Auch die Bewohner und deren Kultur sind tibetisch.

TIBETISCHE KULTUR IN NEPAL

Die Wasserscheide des Himalaja ist im östlichen Nepal gleichzeitig die nördliche Landesgrenze zu Tibet. Also war ich am Mount Everest, Lhotse und Makalu an Grenzbergen unterwegs. Nach Westen hin ist der Himalajakamm weiter und weiter von der Nordgrenze Nepals entfernt, und deshalb liegt Mustang zwar hinter dem Himalaja, aber in Nepal.

Das Land Lo oder Mustang ist so unwirtlich, kalt und trocken wie die Hochfläche von Tibet, denn die gewaltige Kette des Himalaja hält die von Süden heranziehenden Monsunregen großteils ab. Das ganze Jahr über blasen raue Winde darüber hinweg. Der Boden ist nichts als steinige Wüste.

Das Königreich Mustang hatte keine Straße. Auch heute führen in die kleine Provinz nur abenteuerliche Pfade. Durch tiefe Canyons und an den Flanken der Berge entlang schlängeln sie sich, über Hochebenen und Pässe. Das Klima – aber was ist das schon – eine Karawane, die bei brennender Sonne loszieht, kann am Nachmittag in einen Schneesturm geraten.

Erst im März 1992 hat die nepalesische Regierung Mustang zur Besichtigung freigegeben. Unter dem Druck internationaler Reisegesellschaften. 200 Ausländer trekkten pro Jahr anfangs von Jomosom nach Lo Mantang. In kleinen Karawanen. Die Reisenden sollten unterwegs nichts von den Einheimischen kaufen, brachten Nahrung und Brennstoff selbst mit und nahmen alle Abfälle wieder mit. So war es wenigstens vorgesehen.

Als ich dann mitten im Winter mit einem Freund dorthin wanderte, erlebten wir ein völlig unberührtes Land, viel Gastfreundschaft und keinen einzigen anderen Touristen. Tagelang kein Laut, nur diese leblose Steinlandschaft. Wer hier durchging, wie einst die königliche Familie von Mustang, die 30.000 Hochgebirgler und 2000 zottelige Yaks regiert hatte, wollte alles so belassen wie es immer gewesen war: eine Welt aus einer anderen Zeit. Als wäre die menschliche Existenz angesichts der Präsenz des Göttlichen zur Bedeutungslosigkeit geschrumpft.

Winter in Mustang

Wie Festungen stehen die Dörfer in den Canyons der Steinwüste von Mustang. Dieses einstige Königreich aber – etwa 80 Kilometer lang und 60 Kilometer breit – zerbröckelt wie die senkrechten Konglomeratwände, die das Wasser und der Wind allerorts geformt haben. Hier wird alles zur Wüste, was nicht von Gletscherflächen vor Verwitterung und Dürre geschützt wird.

Die Felder schrumpfen Jahr für Jahr. Viele Bewässerungsgräben sind verfallen, halbe Dörfer sind Ruinen. Seit der Handel mit Tibet nahezu versiegt ist und auch die Jahre immer trockener werden, ist kein Bleiben mehr in diesem Hochland, das politisch zu Nepal gehört, klimatisch zu Tibet.

Der König hat seine Macht schon lange verloren und verbringt einen guten Teil des Jahres in Kathmandu. Lo Mantang ist seiner Familie im Winter zu kalt und der Palast im tiefer gelegenen Tserang verfällt. Bald wird er eine Ruine sein, wie der einstige Königspalast, der auf

einem steil aufgetürmten Hügel über Lo Mantang thronte. Mehr als ein Dutzend Klöster und all die einst bewohnten Felshöhlen sind verlassen.

Im Winter waren nur Kinder und alte Leute in den Dörfern zu finden. Sie warteten in ihren schlecht isolierten Lehmhütten, bis die Sonnenstrahlen auch ihre Häuser streiften, holten dann in Körben Holz von den Steinhängen weit oben oder hockten ein paar Stunden lang im Innenhof, um mit klammen Fingern zu spinnen. Kurz vor

◄ Die Himalajagipfel Annapurna und Dhaulagiri liegen auf nepalesischem Territorium. Nördlich davon breiten sich Hochflächen aus, die geografisch zu Tibet gehören. Da hier die Nordgrenze von Nepal aber weit ins tibetische Territorium hineinreicht, ist Mustang, die Heimat der Lo-pa, politisch eine Exklave Nepals.

►▼ Die vielen Terrassen an den trockenen Nordhängen des Himalaja in Nepal sind nicht natürlichen Ursprungs. Sie wurden vor mehr als 2000 Jahren von Menschenhand angelegt.

Sonnenuntergang brachte einer die Ziegen von der Weide, die für jeden Bissen gedörrten Grases fünf oder zehn Schritte laufen mussten.

Nicht nur die Hänge im Siedlungsbereich sind heute überweidet, auch die vielen Seitentäler, die im Sommer als Halbnomadenweide wirtschaftlich genutzt werden. Oft bis auf eine Höhe von 5000 Meter. Alles hier ist zu knapp: Weide, Ackerland, Wasser. Nur an Geröll, Staub und Wind gibt es genug. Der Monsun bleibt am Himalajahauptkamm, der sich im Süden mit den Acht-

tausendern Dhaulagiri, Annapurna und Manaslu erhebt, hängen.

Weil das ehemalige Königreich verspielt und der gestrige Lebensrhythmus zwischen Selbstversorgerdasein und Handel aus dem Gleichklang geraten ist, versuchen viele junge Leute mit Saisonsarbeit außer Landes Geld ins Dorf zu bringen. Sie arbeiten den Winter über in Kathmandu, versuchen sich im Gebiet von Pokhara als Krämer mit Nadel-, Faden-, oder Seifenhandel. Andere hoffen Jahr für Jahr, ihre Familie in Mustang mit der winzigen Handelsspanne – Einkauf/Verkauf von Pullovern zum Beispiel – erhalten zu können. Der Erfolg bleibt meist aus. Zu Hause herrscht Armut. Häuser verfallen, die Wege sind verwahrlost, die ärztliche Versorgung fehlt ganz.

Mustang kann auch vom »Edeltourismus« nicht gerettet werden, Mustang braucht ein Gesamtkonzept. Wenn nur ein paar hundert Trekker und Neugierige pro Saison über diese desolate Welt herfallen und ihr Geld dabei bei der Regierung in Kathmandu oder auf den Auslandskonten der Trekkingagenturen bleibt, fördert das in diesem kleinen Stück Tibet in Nepal nur die Landflucht. Niedergang bis zum Exodus. Die Hoffnungslosen können dann am Ende nur noch dort hingehen, woher all die Esoteriker, Realitätsverfälscher und Kulturtouristen kommen.

BERGHÖFE IM WINTER

Kaum hatte sich Mustang einen Spalt weit geöffnet, war ich da. Ohne Bewilligung, ohne Begleitoffizier, mitten im Winter. Nein, ich brauchte keine Geschenke oder Geld an die Bevölkerung oder an die Mönche abzugeben, ich brauchte nur zu bezahlen für Kost, Lodging und Dienstleistung. Wie überall sonst auch. Die Lamas öffneten Gompatüren und der Aufenthalt wurde zum Fest. Alles Geld floss in diese finanzschwache Randregion und ich hatte am Ende das reinste Gewissen dabei.

Diese Menschen sind dort oben daheim. Im Sommer und im Winter, bei Sonne und bei Schnee. Unsere Vorstellung ihr Leben betreffend ist nicht selten von einer Art »Heile-Welt«-Kitsch getragen und nicht nur Hunger oder Durst drängt uns, an ihre Hütten- oder Stubentüren zu klopfen und zu fragen, ob man »was zu essen kriege«.

Ist es nicht so, dass wir die Bergbauern oft mit zur Hochgebirgsnatur zählen? Wir wollen nicht begreifen, dass auch sie Geld brauchen. In unserer romantischen Gedankenwelt neigen wir dazu, sie zu verklären und sie zu beobachten wie seltene Tiere im Zoo. Aber die Menschen dort oben, auf 1500 Meter Meereshöhe in den Alpen, auf 4000 Meter im Himalaja, auf 5000 Meter in Tibet, sind keine »Yetis«.

Am Samstag oder Sonntag, wenn wir – vielleicht die Ski geschultert – die Stadt weit hinter uns lassen und auf Tour gehen, schauen wir ganz gern beim letzten Hof vorbei. In den langen Ferien dann – in Nepal vielleicht – besuchen wir das höchste Kloster in Mustang. Ausgerechnet samstags oder sonntags oder in unseren Ferien, wenn die Einheimischen nach der für sie auch an Feiertagen nicht ausbleibenden Arbeit ihre Ruhe haben wollen.

In den Alpen sind inzwischen vielerorts die entlegensten Höfe mit Wegen erschlossen. Nur im Winter ist

▼ *Mustang ist ein verarmtes Land. Die kriegerischen Gurkhas haben es einst den Gebirgsregionen einverleibt, die den heutigen Staat Nepal bilden. Sieben Bezirke hat Mustang. Seine Bewohner waren in vergangenen Jahrhunderten untereinander verfeindet wie andere Sippen in den Bergen auch. Man verschanzte sich in Felshöhlen oder in den Bergen.*

es oft beschwerlich, dorthin zu kommen. Aber auch dann haben wir als Städter nicht das Recht, mit Wohltätergehabe aufzutreten, weil wir wissen wollen, wie es dem Bergbauern so geht. Nichts wissen wir von der Einsamkeit, von der harten Arbeit, von den Sorgen dieser Leute. Sicher, heute haben sie es leichter als früher. Aber auch heute gehören die Höfe und ihre Privatsphäre nicht uns.

»Heute ist das Leben viel schöner als zu der Zeit, als ich noch ein Kind war«, sagte mir der alte Stallwieser-Bauer im obersten Martelltal. »Früher musste man nach Goldrain hinuntergehen, um einzukaufen und auch, um unseren Speck zu verkaufen. Alles musste auf dem Rücken geschleppt werden. Von hier hinunter und dann wieder herauf, das waren jedes Mal fünf Gehstunden. Ich habe unzählige Male Mehl hinunter und Salz heraufgetragen. Heute gibt es die Straße.«

Heute tragen Touristen ihre Rucksäcke dort hinauf, freiwillig und als Ausgleich zu ihren in Büros »abgesesse-

nen« Wochentagen. Trotzdem, wir sollten nie vergessen, dass wir Gäste dort oben sind. Dankbar auch dafür, dass jemand die Felder bestellt, die Gehöfte pflegt, dort oben bleibt; dass jemand dafür sorgt, dass diese Kulturlandschaft erhalten bleibt.

Vielleicht hat der Locher-Bauer recht, wenn er sagt: »Ich glaube, es wird einmal sogar so weit kommen, dass die, die weggegangen sind, zurückkommen, denn das Leben in der Stadt wird immer härter und unmenschlicher.« Unsere Höfe müssen auf jeden Fall überleben. Weil viele weggegangen sind, könnten einige zurückkommen. Der Locher dazu: »Auch die Vögel kehren zum Sterben in ihre Nester zurück. Wenn meine Generation ausstirbt, werden vielleicht Verwandte den Hof übernehmen.«

▲ *Eingebettet in Schluchten und eine Wüstenlandschaft stehen in Mustang zahlreiche Klosterburgen. Ihre typischen Farben sind Schwarz, Rot und Blaugrau.*

Die Dörfer sind weiße Farbtupfer auf dem fast baumlosen Hochplateau. Am Wegrand stehen Stupas, kunstvoll mit Malerei verziert.

»Etwas Verborgenes. Geh' und finde es. Geh' und schau jenseits der Gebirge – jenseits der Gebirge, wo etwas verloren ist. Verloren und wartet auf dich. Geh!«

Rudyard Kipling

Wasser und Mühlen

Sepka ist ein winziger Weiler in jener tiefen Schlucht, über die wir von Juphal zum Phoksundosee aufsteigen. Auch jetzt, mitten im Winter, lag kein Schnee hier. Nur hoch oben an den steilen Felshängen donnerten ab und zu Nassschneelawinen nieder, die gottlob in irgendeinem flacheren Felskessel liegen blieben. Nur eine einzige Lawine hatte, Tage vorher, den Schluchtgrund erreicht. Über eine Rinne waren die Schneemassen über den Steig bis zum Bach gerutscht. Sepka selbst war verschont geblieben. Häuser und Felder waren ja auch so angelegt, dass sie sogar in schneereichen Wintern lawinensicher blieben.

Trotzdem, die Häuser waren leer. An diesem günstigen Überwinterungsplatz lebte seit Jahren keine Seele mehr. Die Wassergräben verfielen, die Mühle am Bachrand war eingestürzt. Vielleicht werden im Frühjahr noch ein paar Kartoffeläcker umgegraben und im Herbst beim Abstieg von den Hochflächen abgeerntet. Der Tag, an dem Sepka endgültig aufgegeben wird, ist nahe. Denn wenn die Bewässerungsgräben nicht mehr geflickt werden, beginnt der Exodus der Menschen. Das gilt für die Bergbauern am Vinschger Sonnenberg in Südtirol genauso wie für die trockenen Weiler in Hunza oder Singkiang. Auf die »Waale«, so nennen wir in Südtirol die Wassergräben, verzichten hieß immer schon den Ort aufgeben. Für immer. Denn niemand im Himalaja oder Karakorum kann sich eine moderne Beregnungsanlage leisten. Nicht nur, weil sich die Sache nicht rechnet, auch weil so viel Plastik und Eisen und Zement nicht in diese entlegenen Berggebiete hinaufgetragen werden können.

▼ *Westlich des oberen Kali Gandaki, zwischen Dhaulagiri Himal und der tibetischen Grenze, erstreckt sich das Gebiet von Dolpo, ein faszinierendes Bergland. Fast alle Dörfer liegen hier oberhalb der Baumgrenze. Die karg mit Gras bewachsenen Hochtäler zwischen 4000 und 5500 Meter Meereshöhe sind die Heimat der Dolpa.*

▶ *Wie die Dörfer der Sherpa sind die Dolpohäuser festungsartige Bauten. In Höhen von 5500 Metern bilden sie mit die höchstgelegenen Siedlungen der Erde. Da nur die Viehzucht ein Überleben garantiert, sind Yaks, Schafe und Ziegen der Wertmaßstab hier. Auch Land wird mit Vieh bezahlt. Der Landschaftscharakter ist tibetisch.*

WINTER- UND SOMMERDORF

Wenn der Tod ein Unsichtbarer wäre, könnte er im winterlichen Ringmo zu Hause sein! Hinter den Türen, in Fensterhöhlen, in den engen Gassen zwischen den Steinhäusern könnte er hausen.

Das Dorf Ringmo am Phoksundosee ist im Winter leer. Graue Steinmauern ragen aus einer völlig stillen Schneelandschaft. Als ob die Bewohner alle schlafen würden oder tot in ihren Häusern lägen. Wenn der Wind den Schnee von den flachen Hausdächern wirbelt, sieht es aus, als steige Rauch auf. Dazu aber ist kein Laut, keine Bewegung, kein Leben zu vernehmen.

Im Sommer lebt dieses Dorf in jedem Winkel. Kinder spielen zwischen den Tschörten, Yakkarawanen, die Salz aus Tibet bringen, kommen und gehen. Die Gompa, eine halbe Stunde seeeinwärts, wird mit Nahrungsmitteln versorgt und hoch oben sind die Yakherden und Hirten zu sehen.

Im Winter bleibt nur eine Handvoll Lamas im Kloster. Die Familien leben in der kalten Jahreszeit drei Tagesmärsche weiter unten im Tal. Ganz nahe am Fluss, aus dem die Felswände beiderseits steil ansteigen, schlagen gut hundert Dolpa Jahr für Jahr ihr Winterquartier auf, in kleinen Hütten zwischen riesigen Felstrümmern, die Schutz vor Steinschlag bieten. Ihre Yaks weiden die steilen Hänge ab, Schafe und Ziegen die Uferböschungen. Im April oder Mai ziehen Mensch und Tier wieder bergwärts, nach Ringmo.

▲ *In Nordtibet, im Sherpaland, in Dolpo und Manang
fand ich in 5000 Meter Meereshöhe Bergbewohner mit Dauer-
wohnsitz. Ja, die höchstgelegenen
Siedlungen der Erde dürften
irgendwo hier zu finden sein.*

▶ *Der Wintereinbruch, ob in
Manang, in Ser, dem höchstgelegenen Dorf im Diamirtal am
Nanga Parbat, oder in einem
Südtiroler Berggehöft hat immer
auch etwas Trauriges. Das Leben
schrumpft auf ein Minimum.*

Winter in Manang

Unendlich müde waren wir und die kleinen Schneekristalle, die der Wind von Süden herantrieb, trafen unsere Gesichter wie Nadeln. Und immer wieder in die Augen. Ob die zwei Stunden bis zur Dunkelheit reichten, bis Manang zu kommen? Ich wusste es nicht. Auch war der Weg so verschneit, dass ich Mühe hatte, ihn im trüben Winterlicht zu finden. Alles lag im Ungewissen. Wir waren vor dem ersten Schnee über den Torong La gekommen und im Schneetreiben bis zu einer Yakalm marschiert, die seit ein paar Wochen auch Trekkern offen stand.

Der Wirt, ein Tibeter, war allein zu Hause. Es brauchte trotzdem nicht viel Überredungskunst, uns zum Bleiben zu bewegen.

Er wies uns ein Lager in einem völlig dunklen Raum zu. Die Tür war zu schmal für die prallvollen Rucksäcke, die Fensterläden zugenagelt. Nur in der Küche war es heller und wärmer. Hier konnten wir alles vergessen. Wir drängten uns um den Herd, der vorne offen war und mit armlangen Holzscheiten beschürt wurde. Bei Salztee und Rakshi wärmten wir uns auf. Derweil trockneten Schuhe und Socken über der Feuerstelle. Draußen der Wind, der Schnee, die Ungewissheit.

Am anderen Vormittag gingen wir durch knietiefen Schnee bis nach Manang. Es schneite noch mehr als am Tag vorher, der Wind kam immer noch aus Süden und zu sehen war nichts.

Als Erste kam uns eine alte Frau, auf einen Stock gestützt, entgegen. Sie war so klein und mager, dass sie bei jedem Windstoß stehen blieb, offensichtlich um das Gleichgewicht nicht zu verlieren. Und sie ging gebückt. Suchte sie die Yakherde, die wir ein Stück weiter oben im Tal gesehen hatten? Die Tiere stapften seit Stunden, nach dürren Grasbüscheln scharrend, talaufwärts.

»Diese Menschen sind von Natur aus von angenehmem Wesen. Sie sind nicht feindselig, aber sie benehmen sich meist in einer Art, die für den Fremden völlig unbegründet erscheint — und im nächsten Augenblick ausgesprochen feinsinnig.«

Dor Bahadur Bista

▼ Nach wie vor leben die allermeisten Himalajabewohner als Träger und Selbstversorger. Sicher, die Ganges-Pilger bringen den Menschen vor Ort Arbeit, zugleich aber auch Leid und Ungerechtigkeit. Wird ihnen doch klar, wie armselig ihr Leben ist.

DIE SPEICHER
SIND VERSPERRT

Puri, ein Dorf an der orografisch linken Ganges-Schlucht, liegt etwa 400 Meter über dem heiligen Fluss, auf 2000 Meter Meereshöhe. Als ich vorbeikam, lebten 30 Familien dort, die meisten mit Kindern. Ein halbes Dutzend Häuser aber stand leer.

Die Felder am Dorfrand, der auf einer Schulter im Steilhang lag, waren in ungezählten Terrassen übereinander angelegt und mit Linsenfrüchten, Kartoffeln und

◄ Auch die Bewohner des südlichen Himalaja erscheinen im Alltagsleben schlicht und schmutzig. Während der lang andauernden Winterzeit spinnen die Männer in ihren Häusern Schafwolle, während die Frauen wollene Decken weben, die auf den Pilgermärkten ein beliebtes Handelsgut sind.

◄ Auch im Tal des heiligen Berges Shivling ist Kinderarbeit eine Selbstverständlichkeit. Dazu kommt eine grenzenlose Armut.

▼ Die hinduistische Elite teilt die Bergbewohner in der unteren Mitte ihrer Kastenhierarchie ein. Die Zugehörigkeit zu verschiedenen Clans spielt nur vor Ort eine Rolle.

Getreide bebaut. Nur die Gerste war reif und die hausdachgroßen Kornfelder leuchteten ockergelb unter einem monsunschweren Himmel.

Auf der anderen Seite des Tales, höher oben und nur über einen steilen Serpentinenpfad zu erreichen, lag ein ähnliches Dorf. Dort war die Gerste noch nicht reif, das Vieh aber, kleine dunkelfarbige Rinder, weidete in den schütteren Wäldern über den Häusern. Die Blechdächer glitzerten in der Sonne, wenn das Gewölk für einen Augenblick auseinanderriss und ein paar Sonnenstrahlen über die sattgrünen Hänge wischten.

Tief unten in der Schlucht tobten die schlammfarbenen Sturzwasser, die mit immer gleicher Wucht gegen Felswände schlugen, Steinklötze wälzten und immerzu talauswärts drängten.

Die Menschen in Puri – in ihren Gewohnheiten, ihrer Tracht, ihren Gesichtszügen den Bergstämmen in Westnepal ähnlich – lebten ihr Selbstversorgerdasein mit stoischer Ausdauer, wie viele andere Menschen in den Bergen auch: das Vieh im Keller, Brennholz wie eine Burgmauer um den Garten gehäuft, die Vorräte in einem separaten Häuschen versperrt. Diese Vorratskammern – den ehemaligen Kornkisten in den Alpen ähnlich, nur kleiner, viel kleiner – waren aus gehauenen Balken gezimmert, mit Schnitzwerk verziert und mit einem Vorhängeschloss verriegelt.

Die Ställe und Wohnhäuser hingegen standen offen. Sogar die Kisten auf den fauligen Balkonen von verlassenen Häusern schienen nicht abgesperrt zu sein. Nur diese separaten Vorratskammern waren unzugänglich. Alle! Auch wenn ihre Besitzer schon längst im Tal Arbeit gefunden hatten oder in einer der Megastädte Indiens bettelten. Es war als ob alle, auch die ehemaligen Vorräte heilig wären und niemals angetastet würden.

Zurück ins Mittelalter

Schon der flämische Franziskaner-Mönch Wilhelm von Rubruk hat vor 750 Jahren, zurück von seiner Reise in die Mongolei, erzählt, im fernen Land könne es im Sommer so trocken und im Winter so kalt werden, dass »Steine und Bäume zerspringen«. Nun, Katastrophenwinter gehören in den Bergen der Mongolei zum Lauf der Zeit. Das Klima ist kontinental, das Land trocken und im Winter von Schnee bedeckt. Vielerorts wird es minus 50 Grad kalt. Vom Baikalsee – einst mongolisches Territorium – werden öfters 60 Grad Minustemperaturen gemeldet. Eisige Winde peitschen über die Steppe und treiben Schnee und Sand vor sich her. Menschen erfrieren und Tiere verhungern. Wer hier nicht gelernt hat, nach herkömmlichen Rhythmen und als Selbstversorger zurechtzukommen, ist beim ersten strengen Winter verloren.

Nach trockenen Sommern können in schlimmen Wintern Millionen Tiere verenden: Pferde, Yaks, Ziegen, Schafe und Kamele. Für die Nomaden, die wieder mehr und mehr aufs Hochland zurückkehren, seit die Russen das Land verlassen haben, eine Katastrophe. Inzwischen lebt jeder zweite von seinen Tieren. Sie liefern Nahrung, Brennmaterial, Kleidung und Zelttücher und sie dienen beim Transport. Die Katastrophe aber ist, dass zu viele Nomaden zu viele Tiere halten. Überweidung und Dürren erlauben es vielen nicht mehr, ihre Tiere vor dem Winter aufzupäppeln und gegen die Kälte des Winters widerstandsfähig zu machen.

Von den fünf Nutztierarten, die in der Mongolei gezüchtet werden, hat das Pferd den geringsten Wirtschaftswert. Es bleibt aber eindeutig das am meisten geschätzte Tier. Die Mongolen wachsen auf dem Pferderücken auf und das Kämpfen lernen sie bei der Jagd. Kein Wunder, dass sie exzellente Reiter sind. Das alles

trifft auch heute wieder zu, nur ist vielerorts das Gleichgewicht abhanden gekommen. Die Dezimierung der Herden wie in den vergangenen Jahren haben die Nomaden früher so nie erlebt.

Nein, es ist nicht allein der »weiße Zud«, wie die Mongolen das Schneechaos nennen, das im Winter über ihr Hochland kommt und Verderben bringt. Die Menschen selbst tragen zum Viehsterben bei. Das Problem ist die Überweidung. Durch zu viele Tiere – heute sind es 30 Millionen – reicht das Futter nicht.

Im Sozialismus gehörten das Vieh und die Weiden der Kolchose. Sie bestimmte die Produktion. Es gab kaum Unterschiede im Wohlstand, da Löhne gezahlt und

◄ *Der Winter setzt in der Mongolei Mitte Oktober ein. Die Temperaturen fallen nachts dann bis auf minus 25 Grad Celsius. Im Januar sind Temperaturen zwischen minus 35 und 50 Grad Celsius möglich. Ein Nomadenvolk, das in Filzzelten lebt und auf Pferden reitet, die nicht viel größer als Ponys sind, hat einst Eurasien erobert. Die Lebensform der Mongolen – das nomadische Hirtentum – und die außergewöhnliche militärische Geschicklichkeit Dschingis Khans sowie seiner Nachfolger waren Voraussetzung für die Siegeszüge gewesen.*

▼ *Das Hochland der Mongolei liegt zwischen 2400 und 3400 Meter Meereshöhe. Die Landschaft ist kahl, es gibt weder Bäume noch Büsche. Die Berge und Täler sind mit vielen namentlich gekennzeichneten Lagerplätzen übersät, und jeder dieser Plätze ist zu einer bestimmten Zeit des Jahres bewohnbar. Normalerweise kommt immer wieder dieselbe Gemeinschaft dorthin. Das nomadische Hirtentum entstand wohl vor ungefähr 10.000 bis 12.000 Jahren. Vielleicht sogar gleichzeitig mit dem Feld- und Ackerbau. Ob die Hirtennomadenkultur der Ackerbaukultur vorausging, lasse ich offen. Jedenfalls stellte diese Art der Viehzucht eine Verbesserung gegenüber dem Jäger- und Sammlerdasein dar, das vorher alles menschliche Leben bestimmt hatte.*

jedem Haushalt ungefähr die gleiche Anzahl von Tieren zugewiesen wurden. Es ging niemandem um hohe Produktivität, also auch nicht um große Herden.

Im letzten Jahrzehnt, also nach dem Ende des Kommunismus, zogen zu viele Mongolen hinaus auf die Weiden. Und die Schneestürme fordern vor allem bei den Neu-Nomaden Opfer. Erfahrene Nomaden wissen sich seit Jahrtausenden zu helfen. Sie haben ihre vorgeschichtlichen Erfahrungen nicht vergessen. Wenn jetzt aber alle zurück in die Jurte wollen und die »Stadt-Nomaden« ein Leben wie im Mittelalter nicht beherrschen, beginnt eine unmenschliche Zeit der Selektion – zum Schaden aller.

▼► *Rechts Jaisalmer in Rajas-than. In Rajasthan wie im Reiche Saba wurden die Monsunwasser aus den Bergen für die Bewässerung gestaut. Und einmal im Jahr stieg man in die Berge, um Jagd auf den heiligen Steinbock zu machen. Bei Grillfleisch und Hammel-keule, gewürzt mit feinsten Kräutern, die damals schon aus Indien kamen, erholte man sich.*

Nomaden haben weltweit an Bedeutung verloren. Etwa 700 vor Christus hat ein Gründer-vater die Jemeniten geeint. In insgesamt acht Feldzügen gelang es, die umliegenden Königreiche zu zerschlagen und mit einer Blutgier sondergleichen das Reich Saba zusammenzuhalten.

ZYKLEN DER JÄHR-LICHEN WANDERUNG

Das Wirtschaftssystem der Nomaden – ob in der Mongo-lei, in der Taiga oder in Rajasthan – ist recht einfach. Die Familien züchten Schafe, Ziegen, Yaks oder Rentiere. Alles auf der Basis des natürlichen Zuchtprinzips. Das Vieh überlebt durch das Abgrasen von Weideland und wird nicht zusätzlich mit Futterpflanzen oder Getreide versorgt. Das Vertrauen auf die natürliche Vegetation ist die Basis dieser Lebenshaltung und die Natur wird als göttlich empfunden.

In der Changtang aber ist die Wachstumsperiode kurz. Mitte September sterben die Gräser ab, die Halme verdorren und eine wundervolle Pracht in Rotgelb kün-digt die gefährlichste Phase des Jahres an. Die neue Vegetation erscheint nicht vor Anfang Mai des nächsten Jahres. Die Versorgung der Tiere wird also äußerst schwierig. Heute versucht die Zentralregierung in Peking, die Nomaden in Tibet sesshaft zu machen. Ähn-lich war es in der Taiga am Südrand Sibiriens. In den

sechziger Jahren drängte die mongolische Regierung die Taigamenschen, an einem Ort zu bleiben. Man beschlagnahmte ihre Rentiere und zahlte ein bescheidenes Gehalt an die Hirten. Das Experiment ist misslungen. Zum Glück.

Aber auch Nomaden müssen ständig dazulernen. Und die Entwicklung ihrer Landwirtschaft ist wichtig für ihr Selbstvertrauen. Nur wenn sie mit Selbstverständnis Nomaden bleiben, vertrauen sie sich und nicht nur dem Schamanen.

Schamanen gelten bei Nomadenkulturen immer noch als zauberkundige religiöse Autoritäten, die sich in Ekstase versetzen, um Geister anzurufen, die Zukunft vorherzusagen und Krankheiten zu heilen. Sie setzen verschiedene Kräuter gegen Zweifel ein, und bei besonders ernsten Erkrankungen wird ein Rentierbulle, ein Schaf oder was weiß ich geopfert. Es sind so grundverschiedene Lebensstile, so unterschiedliche Wertvorstellungen, die sich gegenüberstehen, zwischen uns und Yaknomaden zum Beispiel, dass jede Aufklärung scheitern muss.

Viele Jugendliche in den Industrieländern aber, die sich nicht abfinden wollen mit den »Errungenschaften« des Kommunikationszeitalters – Leistungsdruck, Sozialgefälle, Arbeitslosigkeit und fehlende gesellschaftliche Perspektive – haben nur selten die Möglichkeit, in jene Welt der sich selbst versorgenden Nomaden auszusteigen, die ihnen die Augen öffnen könnte.

IN DEN BERGEN AMERIKAS

»WIE KANN MAN DEN HIMMEL KAUFEN ODER VERKAUFEN – ODER DIE WÄRME DER ERDE? DIESE VORSTELLUNG IST UNS FREMD. WENN WIR DIE FRISCHE DER LUFT UND DAS GLITZERN DES WASSERS NICHT BESITZEN – WIE KÖNNT IHR SIE VON UNS KAUFEN?«

Indianer-Häuptling, Seattle

◄ *Es sind nicht nur Höhe und Weite, die eine Region, wie die am Fuße des Fitz Roy in Patagonien, zu einem Berggebiet machen – es sind auch die harten Winter, die karge Vegetation und der ständige Wind.*

AUF DEN HÖHEN DER ANDEN

Die Armut, die ich in den Hochtälern Perus vorgefunden habe, war nicht schlimmer als die in anderen Berggebieten, sie war nur schockierender.

Um die Menschen dort begreifen zu können, wäre für uns Wohlstandseuropäer der plötzliche Verlust unseres Vermögens und die Aufgabe des Glaubens an die Allmächtigkeit des Kapitals Voraussetzung.

Vielleicht könnten wir dann das Spiel des Augenblicks, die Zukunft, den Zufall ähnlich wie sie erleben. Ängste und Hoffnung dieser Menschen sind ganz andere als die unseren. Weil sie alles verloren haben.

► *Volksfest in den Anden Ecuadors. Einmal im Jahr treffen sich die Bergbewohner am Fuße des Chimborazo und singen, tanzen und lachen zusammen. Ihre Maskentänze gleichen denen bei ähnlichen Zusammenkünften in den Alpen, in Westnepal und in Neuguinea.*

VEDRÄNGT IN UNWEGSAME ANDENTÄLER

RVon der einst eisernen Disziplin, der überlegenen Planung, der Kultur und Lebensfreude der Inkas ist bei den heutigen Indios, die in den höchsten Tälern der Anden ihr karges Dasein fristen, nicht viel zu spüren. Viele von ihnen leben in trostloser Armut, Unterwürfigkeit und ohne Hoffnung auf eine bessere Zukunft. Tausende von ihnen treffen sich zwar noch einmal im Jahr zum großen Fest des Sonnengottes in Cuzco, der alten Hauptstadt des Inkareiches, aber es ist das Treffen eines Volkes, dem die Seele abhanden gekommen ist. Ihr Lebenswille ist schwach, die alte Kultur durch die spanischen Eroberer zerstört, ihre Gesundheit geschwächt. In ihrer Arbeit beschränken sie sich auf die Beschaffung des Allernotwendigsten: ein paar Kartoffeln, etwas Mais, eine Hütte, die oft nur unzulänglichen Schutz vor Kälte und Regen bietet. Sie kleiden sich in farbige Ponchos und tragen oft abenteuerliche Hüte; nicht selten aber haben ihre Augen den Glanz des gewohnheitsmäßigen Coca-Konsumenten. Die allermeisten von ihnen machen trotz des äußerlich gleichmütig-frohen Wesens einen schicksalsergebenen Eindruck. Als würde ihnen der Wille zur Verbesserung der Lage fehlen. Die Traurigkeit, die Apathie, die über diesen Bergmenschen liegt, klingen auch in ihren Liedern nach, die weithin über die ockerfarbene Weite des Hochlandes zu hören sind. Von den Künsten ihrer Urahnen wissen die Indios nichts mehr: der Schmuck, den sie tragen, die Geräte, die sie benutzen, sind neu und aus Plastik, Blech oder Aluminium. Wie bei uns.

Trotz allem sind diese Hochlandbewohner stark mit ihrem Lebensraum verwurzelt. Golden leuchten im Sommer die kleinen Kornäcker; auf winzigen Flächen steht Mais; die Kartoffeln werden im Juni ausgegraben und müssen im Juli neu gesteckt werden. Schafe, einige Kühe, Pferde und Esel, ein paar Schweine und Hühner werden als Haustiere gehalten.

Unter sich pflegen die Indios einen ausgesprochenen Gemeinschaftsgeist, aber auch Europäern gegenüber sind sie – obwohl sie selbst nie weiße Freunde kannten – freundlich.

▲ *Indiokinder aus Pokpa, Peru.*

TOD IN POKPA

Es war am dritten Tag des Rückmarsches aus der Cordillera Huayhuash in den peruanischen Anden. Es war früher Nachmittag, als ich durch das kärgliche Pokpa marschierte. Die Maultiere mit den wenigen übriggebliebenen Expeditionsgütern mögen gute zwei Stunden zurück gewesen sein. Zur Rast setzte ich mich auf einen der hauslangen Holzstämme, die im Schatten einer rissigen Trockenmauer lagen. Es war sehr heiß, und der Wind trieb einige Papierfetzen vor sich her, die immer dann, wenn sie den braunen Lehmboden berührten, winzige Staubwolken aufwirbelten. Der Dorfplatz, der beim Anmarsch fünf Wochen vorher von regem Treiben erfüllt gewesen war, war leer, wie ausgestorben die lang gezogenen Lehmhütten und aus den Türöffnungen gähnte mir Stille entgegen.

Einen Monat lang hatte ich in den Bergen verbracht, fern von jeder menschlichen Behausung und ich hatte mich auf diesen Tag, auf das Wiedersehen mit den Indios von Pokpa gefreut: auf das Lachen der Kinder, das Hin und Her im Dorf, die Rufe der Arrieros. Nun aber war es so still im Dorf, so traurig, so bedrückend, so unheimlich leer.

Was war denn geschehen? Ein alter Mann setzte sich zu mir und erzählte: Ein Kind war gestorben. Ein fröhlicher, gesunder Knabe. An diesem Vormittag. Plötzlich tot. Jemand hatte ihn am Dorfrand aufgehoben, leblos, kalt, blass. Vergiftet vielleicht. Oder getötet von den Göttern? Wer weiß? Unser Expeditionsarzt sollte doch herausfinden, woran der Knabe gestorben war und warum. – Aber er konnte es nicht.

Alle drängten sich in einem Innenhof um den toten Knaben: Frauen weinten; seine Mutter schien starr vor Schmerz; Kinder wimmerten leise vor sich hin; sogar die Blätter der wenigen Bäume im Ort hingen welk von den Ästen. Alles Leben im Dorf schien kollektiv in das Klageweinen der Angehörigen miteinzustimmen. Auch ich, der ich froh der schönen Tage und der Erfolge am Berg heimwärts gezogen war, wurde unwillkürlich in diesen allgemeinen Schmerz getaucht, und dies alles, obwohl ich den Knaben nicht gekannt, nie gesehen hatte.

Die allgemeine Trauer in Pokpa bestand nicht nur aus dem seelischen Schmerz der Menschen und den Ritualen, die ich aus zahlreichen Trauerzügen kannte, sie erfüllt ein ganzes Dorf. Ich sah diese Trauer im Gang der Menschen und an den Färbungen ihrer Kleider; hörte sie aus den Tönen der Kirchenglocken und roch sie mit den Gerüchen in der Dorfstraße. Sie klang aus dem Gemurmel, das über der Menge lag, und blieb beim Auseinandergehen der Menschen zurück.

Gewiss trug die Seele den Schmerz, und gewiss war das viele Klagen und Weinen auch Äußerlichkeit, so wie die Trachten und Moden Äußerlichkeit sind. Aber man muss diese äußerlichen und sinnlichen Gebärden erlebt haben, um Tod und Leben eines Volkes zu verstehen. Ich habe die Menschen in Pokpa leiden gesehen, weil ein Kind gestorben war, und auch ich litt dabei nicht nur mit dem Herzen allein.

▲ *In den Bergen Perus und Boliviens, aber auch in Mexiko, Chile und Ecuador, in 2600 bis 4000 Meter Meereshöhe, leben heute noch viele Indios, Nachkommen aus dem Inkareich, das einst der größte Staat Amerikas war. Sie sind vorwiegend Christen.*

»ICH SASS AUF EINER ANHÖHE UND BEWUNDERTE EIN LETZTES MAL DEN SONNENUNTERGANG, DER DAS GANZE TAL IN EINE RÖTLICH-KUPFERBRAUNE FARBE TAUCHTE. MIR FIELEN WIEDER DIE WORTE MILAGROS EIN. DIESES IST UNSER LAND, VON ANBEGINN AN, SEIT UNENDLICH LANGER ZEIT, ALS WIR IN DIE SIERRA FIELEN, UND WIR WOLLEN DAS BLEIBEN, WAS WIR SIND.«

Wolfgang Traudt

◄▲ Die Puna mit ihrer steppenartigen Vegetation wird im Osten und Westen von hohen, kahlen Gebirgszügen eingerahmt, deren schneebedeckte Gipfel bis über 6000 Meter Höhe aufragen.

KEINE ZUFLUCHT IN DER PUNA DE ATACAMA

Quetena in Bolivien ist kein Dorf, höchstens ein Kaff. Obwohl sich hier die letzten Spuren des Lebens zu bündeln scheinen, Quetena ist kein Ort zum Bleiben. Nur wüstenhafte Berge drumherum, die Farbe des Hochlands ist braun.

Unter den jagenden Wolken leuchten, kurz, wenn sonnenbeschienen, weiße Bergflanken auf. Aber da ist kein Schnee. Weißer Staub nur ist zu sehen.

Quetena, das sind drei Häuserzeilen mit zwei Wegen dazwischen: ein Dorfplatz mit Brunnen und eine kleine

Kirche, deren plumper Turm nur noch als Antennenaufhängung genutzt wird. Es gibt keinen Strom, keine Bar und keinen Schutz in Quetana, und wer den Ort hinter sich lässt, findet zwar noch ein paar winzige Siedlungen, Lamahirten irgendwo in Lehmziegelhütten zwischen Felsen, aber wieder keine Zuflucht. Die gesamte Puna de Atacama ist kein Platz zum Bleiben. Immerzu zerrt der Wind. Staubwolken, die gegen Abend auf die ausgedörrten Flusstäler zukommen, sind wie Herden von Schafen oder Lamas, die von den Weiden zurückkommen.

Trotzdem keine Weltuntergangsstimmung. Die wenigen Menschen und sogar die Tiere hier scheinen auf ein Wunder zu warten. Regen und Grün und Wärme ohne Wind heißen ihre Tagträume. Warum sollten die Menschen hier ausharren in 4000 Meter Meereshöhe, wenn nicht mit einem Wunder zu rechnen wäre? Eisige Stürme im Winter, Staub im Sommer! Diese Dürre und den alles Leben raubenden Wind, der von den Sechstau-

◄ *1532 zog eine kleine Gruppe bewaffneter Spanier mit ihrem Anführer Francisco Pizarro in das leer stehende Zentrum der Inkastadt Cajamarca im peruanischen Hochland ein. Damit begann das Ende einer großen Kultur und die Neuzeit eines Kontinents.*
In den vergangenen 100 Jahren wurde die archäologische Forschung in den Andengebieten intensiviert. Zahlreiche nordamerikanische und europäische Forschungsmissionen machen ersichtlich, was ihre Vorfahren ausgelöscht haben: eine Reihe von Bergkulturen ohnegleichen.

sendern herabfällt, auf die die Inkas einst gestiegen sind, um der Sonne näher zu sein, erträgt man auf Dauer nur in Erwartung der großen Umkehr zum Guten. Aber wo sind die weithin sichtbaren Zeichen?

Was hält Menschen so hoch oben in den Bergen, Menschen die aus der Vergangenheit wissen, dass die Zukunft noch trockener, windiger und kälter sein wird: Hoffnung oder Selbstbetrug?

Wer lange in der Trostlosigkeit einer Hochwüste lebt, verträgt Wind und Kälte auch nicht besser als Menschen aus gemäßigten Zonen! Nur wer einmal blühende Rosen und einen funktionierenden Holzofen erlebt hat, sieht – wenigstens in seiner Vorstellung – statt dürrem, gefrorenem Gras immerzu Rasen und statt einer zugigen Hütte ein Haus, rauchgeschwärzt vielleicht, aber dazu Gesellschaft und Feuer und Schutz vor Wind und Nacht.

Wie Windgeister spielen die Kinder Fußball am Dorfrand. Einen Augenblick lang geben sie das Bild von glücklichen Menschen ab und während ich die staubigen

Wege ein zweites Mal entlanggehe, schießt einer ein Tor. Die Erwachsenen aber und die anderen Kinder huschen weiter durch dieses Wüstenkaff, das bald so leer sein wird wie der Rest der ausgedörrten Puna de Atacama.

▲ ▶ *Ob in Lodges in Lukla, am Markt in Namche Bazar, am Trägerrastplatz in Tenboche unter der Ama Dablam in Nepal, auf der Aussichtsplattform in der Puna de Atacama oder in Machu Picchu – der Tourismus nimmt alles in Besitz. Diese sagenumwobene Inkastadt liegt auf der dem Tiefland des Amazonas zugewandten Seite der peruanischen Anden. Sie thront 200 Meter über einer Flussschleife des Urumba und 2350 Meter über dem Meeresspiegel. Bald aber könnte Machu Picchu abrutschen. Der einzige Zugang führt über den gefährdeten Kammpfad, und trotzdem bricht der Touristenstrom dorthin nicht ab.*

DIE WERTE DES BLEIBENS

Kein Zweifel, wir haben es weit gebracht in den Industrienationen. Global vernetzt und sozial einigermaßen abgesichert beherrschen wir die Welt und unser Geld die Kapitalmärkte. Und doch hat es den Anschein, als lebten wir in ständiger Angst. Alarmzustand reiht sich an Alarmzustand, Notstandsprogramm an Notstandsprogramm. Bedroht von Energiemangel und Klimakatastrophe,

erschrocken wegen Aids und Nahrungsmittelvergiftung, besorgt um Regenwald und Artenvielfalt, schwinden Hoffnung und Lebensfreude.

Eine wahre Tragödie aber geht ohne Selbstvorwürfe oder Zweifel, ja sogar ohne unsere Anteilnahme zu Ende: der Untergang der Bergvölker. Viele von uns glauben sogar, dass es unser Verdienst ist, wenn die Landflucht aus den Bergen ihrem letzten Akt entgegengeht. Zum Vorteil der Städte. »Müssen die Bergvölker verschwinden?«, frage ich mich und alle meine Leser.

Vielleicht werden wir uns also bald nur noch in unseren Museen an sie erinnern, an die Hunza und Sherpa, Walser und Indios; an die Stammesgesellschaften

Wenn wir die Bergmenschen alle »zivilisieren«, werden sie wie wir, unseresgleichen. Wie aber sollten spätere Generationen begreifen, was mit dem Untergang der Bergkulturen verloren gegangen ist? Wer vermisst denn etwas Nie-Gekanntes?

Vor 100 Jahren noch gehörte den Bergvölkern ein Drittel der Fläche der festen Erde. Aber die Menschen in den Bergen haben keine eigenen Staaten gegründet, ihre Religionen nicht für sich behalten, kaum Industrie aufgebaut. Sie expandierten nicht, sie missionierten nicht. Ihr Geld wurde nicht in Aktien investiert, ihr Know-how nie patentiert. Sie wurden erobert, eingegliedert, missioniert, ohne sich wehren zu können. Womit auch? Mehr als Exoten für Kolonialisten sind sie nie gewesen. Sie existieren zwar, doch sie zählen nicht. Sicher, wir besuchen sie, als Entwicklungshelfer oder Trekker, zollen ihnen Respekt, bezahlen für ihre Dienstleistung, aber verstehen tun wir sie nicht. Wie also sollen sie den ihnen entsprechenden Tourismus entwickeln?

Wenn materielle Armut gleichzusetzen wäre mit kultureller Diaspora – wir könnten in unserem globalen Markt auf die Kultur der Kaukasier, Massai und Tuareg verzichten. Aber all diese Bergstämme haben so viel Lebenserfahrung in Überlebensfragen, dass wir auf ihr Erbe angewiesen sein könnten: Empfindungsreichtum, ökonomische Genügsamkeit, Respekt vor der Schöpfung. Dies alles zu bewahren wäre wichtiger als sie alle zu unseresgleichen zu machen. Dass Khampas, Kalash und Kurden übrigens nichts daran liegt, ihre Welt in eine Mischung aus Gefängnis und Freizeitpark, Warenhaus und Mülldeponie zu verwandeln, ist keine Zivilisationsverweigerung. Nein, es müssen nicht alle so werden wie wir. Bergmenschen brauchen ihr ureigenes Selbstverständnis, Werte, die ihrer Lebenshaltung entspringen; Rechte am Land, auf dem sie leben; Schulen, die auf dem Wertesystem ihrer Kultur und nicht dem der Industriegesellschaft gründen. Sie selbst sollen den Grad ihrer Armut und Isolation bestimmen können. Vielleicht hätten die Letzten ganz oben dann doch noch eine Chance zu bleiben, wo nur sie überleben können.

ohne Vertreter; die Überlebensgemeinschaften ohne Nation; die Ureinwohner ferner Kontinente? In einigen Jahrzehnten könnten wir sie verdrängt, integriert, assimiliert – oder ganz einfach eliminiert haben. Aber wenn wir dem letzten Khampa seinen Stolz, dem Dani in Neuguinea seinen Penisköcher und der Ladakhifrau ihren Türkisschmuck abgenommen haben, um ihn in unseren Rucksack zu stecken, wird es zu spät sein. Denn wenn wir dann unter irgendeinem Wellblechdach oder in irgendeinem Hoteldorf unseren Buttertee trinken und von früheren Zeiten schwärmen, wird niemand mehr wissen, was genau verloren gegangen ist. Die Wege und Häuser und Lebensarten werden sein wie unsere auch.

Window Rock und die Dritte Welt

Die Zugehörigkeit zur athapaskischen Sprachfamilie, deren Hauptverbreitungsgebiet in Zentral-Alaska und im Westen des kanadischen Binnenlandes liegt, weisen die Südathapasken (Apache-Gruppen und Navajo) als Nordmenschen aus. Sie müssen aus der subarktischen Taiga gekommen sein. Man vermutet, dass sie sich einst von ihren Verwandten trennten und entlang der Rocky Mountains als Jäger, Sammler und Fischer nach Süden zogen. Das muss vor etwa 1000 Jahren gewesen sein. Ihre

◄ Die Navajo sind erst im 17. Jahrhundert in ihr heutiges Siedlungsgebiet gekommen. Eingewandert aus dem Norden. Sie kannten also die Kälte. Strenge Winter stellen auch heute harte Anforderungen an Mensch und Tier. Der Schnee bleibt oft monatelang liegen, und die Temperatur kann bis auf minus 30 Grad Celsius sinken. Schaf- und Ziegenherden werden auch bei Schnee und Kälte auf die Weide getrieben und Pferde waren und sind der Stolz des Navajomannes.

▲ Wie die Navajo heute bauten die Maya schon vor 2900 Jahren Schwitzhütten, eine erste Form der Sauna. Man benutzt sie auch für religiöse Rituale.

◄ Am Fuße des heiligen Berges (S. Francisco Peak) und der bis zu 300 Meter aufragenden Canyonwände unterhalten Navajo heute noch Weideflächen und kleine Felder. Ihre Hogans bewohnen sie in der Winterzeit; im Sommer leben sie auf der Hochebene oder in einem der neuen Häuser im Städtchen Window Rock.

Wanderung aus dem hohen Norden war wie eine langsame Expansion in neue, kaum bewohnte Gebiete. Stimuliert vielleicht durch Hungersnöte bei zunehmender Populationsdichte in der Arktis. Dabei boten die Rocky Mountains den Einwanderern ähnliche Bedingungen wie ihre alte Heimat.

Im Verlauf ihrer Migration entwickelten sie Überlebensstrategien, die sie später eine brutale Umsiedlung überleben ließ. Das heutige Reservat der Navajo, die sich seit 1988 »Nation« nennen, ist etwas kleiner als Bayern und wird von rund 170.000 Menschen bewohnt. Es wird wegen des Zusammentreffens von vier Bundesstaaten dort – New Mexico, Arizona, Colorado und Utah – Four-Corners-Region genannt.

Hinter ihrer Hauptstadt Window Rock beginnt die Dritte Welt. Der berühmte Felsen ist aus Sandstein und hat ein Loch, das Fenster, das dem Ort den Namen gab. Spirituelle Traditionen, Institutionen, Veteranenpark – alles ist in Window Rock konzentriert. Auch regiert wird hier. Der 88-köpfige Stammesrat verhandelt ausschließlich in Navajo. Im Navajo Nation Museum sind Formen, Lebensweisen und überlieferte Muster der Navajo erhalten geblieben – wie zum Beispiel der Hogan, ein sechs- oder achteckiger Rundbau. Im täglichen Leben aber ist von einer eigenständigen Kultur kaum noch etwas zu sehen. Alles ist amerikanisiert, Plastikwelt.

Ursprünglich kannten die Navajo, wie fast alle Sammler- und Jägervölker, keine zentrale Autorität. Jede Gruppe agierte politisch autonom. Nur anlässlich größerer Zeremonien, bei der Schlichtung gruppeninterner Streitigkeiten oder zur Verteidigung schlossen sich einzelne Verbände zeitweilig unter einem allseits respektierten Führer zusammen, der kurzzeitig ihr Sprecher wurde.

Ich habe eine solche Zeremonie erlebt: den Bau einer Schwitzhütte. In dieser einen Nacht, weit weg von der Hauptstadt Window Rock, konnte ich verstehen, dass die Navajo ihr Gebiet, einen einmaligen Siedlungsraum im Gebirge, lieben. Genau in der Mitte zwischen ihren vier Heiligen Bergen ist ihre Welt. Hier können sie sich als das Volk fühlen, das für diese Gegend geschaffen ist.

Vertrauen ins Land

Es war früher Morgen, hoch oben an den Hängen des Chimborazo. Und es war bewölkt, neblig und noch dunkel. Also konnte ich nicht sagen, ob Sommer, Winter oder Herbst war. Alle Jahreszeiten hier sind ja gleich. Vor den Hütten lag schmutziger Schnee. Auf einer der Türschwellen – mit einem Lamafell belegt – saß eine Alte. Vor ihr – auf den wenigen trockenen Flecken – hockten im Halbkreis am Boden ein paar Kinder, die sichtlich froren. Trotzdem johlten sie, schwatzten über das Fest und den Schnee, der über Nacht gefallen war und bestürmten die Alte mit Fragen. Diese aber saß nur da und weißgelbes Haar hing in dünnen Strähnen um ihr ledernes Gesicht. Sie hatte ein weitsichtiges Antlitz. Als erwachte hinter ihrer gerunzelten Stirn die Erinnerung an 1000 Jahre Sommer und Winter in den Bergen. So starrte sie in den kaltfeuchten Nebel, der immer noch mit Schneeflocken durchmischt war.

Es sind nicht die Selbstversorger – die Eskimos in Grönland, die Indianer in ihren Reservaten sind es, die ihr Selbstverständnis aufgegeben haben. Denn der Kampf ums Überleben, auch Mangel und die Erinnerung an den Tod macht die Bergstämme stark. Nein, es ist nicht die Armut, die Menschen aushöhlt, es ist die oft kopflose Unterstützung von außen. Zusammen und mit ihren Mitteln nur könnten sie gegen ein drittes oder viertes Untergehen ankämpfen.

Helfen soll den Bergmenschen niemand. Sie müssen sich selbst helfen. Aber oft verdrängt, verfolgt, umgesiedelt haben sie das Vertrauen in ihr Land verloren. Nur dort aber könnten ihnen Zivilisation und Armut nichts anhaben.

Warum beschwören Schamanen überall in den Bergen die bösen Geister? Um sie zu Gegnern zu schicken? Nein, bei Festen wird gefeiert, und man putscht sich mit halluzinogenen Drogen auf. Alte Riten werden dabei geprobt, neue besprochen – Überlebensstrategien?

»DIE HAUPTAUFGABE DER MISSIONARE WAR ES, DEN CHRISTLICHEN GLAUBEN ZU DEN HEIDEN ZU BRINGEN. EIN WEITERES ZIEL WAR ES, IHNEN SPANISCH BEIZUBRINGEN UND SIE MIT GELD BEKANNT ZU MACHEN.«

Spruch der Indios

▲ Wer versteckt sich hinter dieser Maske? Ob Tiere, Charaktere oder Ungeheuer dargestellt werden, bei allen Maskenfesten geht es um Sinnbilder und die lange Vorgeschichte dazu, die bei Bergvölkern nicht im Dunkeln zu liegen scheint. Auch das Menschliche hat animalische Wurzeln.

◄◄ Maskenfest in den Anden Ecuadors – kein religiöses Fest. Einen ganzen Tag und eine Nacht lang tanzen, essen und singen die Indios miteinander. Vor allem reden sie miteinander.

◄ Fast täglich holen »Eisverkäufer« Eisstücke von den Gletscherrändern des Chimborazo. In Heu verpackt tragen Esel die Eisblöcke bis nach Riobamba. Auf dem Markt wird das Eis in Stücke gehackt und verkauft.

»VOR DIESER LANDSCHAFT, DEREN GRÖSSE
EINEM DIE KEHLE ZUSCHNÜRT, STREICHT
DER MENSCH SICH MIT JEDEM GEDANKEN
AUS, DER IHRE SCHÖNHEIT NICHT
ERTRÄGT.«
                                        Albert Camus

▼ *Es ist schwierig geworden, in den südlichen Anden zu überleben. Fleisch und Wolle haben einen Spottpreis und die Winterstürme töten die Herden. Viele Haziendas am Ostrand der Anden stehen deshalb zum Verkauf.*

VON AUSSEN UND VON INNEN

Mit Expeditionen, die vorwiegend bergsteigerische Ziele verfolgten, verließ ich erstmals meinen Kulturraum und lernte nach und nach fremde Länder in allen Kontinenten kennen. Als ich endlich auch nach Patagonien gekommen war, interessierten mich die Menschen am Fuße der großen Gebirge mehr als deren Gipfel. Was mich dabei vor allem beeindruckte, mehr noch als all die fremden Gestalten, Riten und Lebensweisen, war das Selbstverständnis, das diese Bergmenschen ausstrahlen. Bei den ärmsten Trägern, Menschen, die nur zu dienen gelernt haben, fand ich ein Selbstvertrauen, das dem hundertfach versicherten Städter abgeht. Es ist nicht Stolz, was diese Naturmenschen der wachsenden Lebensangst des Wohlstandsbürgers entgegenhalten, es ist die Lebensweisheit des Selbstversorgers und das Vertrauen in die Erde.

Wer bedenkt, wie schwierig es ist, im windigen Patagonien Schafzucht zu betreiben – mit Trockenperioden, Schneefällen im Winter, Stürmen das ganze Jahr über, der nächste Markt 400 Kilometer entfernt – wird Respekt aufbringen müssen für Gauchos und Locos, die geblieben sind oder von weiß Gott woher gekommen sind, um ihr Auskommen zu finden.

Vor 15 Jahren wurde mir unterm Fitz Roy in Patagonien ein kleines Anwesen angeboten und der Platz gefiel mir. Beinahe hätte ich zugeschlagen. In der Ahnung aber, dass zuletzt Touristen auch hierher kommen würden und als unsteter Geist, der ich bin, zog ich weiter. Immer wieder kam ich zurück nach Südtirol, das Land, das ich nicht endgültig verlassen kann.

Heute betreibe ich in Südtirol zwei Bergbauernhöfe – einen in Sulden am Ortler, einen in Juval. Ich kenne also die Probleme der Berglandwirtschaft aus erster Hand, ich kenne sie von innen.

▲ *Verlassene Hazienda in Patagonien, dahinter der Granitgipfel des Fitz Roy. Bevor die Touristen kamen, lebten Schäfer hier und ein paar Desperados, die ihre Einsamkeit mit Whisky ersäuften.*

»OBWOHL DU EIN GEMACH HÄUFTEST MIT GOLD UND SILBER, OBWOHL DU IHM ALLES GESCHENKT, HAT DICH DER WEISSE FEIND, GEBLENDET VOM TRIUMPH SEINES NIEDERTRÄCHTIGEN HERZENS, FÜR IMMER VERFÜHRT VON SEINER WACHSENDEN HABSUCHT, HAT DICH DER WEISSE FEIND ERHÄNGT.«

Trauerlied in Ketschua-Sprache

◄ *Nein, die Maske verrät nicht mehr über arme Menschen als ihr Gesicht. Trotz Hexentanz und Mummenschanz bleibt die Welt jenseits der Theaterbühne für Indios und Tibeter also Realität.*

► *Trotz aller Verwandlungslust der Bergvölker – in Afrika, Amerika, Asien, Ozeanien und Europa bis in die Arktis – blieben die Menschen in den Bergen Fußgänger.*

► *In Afrika, an der Wiege der Menschheit, fanden vermutlich die ersten Maskeraden statt. Schon prähistorische Jäger versuchten die Zutraulichkeit der Antilopen zu gewinnen, indem sie Tierkopfimitate aus Leder schwenkten. Später setzten sie ähnliche Utensilien schon vor der Jagd ein, um die Opfer zu verzaubern oder das eigene Glück zu beschwören. Um den Winter auszutreiben, stülpen sich Bauern in den Alpen heute noch Masken über und nicht selten verstecken Kinder ihre Angst und Armut hinter Masken.*

KUCHERLA

Die folgende Geschichte könnte überall in den Bergregionen der Erde spielen. Ich habe sie dem Amerika-Teil zugeordnet, weil diese Aussagen über das Altaigebirge hinausgehen.

Kucherla ist ein kleines Bergdorf im Süden Sibiriens. Wie das Dorf heißt auch der Fluss, der aus den vergletscherten Altaibergen kommt und sein magermilchweißes Wasser am Dorfrand vorbei zu einem Strom bringt, der weiter unten zum Ob wird, jenem gewaltigen Gewässer, das sich nochmals tausende Kilometer weiter im Norden ins sibirische Eismeer schiebt.

Sibirien ist groß. Viel größer als wir uns ein Land vorstellen können. Die Dörfer am Nordfuß des Altaigebirges aber sind winzig klein, arm und von einer so starken melancholischen Ausstrahlung, dass man bleiben möchte, um zu helfen.

Diese Täler sind seit Jahrtausenden begangen und besiedelt, wie neolithische Felszeichnungen belegen, die entlang des Kucherla gefunden worden sind. Noch im letzten Jahrhundert folgten die mongolischen Bauern hier einem Lebensrhythmus zwischen Weidewirtschaft hoch oben am Berg im Sommer und Stillstand im Winter

Jahrhunderten. Auch den köstlichen Kefir gibt es noch und den kurzen Sommer über frische Kräuter, etwas Gemüse, Waldbeeren und Honig. Üppig wachsen zwischen den Häusergruppen Kartoffelstauden, Salat und Rüben. Der Maschinenpark am Dorfrand aber gleicht einem Friedhof. Über ein Fußballfeld großes Areal verstreut liegen kaputte Ersatzteile und funktionsuntüchtige Maschinen, die weiter rosten und nicht zusammenpassen wollen. Auch die Gemeinschaftsställe sind verwaist. In kleinen Unterständen halten die einzelnen Bauernfamilien zwar noch ein paar Schafe, Schweine und Kühe, auf die Almen aber ziehen sie den Sommer über nicht mehr. Nur gejagt wird noch.

Viele junge Männer gehen auf die Steinbockjagd und die meisten von ihnen halten Pferde, die sie als Trag- und Reittiere geschickt einzusetzen wissen. Im 35 Kilometer langen Waldtal des Kucherla aber, zwischen 900 und 3000 Meter Meereshöhe gelegen, sind die alten Wege längst zugewachsen. Auch Brücken gibt es dort nicht mehr. Nur weil das Gehörn der Steinböcke wertvoll ist, werden die Tiere gejagt. Bis hinauf unter die Gletscher des Belucha, eines heiligen Berges, der die Grenze zu Kasachstan markiert.

Früher brachte man eine ausgefallene Jagdtrophäe einem Schamanen, heute bringt man sie in die Fabrik, wo aus Steinbockhörnern ein Aphrodisiakum hergestellt wird für den japanischen, europäischen und amerikanischen Markt. Wie früher knüpft man in diesen Bergen immer noch weiße Stoffstreifen an die Äste von Bäumen, die Übergänge oder Ausblickpunkte markieren. Aber wer weiß noch, was sie bedeuten? Ich habe Kinder zwischen rostigen Maschinenwracks »Ausländer« spielen sehen. Einige hatten dabei gehörnte Masken vor dem Gesicht.

Unter der Herrschaft von Peter dem Großen waren mehr und mehr Russen in das Land der Bergmongolen im Altaigebirge gekommen. Mit dem Kommunismus kam dann die Gott- und am Ende jene Hilflosigkeit, die Kinder mit Spielen und Erwachsene mit Wodka zu verdrängen versuchen. Als ob der Niedergang nur im Spiel oder Rausch zu ertragen wäre.

im Tal. Dann kam das Gedankengut der Revolution von 1917 und mit ihm die Kolchosenwirtschaft. Bis in diese letzten Winkel Sibiriens. Im Tal wurden flache Böden melioriert, Maschinenparks und Gemeinschaftsställe eingerichtet, die Almen begannen zu verwildern.

Heute ist vieles wieder anders. Die 70 Familien von Kucherla teilen sich die Arbeit auf den großen Wiesen und Äckern. Sie wohnen dabei immer noch in ihren kleinen Blockhäusern mit einer Küche als Nebengebäude, das, wie eine Jurte geformt und aus Holz gebaut, den Mittelpunkt ihres häuslichen Daseins bildet. Auf dem offenen Feuer in der Mitte des Raumes wird Schaffleisch gebraten oder Tee gekocht wie in früheren

IN DEN BERGEN AFRIKAS

»EIN RECHT, DAS DIE MEISTEN INTELLEKTUELLEN VERNACHLÄSSIGEN, DAS NUR WENIGE FÜR SICH FORDERN, IST DAS RECHT AUF EIN UNSTETES HERUMIRREN, DAS RECHT AUF VAGABONDAGE. UND DOCH, DIE VAGABONDAGE IST BEFREIUNG, UND DAS WANDERNDE LEBEN AUF DER STRASSE IST FREIHEIT.«

Arthur Rimbaud

◄ *In den Bergen und Wüsten Afrikas spielen sich, unbeachtet von der Weltöffentlichkeit, viele Tragödien ab. Und mit den früheren Herren der Berge und Wüsten werden jahrtausendealte Kulturen ausgelöscht. Armeen und Banditen zum Beispiel bekämpfen die traditionell umherziehenden Tuareg, die sich an Staatsgrenzen nicht halten wollen.*

Aufbrechen, immer wieder aufbrechen

Die Massai, das erste Bergvolk, dem ich in Afrika begegnet bin, sind keine homogene Gruppe. Auch ihr Erscheinungsbild hat sich in Zeit und Raum gewandelt. Die pastorale Lebensweise, die die Kultur der Massai prägt, und das Altersklassensystem, das dem unbeschnittenen Hütejungen, der Kriegeralterklasse und der Altersklasse bestimmte Rechte und Pflichten zuweist, sind dabei die fundamentalen Werte ihres Zusammenlebens.

Es ist schwierig für uns Mitteleuropäer, das Selbstverständnis der Massai zu verinnerlichen. Ebenso schwierig ist es in der Sahara die Orientierung nicht zu verlieren. Wenn es zwischen Horizont und Horizont keine Wegweiser gibt, sind wir rasch verloren. Wir haben eben nicht gelernt, aufeinandergetürmte Kamelknochen, geschichtetes Geröll oder alte Karawanenspuren zu lesen. Und doch, plötzlich tauchen aus dem Nichts Menschen auf, eine Karawane, dunkel verschleierte Frauen und Männer, ein paar Kamele. Die Tuareg haben immer etwas Geheimnisvolles und Mutiges an sich. Als wären ihr Unterwegssein, das Lagern und der Aufbruch die schönsten Sachen der Welt.

Auch am Ruwenzori in Zentralafrika, einem geheimnisvollen Fünftausender zwischen Uganda und Zaire, habe ich Bergstämme getroffen, die mit anderen Bergvölkern fast nichts gemeinsam haben. Die eisbedeckten Gipfel dieses Bergmassivs stecken meist in den Wolken. Wegen der Schluchten und Urwälder, die im weiteren Umkreis den Zugang erschweren, konnte dieser Berg erst vor 100 Jahren erforscht und bestiegen werden. Die Expedition des Abruzzenherzogs Luigi Amedeo di Savoia brachte einzigartige Bilddokumente mit, auch von Menschen, die am Fuße eines der schönsten Berge der Welt leben.

Dank genauer Karten ist die Besteigung des Ruwenzori heute nicht mehr schwierig, es ist aber wegen des Dschungels und wegen der häufigen Regengüsse auf dem Weg zum Berg nicht einfach, mit den Einheimischen dort in Kontakt zu kommen.

Der blauweiße Berg im Quellgebiet des Nils, den Sir Henry Morton Stanley 1876 geahnt und viele große Bergsteiger gesucht haben wie einen Schatz, birgt immer noch Geheimnisse.

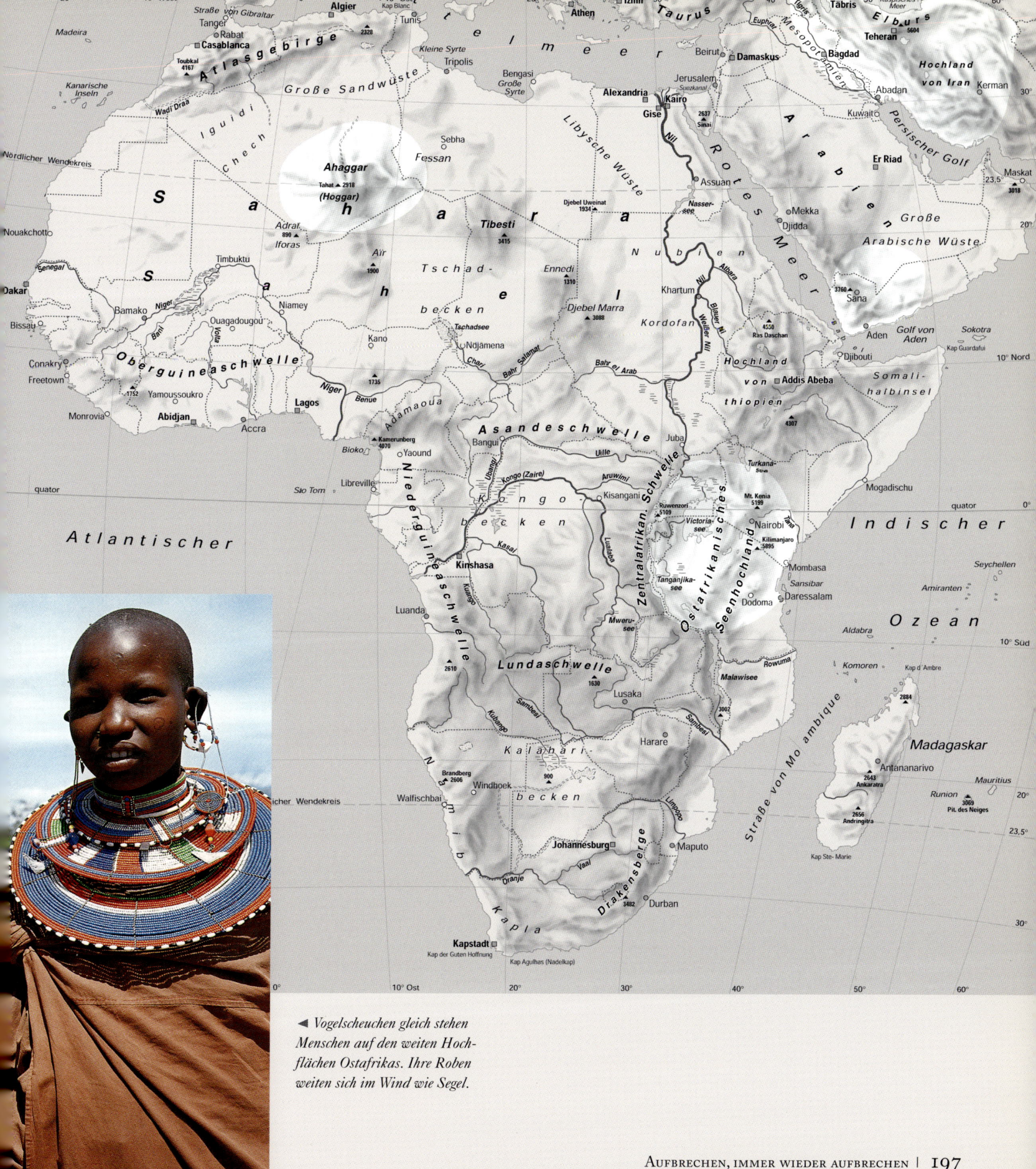

Vogelscheuchen gleich stehen
Menschen auf den weiten Hochflächen Ostafrikas. Ihre Roben
weiten sich im Wind wie Segel.

◄ *Massaifrauen bei einer Zeremonie. Die pastorale Lebensweise ist in der Region des ostafrikanischen Grabenbruchs eine mögliche Wirtschaftsform. In einem über Jahrhunderte andauernden Prozess der Diversifizierung und Spezialisierung besetzten verschiedene Gruppen ökologische Nischen, die zu ganz bestimmten Lebensformen und Riten führten.*

► *Im weglosen Hochland über dem afrikanischen Graben gibt es kaum Anhaltspunkte. Sogar Skelette bleichen, verfallen zu Staub und werden weggewirbelt. In dieser hellen Welt im dunklen Kontinent zehrt die Sonne alles auf.*

ALIS, DER MASSAI-BERGFÜHRER

Alis trug nie seinen Speer. Obwohl er ein Krieger war. Er wirkte weder stolz, wie die anderen Krieger, noch besonders stark, schnell oder geschickt. Sein Gang hatte etwas Schleppendes an sich und seine Gebärden waren fast schwerfällig. Als würde er trinken. Auch sein glasiger Blick, die Haltung – vornübergebeugt – passten nicht zu einem jungen Massai. Alis aber war allgegenwärtig. Fest

ins gemeinsame Wertesystem und ins pastorale Leben der Massai im Rift Valley eingebunden, nahm er in seinem Dorf, dem Boma, eine Sonderstellung ein. Alle Clanmitglieder respektierten ihn. Meist gab er bei rituellen Festen sogar die Abfolge der Zeremonien vor.

Nein, zu diesen Viehhirten, die ununterbrochen in ihrer Maa-Sprache schwatzten, passte Alis, der häufig vor sich hinschwieg, nicht und doch war er einer ihrer Führer. Er war zwar nicht ihr Laibon, eine Art Schamane, der Stellung und Geheimnis vom Vater übertragen bekam und er besaß nicht die größte Rinderherde im Dorf, aber er kannte die Weißen, die er mehr als drei Dutzend Mal auf ihren Gottberg, den Ol Donjio Lengai, geführt hatte.

Gaben Alis vielleicht diese Kontakte seine Sonderstellung? Eine Führerschaft in einer Gesellschaft, deren
dominierendes Kulturelement die Rinder und nicht der
Umgang mit Touristen war?

Die Massai sind um diese Jahrtausendwende Halbnomaden, deren Lebens- und Wirtschaftsweise geprägt
ist von einem permanenten Siedlungsort und saisonalen
Wanderungen in die Tafelberge, die sich hoch über dem
Rift Valley ausbreiten. Dieses Hochland reichte weiter
als die Menschen sehen konnten.

Die Nomaden aber waren nie ausschließlich selbst-
versorgende Gruppen gewesen, und schon vor Jahrzehnten haben Handelsaktivitäten und die Migration in die

Städte begonnen. Und ob es den Älteren gefiel oder
nicht, die Touristen kamen und brachten ihre Welt, ihre
Lebensformen, ihre Technologie mit.

Alis also führte Touristen in die Berge. Ob seine
Vorfahren vor zwei- oder dreihundert Jahren, nach einer
langen Migration aus Norden kommend, das heutige
Tansania erreicht hatten, interessierte ihn weniger als die
Trittsicherheit seiner Helfer, der Träger, die sich beim
ersten Mal vor der Bergbesteigung ihres heiligen Berges
mehr fürchteten als vor der Beschneidung.

Nach einem Jahrhunderte andauernden Prozess der
Diversifizierung, der im ostafrikanischen Grabenbruch zu
kulturell und ökonomisch unterschiedlichen Lebensformen geführt hatte, besetzte Alis eine neue Nische mit
jener Selbstverständlichkeit und jenem Stolz, der die
Massaikrieger auszeichnete.

Alis war Krieger wie alle seine Alterskameraden, die
in der gleichen Beschneidungsperiode zur Initiation
zugelassen worden waren, er schickte seine Kinder, vor
allem die unbeschnittenen Jungen, zum Viehhüten und
respektierte die Anweisungen des Ältestenrates. So
selbstverständlich er sich dem gemeinsamen Altersklassensystem unterwarf, so selbstverständlich aber arbeitete
er auch als Bergführer. Und er wurde respektiert dafür.

Vielleicht war es neben dem Geld auch die Über-
sicht über ihr Land, das Alis von seinen Bergtouren mit-
brachte. Jedenfalls wurde er bei großen Zeremonien der
Massai mit wichtigen Aufgaben betreut und er kannte
die Weide- und Wasserrechte der einzelnen Sektionen
besser als die anderen. Alis fand alle permanenten und
temporären Wasserstellen und zog deshalb mit seiner
Herde voraus auf die Trockenzeitweide und weiter auf
die Regenzeitweide. Er war mit seinem neuen Beruf
nicht nur reicher an Geld geworden, sondern auch reicher
an Wissen. Sein Berg war ihm Regenmacher und Aus-
sichtskanzel, Arbeitsplatz und heiliger Ort zugleich.

Ob die Entwicklung, der Alis voranging, das Ende
oder eine Überlebenschance für die Kultur der Massai
bedeutet, weiß niemand genau, ich weiß nur, dass sie
nicht aufzuhalten sein wird.

MENSCHEN IN DER WÜSTE

Das Hoggargebirge, ein modernes Reiseziel, ungefähr 50.000 km² groß und zwischen dem 20. und 27. Breitengrad gelegen, ist auch das hohe Herz der Sahara. Die Tuareg, die Bewohner dieses Landes, etwa 400.000 an der Zahl, sind in Clans aufgeteilt und sie führen ein Nomadenleben. Ihr Aktionsradius aber wird enger und enger. Ihr Land gehört zum algerischen Teil der Sahara, und alle wichtigen Zugangswege kommen von Norden.

Guillo-Lohan, ein Franzose, soll zu Anfang des vergangenen Jahrhunderts das Hoggar erstmals durchquert haben. Charles de Foucauld, einem französischen Mönch, der später in Tamanrasset ermordet worden ist, verdanken wir die wichtigsten Studien über die Gegend und die »Ritter der Wüste«, die Tuareg. Diese Tuareg leben einfach, und ihr Lebensrhythmus hat sich der Landschaft angepasst. Äußerst selten nur verlassen sie ihre Gegend.

Das Hoggargebirge, die engere Heimat der Tuareg, ist trocken und die Menschen dort scheinen unterernährt zu sein. Sie sehen aus wie die alten Ägypter: hell, schlank, langgesichtig und mit großen Augen. In ihren Zelten blüht trotzdem die Gastfreundschaft. Ihr Spielraum wird leider kontinuierlich kleiner.

Auch die Tubu, die »Menschen der Steine«, und die Berber, die im Atlasgebirge und den Steppen- und Wüstengebieten der nördlichen Sahara leben, sind geprägt von weiten, kargen Flächen. Der Sand, in dem Stürme geheimnisvolle Zeichen formen, bleibt der gemeinsame Mittelpunkt all dieser Nomadenstämme, ein Mittelpunkt ohne Grenzen, scheinbar unendlich weit. Hier ist der Himmel ohne Grund, der Horizont wie ein Traum, die Berge werden zu Gesichtern.

Wie die Tuareg ernähren sich die Tubu von gedörrten Tomaten, Zwiebeln, Ziegen- und Schaffleisch. Da

◀ *Tuaregfamilie im Hoggargebirge. Zwischen den Tuareg – ursprünglich »die Ausgestoßenen« – und den Regierungen in Mali und Niger ist ein offener Kampf ausgebrochen. Die »blauen Herren der Wüste«, jene sagenumwobenen Krieger der Sahara, galten einst als letztes großes Nomadenvolk. Jetzt kämpfen sie ums Überleben wie die Tibeter oder Kaschmiri. Nachdem sie sich gegen ihre Unterdrücker erhoben haben, droht ihre Ausrottung.*

»ICH LEBE HIER IN DER SCHÖNSTEN
EINSAMKEIT DER WELT – INMITTEN
VON PHANTASTISCH AUFRAGENDEN
HÖHEN UND FELSSPITZEN.«

Charles de Foucauld

und dort wachsen auch Früchte wie Datteln, Melonen, Kürbisse und Kartoffeln. Zur Zeit der Ernte steigt der Tubu in sein Dorf ab, sobald diese vorbei ist, kehrt er mit seinen Herden – Kamele, Ziegen, Schafe, Esel – auf die Hochplateaus zurück. So führt auch er ein Halbnomadendasein. Man kümmert sich um keine Gesetze, besucht keine Märkte oder andere periodischen Zusammenkünfte und alles bleibt unter sich. Alles geht in individuellen Maßstäben vor sich: der Karawanenverkehr und der lokale Tauschhandel. Anders bei den Berbern, die große Märkte, Reiterspiele und Feste lieben.

Und wie alle Nomaden der Wüste haben sie die Fähigkeit entwickelt, in kahlen und weiten Bergen zu überleben. Sie kennen alle Spuren im Sand, ahnen Stürme voraus und finden Wasserstellen instinktiv. Die Tuareggesellschaft war auf Freiheit aufgebaut, auf der Freiheit des Denkens und der Freiheit der Bewegung. Jetzt aber ist diese Tuaregkultur bedroht. Die »Wüstenfürsten« sollen zu Almosenempfängern und Gelegenheitsarbeitern entwürdigt werden. Leider stehen die Informationen über die aktuelle Situation der Tuareg im krassen Widerspruch zu den romantisch-verklärten Bildern unserer Fantasie.

► *Ich habe die Menschen in den Bergen ein Leben lang in ihrem tagtäglichen Leben beobachtet. In meinem Erinnern bilden diese Gestalten – indem sie Häuser bauen, Garn spinnen, an einem Grat stehen, beten, lachen, spielen oder eben in der Dämmerung vor ihrer Hütte sitzen – eine lange Prozession, die den Bergen darüber Leben und Inhalt gibt. Hier ein Rai in Nepal beim Decken seines Hauses mit Stroh. Leider hat inzwischen vielerorts der Weltuntergang schon begonnen.*

ARCHITEKTUR OHNE ARCHITEKTEN

Überall dort, wo die Bergvölker keinem oder nur einem geringen Einfluss von außen ausgesetzt sind, ist ihre Bauweise harmonisch, weil perfekt in den Proportionen. Dies gilt für die alten Südtiroler Bauernhöfe, die Häuser im Baruntal in Nepal und die Rundhütten der Danis in Neuguinea gleichermaßen. Überall geben vorhandenes Baumaterial und Klima die Bauweise vor.

Bei all diesen Bauten wurden keine Grundrisse gezeichnet und keine Berechnungen angestellt, vielleicht hat der Bauer aus einiger Entfernung die Ausmaße festgelegt oder nach Augenmaß bestimmt, wie weit das Dach vorgezogen werden muss. Ohne einen Architekten zu befragen, baut der Familienvater, der in diesem Fall Bauherr und Handwerker in einer Person ist, seine Gebäude der Umgebung und dem Baustil des entsprechenden Tales angepasst.

Denn diese eingeborenen Nichtarchitekten haben immer schon das Dorf, die Berghänge und die Hochflächen als Ganzes gesehen und als Ganzes gestaltet. Überall in den Berggebieten haben sich so durch jahrhunder-

▼ *Tuareg holzhütten am Rande der Sahara (oben) und die Uigurensiedlung am Rande der Takla Makan (unten). Heute noch leben einige Völker ein Halbnomadendasein. Die einen verloren irgendwo im großen Reich der*

Mitte, viele Tuareg in schäbigen Hütten und staatenlos. In ihren indigofarbenen Schleiern und Gewändern kommen sie in die Berge des Hoggar, die sie als ihre Heimat betrachten.

▲ *Typisches Haus in den Bergen am Südfuß der Annapurna. Die Männer arbeiten auf dem Dach, die Frau trinkt Tee und scheint auf distanzierte Art mit den Männern zu flirten. Die freie Stellung der Frau in Tibet,*

Nepal und bei den Tuareg ist legendär. Es herrscht zwar nicht das Matriarchat, Verwandtschaftsregelung und Erbfolge werden aber von den Linien der Frauen bestimmt.

telange Erfahrung Baustile herausgebildet, die zu den entsprechenden Tälern gehören wie die Bäume, die dort seit Jahrtausenden wachsen. Und überall hat man gelernt, die reichen Möglichkeiten des Holzes, der Steine und des Lehms zu nützen.

Wenn die Häuser in Namche Bazar, dem Hauptort der Sherpa im Himalaja, in einem großen Halbrund an der Berglehne aneinandergereiht stehen und die flache Mulde als Ackerland darunter freiliegt, so ist das, wenn auch im Kleinen, perfekter Städtebau. Ebenso ist ein seit Jahrzehnten belassener Weiler in Südtirol mit all den Hecken und Holzzäunen, Äckern und Wiesen, Waldstücken und Gehöften ein Stück Kulturlandschaft, wie

sie der beste Gartenarchitekt nicht vollkommener ersinnen könnte.

Jetzt aber, plötzlich, will der Bergbauer vielerorts nicht mehr wie ein Bauer wohnen, sondern wie der Städter oder Eigenheimbesitzer, den er in den Niederungen oder im Fernsehen gesehen hat, mit Plastikfenstern, Kunststeintreppe und einem Blechdach. Damit beginnt ein weltweiter Niedergang der lokalen Architektur. Anstatt die notwendigen Neuerungen unter das alte Dach zu bringen, wird alles Alte niedergerissen und nach städtischem Vorbild neu gebaut. Die alten formvollendeten Bauformen müssen in vielen Berggebieten »moderneren Vorbildern« weichen.

In den Bergen Ozeaniens

»In diesen hundskalten Ländern, deren Strassen niemals breiter sind als ein Handrücken.«

Rudyard Kipling

◄ *Im Bergland des Irian Barat, im Hochland von Neuguinea, leben die Danis, ein kleines Bergvolk, das in der Steinzeit stecken geblieben zu sein scheint. Unter den Kalkriffen der Nordwandmauer des Carstensz-gebirges führen sie als Berg-bauern, Krieger und Jäger ein Leben wie vor Jahrtausenden. Diese Männer vom Volk der Dani warten auf den Morgen. Nur der Penis ist verhüllt – mit einem ausgehöhlten Flaschen-kürbis.*

Im Hochland von Neuguinea

Als ich erstmals mit zwei Dutzend Danis von den höchstgelegenen Dörfern Neuguineas zu den Carstenszbergen emporstieg, steckten die Einheimischen noch in der Steinzeit. Sie kannten weder Gold noch Geld als Zahlungsmittel, liefen barfuß und fällten die Bäume mit Steinäxten. Trotzdem waren sie es, die mir die Frage aufdrängten, ob nicht in dem, was wir Intelligenz nennen, ein instinktives Element steckt, und ob nicht alles, was wir herstellen, erfinden und bauen, unbewusste Produkte des Instinkts sind, der ausschließlich der Notwendigkeit gehorcht.

Die Bergpapuas um das Carstenszgebirge gehören zu den Stämmen der Danis, Uhundunis und Damal. Sie sind kräftig, dunkelhäutig und kraushaarig, klein von Wuchs und geschickt und tragen ein Selbstbewusstsein zur Schau, das uns Europäer einschüchtern kann.

Entgegen der vielfach verbreiteten, aber irrigen Meinung, die Dani seien gefährliche Kannibalen, habe ich sie als besonders nett, fröhlich und gastfreundlich erlebt. Ihre Neugierde ist ungehemmt und ihr Benehmen völlig natürlich. Sie besitzen ein feines Gefühl für Gefahren, einen angeborenen Instinkt Fremden gegenüber und eine gute Portion Unbekümmertheit.

Männer und Frauen leben in getrennten Rundhütten, den Männerhäusern und den Frauenhäusern, und teilen sich die Arbeit auf dem Feld. Die Männer sind nur mit einer Penishülle aus getrockneten Kürbisschalen bekleidet, die Frauen tragen einen Lendenschurz aus Schilf oder Bast. Steinäxte, Grabstöcke, Schabsteine, Messer aus Tier- und Menschenknochen sind ihre wichtigsten Werkzeuge. Sie bauen Süßkartoffeln, spinatähnliches Grünzeug, Mais, Zuckerrohr und Bananen an; sie halten Hühner, Schweine und jüngstens auch Ziegen, die von der Frau betreut werden.

Das Leben wird von den Bindungen und Riten innerhalb des Stammes bestimmt, der meist mehrere hundert Köpfe umfasst. Ein starkes Gruppenbewusstsein äußert sich in Zusammenarbeit und Streit, doch wurden Stammesfehden in den letzten Jahren nicht mehr kriegerisch ausgetragen. Frauen sind Eigentum der Männer und werden mit Naturalien bezahlt.

Hoch entwickelt ist die Kunst des Feuermachens mit der Feuersäge sowie das Flechten von Tragnetzen, bestechend die Treffsicherheit vieler Bogenschützen. Viele Bräuche und Riten sind in Vergessenheit geraten, die toten Krieger der Danis aber leben als Mumien im Hochtal Neuguineas weiter – als Touristenattraktion.

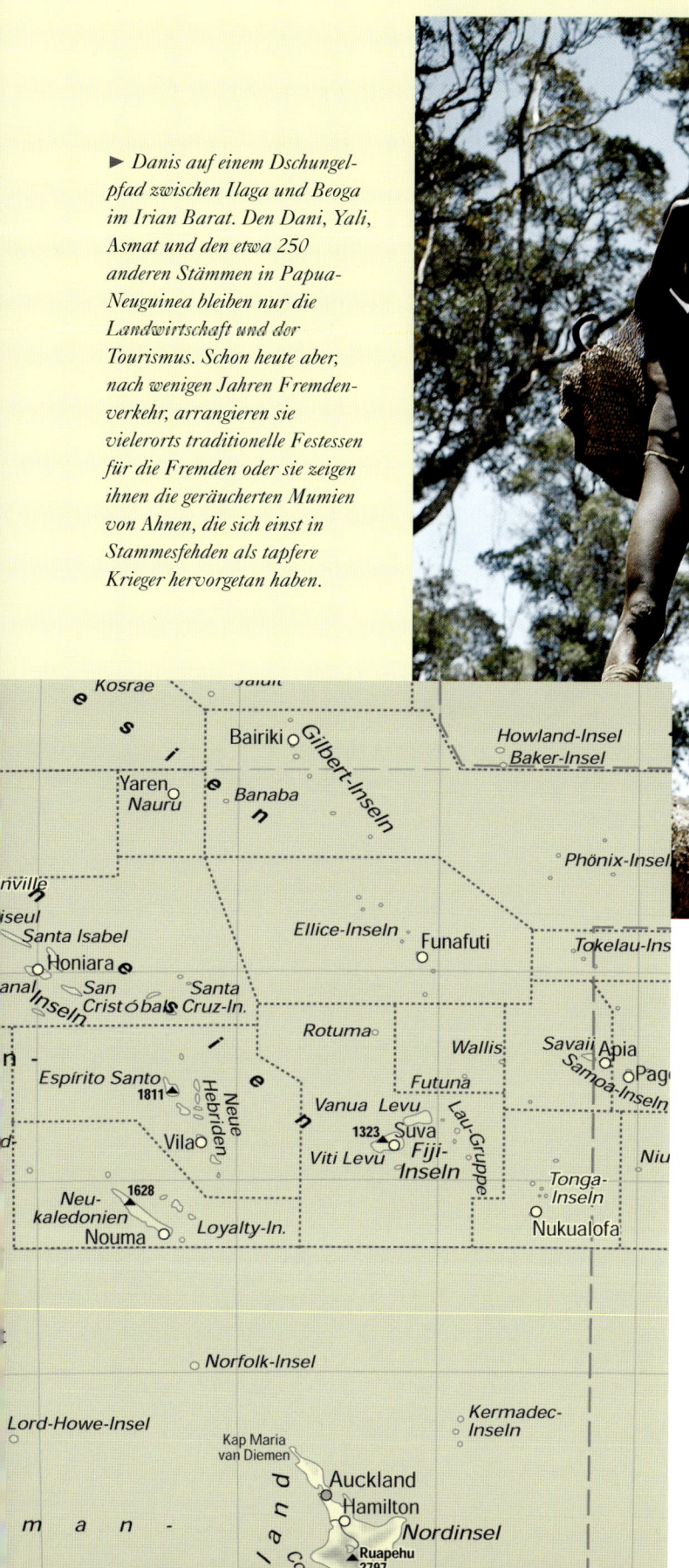

► *Danis auf einem Dschungel-pfad zwischen Ilaga und Beoga im Irian Barat. Den Dani, Yali, Asmat und den etwa 250 anderen Stämmen in Papua-Neuguinea bleiben nur die Landwirtschaft und der Tourismus. Schon heute aber, nach wenigen Jahren Fremden-verkehr, arrangieren sie vielerorts traditionelle Festessen für die Fremden oder sie zeigen ihnen die geräucherten Mumien von Ahnen, die sich einst in Stammesfehden als tapfere Krieger hervorgetan haben.*

»WAS WEISS DIE WELT SCHON VON UNSEREN PROBLEMEN. WAS WIR WOLLEN, IST EINFACH UND NICHT SCHWER ZU BEGREIFEN. WIR WOLLEN GENAUSO FREI SEIN WIE UNSERE BRÜDER IN PAPUA-NEUGUINEA!«

Mengelik, Sprecher der Papuas,
der sich selbst einen guten Geist nennt.

Keine Angst vor Menschenfressern

Als ich erstmals einem Dani in die Augen sah, wusste ich nicht recht, sollte ich lächeln oder sollte ich mich besser wieder verziehen. Ich war in seine Rundhütte getreten und hatte ihn dabei angetroffen, wie er in einem Erdloch in der Mitte des mit Gras ausgelegten Bodens zwischen heißen Steinen Gemüse briet. An der Hauswand lehnte ein Steinbeil.

Er muss gefühlt haben, dass ich kam. Denn als ich lautlos durch den hüfthohen Eingang schlüpfte, wandte er mir sein Gesicht zu, das keinen überraschten, sondern einen ruhigen Ausdruck hatte. Seine blendend weißen Zähne leuchteten wie phosphoreszierend im Halbdunkel, eine Paradiesvogelfeder steckte in seiner platten Nase und sein Gesicht war mit Ruß und Fett beschmiert. Dass er ein Netz über sein gekräuseltes Haar gestülpt hatte, merkte ich erst, als wir die Hütte verließen. Er hat dieses Netz übrigens während unseres späteren gemeinsamen Marsches, der uns tagelang durch den Urwald führte, nie abgenommen.

Bei unserer ersten Begegnung nun war mir etwas beklommen zumute gewesen, hatte ich doch an die vielen grauenhaften Geschichten denken müssen, die man mir über diese Danis und ihre kannibalischen Gewohnheiten erzählt hatte. Ich wusste also nicht recht, wie ich mich verhalten sollte. Da mein Gegenüber aber freundlich weiterlächelte und mich mit einer Handbewegung einlud, mich zu setzen, versuchte auch ich zu lächeln, wobei mir nur eine angstvolle Grimasse gelungen sein mag.

Mein Gastgeber war geschmeidig und ebenmäßig, wenn auch klein von Gestalt, seine Kraft spielte förmlich in jeder Faser seines Körpers, und es war mir sofort klar, dass ich im Zweikampf keine Chance gegen ihn hätte.

Nachdem ich mich auf das frische Heu auf den Boden gesetzt hatte, bot er mir eine große, heiße Kartoffel an, und in dem Augenblick, als ich sie annahm, fühlte ich, dass ich keinerlei Gefahr ausgesetzt war. Plötzlich wusste ich, dass es viel gefährlicher ist, nachts allein durch eine europäische oder indische Großstadt zu schlendern als hier unter einem Dach mit einem so genannten »Menschenfresser« zu hocken. Unsere Städte brodeln vor Aggression und Hass, blinder Wut und gefährlichem Lebensüberdruss, die Bergmenschen wollen meist nur ihre Ruhe.

Unter Frustrationen – bei uns häufig ausgelöst durch ein übertriebenes In-die-Zukunft-Denken – haben die Danis nicht zu leiden. Sie sind in Friedenszeiten nach

► *Bergpapua aus Ilaga in Neu-guinea. Die westliche Hälfte von Neuguinea, Irian Barat genannt, gehört heute politisch zu Indonesien. Etwa 200.000 Menschen leben dort, 7000 davon in Ilaga, auf einer Meereshöhe von 1600 bis 2000 Metern.*

◄ *In den Bergen von Irian Barat fällt siebenmal soviel Niederschlag wie in Mitteleuropa. Die fast noch wie in der Steinzeit lebenden Menschen beschwören die Götter, den Regen zu stoppen. Unter einem Baumrindendach warten sie auf gutes Wetter.*

meiner Erfahrung auch nicht aggressiv. Sie setzen keine bestimmten Erwartungen in die Zukunft und wissen deshalb kaum, was Enttäuschung ist. Sie können sich noch ungehindert ausbreiten und leben den Augenblick, nicht für die Zukunft.

Mehr als alles andere, so fand ich bei meinem Leben mit der Bergbevölkerung Indonesiens, aber auch Asiens oder Südamerikas heraus, trennt uns die Gelassenheit von diesen Menschen. Sie haben mehr Zuversicht, im Hinblick auf kommende Tage, überhaupt der Zukunft gegenüber. Obwohl die Bergvölker teilweise ob des harten Winters, teilweise ob der unregelmäßigen Ernten vorsorgen müssen, sie taten es immer nur

begrenzt. Sie bewahrten sich dadurch einen Lebensrhythmus, der Raum lässt für das Spiel des Augenblicks und der offen steht für den Zufall. Ihr Vertrauen in die Natur ist wie ihr Glaube.

Trotz dieser Überlegungen, zurück in Europa werde auch ich immer wieder mitgerissen vom Strom des schnellen Lebens. Es ist also die Umwelt, die uns diesen hektischen Lebensrhythmus, eine Lebensweise, die krank macht, aufzwingt. Obwohl der Einzelne darunter leidet, haben wir einzeln nicht die Kraft, gegen diesen Strom zu schwimmen. Die romantische Idee aber, alle Stadtmenschen auf zahllose kleine Bauernhöfe zu verpflanzen, muss trotz allem Illusion bleiben.

◄ *Die Ureinwohner im Westen Neuguineas sperrten sich, ihre steinalte Kultur der Moderne zu opfern – doch der Druck auf die Waldmenschen wächst. Seit 1969, nach einer Scheinabstimmung Indonesien einverleibt, träumen sie vom eigenen Staat. Vergeblich, wie viele andere Bergvölker auch, denn die Industriegesellschaft und Stadtkultur nimmt sich auch am Ende der Welt, was sie braucht.*

»WER DAZU BEREIT IST, DEN LEBENS-RAUM PIEMONTESISCHER BERGBAUERN ALS EIGENE KULTURELLE SPHÄRE ZU ACHTEN, WIRD IHNEN NICHT SCHADEN UND GLEICHZEITIG FÜR SICH SELBST PROFITIEREN. INTERESSE, RESPEKT UND VERSTÄNDNIS TUN IHNEN GUT.«

Eberhard Neubronner

KÄLTE, HUNGER UND OFFENE FÜSSE

Meine erste Expedition, sie liegt inzwischen mehr als 30 Jahre zurück, unternahm ich in die peruanischen Anden. Was mich neben den Bergen dort am meisten beeindruckte, war die harte Arbeit der Indios.

Und erst kürzlich saß ich wieder einige Stunden lang bei den Sherpas in der Expeditionsküche und ließ mir aus ihrem Leben erzählen. Einige von ihnen hatten

▶ *Der Minenabraum im Westen Neuguineas zeitigt schlimme Folgeschäden. Das Wasser wird vergiftet. Mancherorts ist es schon nicht mehr trinkbar. Die Ureinwohner müssen hungern, weil Fische und Sagopalmen – Basis der täglichen Nahrung – verschwinden.*

▼ *Steinbeile und Tragnetze (alles handgemacht) waren früher beliebte Zahlungsmittel. Bezahlt wurde auch mit Schweinen und Kauri-Muscheln. Die Berge galten als heilig, weil dort der Schnee wohnt.*

schon als Kinder mit Trägerdiensten begonnen und Tschottre Sherpa, inzwischen zum Sirdar avanciert, hatte 1953 als Vierzehnjähriger die erfolgreiche britische Everestexpedition als Lokalträger begleitet. Alle erzählten sie von Ängsten, Kälte und Hunger, unter denen sie zu leiden hatten.

In Bhutan, Nepal und in den Bergen von Neuguinea, wo Amerikaner inzwischen Bodenschätze abbauen, gibt es kaum hauptberufliche Handwerker, geschweige denn Facharbeiter. Manche Bauern sind nebenbei noch Schreiner, andere Anstreicher, Maurer, Schmiede, Holzschnitzer. In Bhutan zum Beispiel ist es auch Brauch, dass das älteste Kind den gesamten Besitz des Vaters erbt, ähnlich wie in Südtirol; entgegengesetzt ist es bei den Sherpa, wo der jüngste der Erbe ist und die älteren Söhne ein Auskommen aus eigener Kraft finden müssen. Aber wie lange gibt es noch freies Land? Arbeitsplätze wie in den Industriestädten gibt es in fernen Berggebieten für vom elterlichen Hof weichende Kinder nicht, also nur die Möglichkeit, als Träger zu arbeiten – für wenig Geld und mit Fußsohlen, die aussehen wie die ausgedörrten Böden in ihren Bergen.

Ob in den Bergtälern im Piemont, in der Hohen Tatra, im Kaukasus oder im Carstenszgebirge – für uns als Reisende gilt, dass wir nur Besucher sind und die lokalen Kulturen zu respektieren haben.

Im Westen von Neuguinea (links) und im Westen von Tibet (rechts) stehen die Einheimischen vor den Trümmern der eigenen Kultur. Die Danis bauen weiter ihre Rundhütten, die Tibeter sind in billige Wellblechsiedlungen geflohen. Ihre Anklage lautet auf Menschenrechtsverletzung und Umweltzerstörung. Die Konzernherren, die Öl oder Erze abbauen oder den Machthabern, die Autonomien fürchten, ist es gleichgültig. Sie tun so als ob es diese Bergvölker nie gegeben hätte. In Neuguinea wurde der Leichnam eines Kriegers einst geräuchert, um seinen Kampfgeist so für die Sippe erhalten zu können. Heute werden die Mumien als Touristenattraktion vorgeführt. So rasch wird Hoffnungslosigkeit pervertiert!

BERGVÖLKER – EHE IHRE SPUR VERWEHT

Die Bergvölker der Erde sind – gleichsam wie Inseln im Meer der Völker und Sprachräume – über Ozeanien, Asien, Europa, Nordafrika, Nord- und Südamerika verstreut. Sie haben trotz der großen Entfernungen so vieles gemeinsam, dass ein Großteil der Aussagen über ein Bergvolk auch für alle anderen gilt, dass sich umgekehrt zahlreiche Tätigkeiten verschiedener Bergvölker mit denen eines weiteren decken können.

Geprägt von einer ursprünglichen Landschaft, von den nahen Bergen und den Naturgewalten sind sie vielfach feinfühlig, teilweise hoch kultiviert, doch materiell arm. Ihr autarkes Leben, das nur eine Arbeitsteilung am Rande des Ganzen kennt, steht in vielem im Widerspruch mit unserer Industriegesellschaft, läuft aber Gefahr, mehr und mehr verwässert zu werden.

Es ist nicht Zweck dieses Buches, noch halte ich es für meine Aufgabe, dies zu verhindern. Ich wollte nur ein Bild der Bergvölker zeichnen, ehe ihre Spur verweht; ein Bild aus Stimmungen und Augenblicken, die ich im Zeit-

drängte sich mir auf, weil ich so viel Gleichklang bei ihnen spürte.

Ich bin kein Wissenschaftler und möchte auch nicht als solcher verstanden werden, habe aber bei wiederholten Reisen in die verschiedensten Berggebiete aller fünf Kontinente Ähnlichkeiten entdeckt, die mich wie das Leben der Leute selbst faszinierten. Die kitschige Vorstellung vom »glücklichen Bergbauern« allerdings wurde auf meinen Wanderungen in Südtirol und den Expeditionen bald von Tatsachen verdrängt, die mich nachdenklich werden lassen.

Ich will die Bergbewohner also als die Menschen zeigen, die sie sind. Als Menschen mit all ihren Hoffnungen und Nöten, nicht selten in Resignation, Neid und Hilflosigkeit verfallen, oft in einer materiellen und geistigen Armut, die nach einer Veränderung schreit. Trotz allem, ich würde es als Außenstehender nicht wagen, in den natürlichen Entwicklungsprozess der Bergvölker einzugreifen. Die Hemmungen, die ich davor habe, sind dieselben, die mich daran hindern, die vielen Mythen um die Bergbauern zu zerschlagen, die überliefert sind. Es könnten dabei neue entstehen, die wiederum ein falsches Bild zur Folge hätten.

Die Bergvölker stehen heute auf völlig verschiedenen Entwicklungsstufen. Die einen beginnen mit der Rodung, andere stehen in ihrer Blüte, viele sind dabei, als eigenständige Gemeinschaft zu sterben.

Nach und nach werden sie wohl alle – ob mit oder ohne Entwicklungshilfe und Tourismus – ihre ursprüngliche Lebensform aufgeben und eine andere Zukunft suchen. Entwicklungshilfe wird diesen Prozess höchstens stören, nicht aber aufhalten können.

Vielleicht weiß der Bergbauer im Unterbewusstsein, dass er mit dem ungeteilten Leben eine Art Paradies aufgibt, ein herbes, aber zeitloses Paradies, eine Welt voller Harmonie und Würde des Menschen. Wer aber ist bereit zu frieren und zu hungern, wenn eine satte und bequeme Zukunft lockt, besonders dann, wenn das Wissen um die Selbstzerstörung fehlt, die notwendig ist, um im Reich der Väter zu neuen Ufern zu gelangen.

rahmen von 30 Jahren und bei 100 und einer Reise zu diesen Menschen aufgenommen habe, die ich festhalten und hier als Ganzes wiedergeben möchte. Dabei erzähle ich einmal vom Tod bei den Indios, dann wieder vom Hausbau der Danis und nicht zuletzt von den uralten Speiseriten der Südtiroler Bergbauern. Ich habe die Menschen in den Bergen fotografiert, wie sie leben. Auch habe ich nicht die verzweifelten und äußersten Fälle herausgegriffen, sondern die normalen. Ich habe den Alltag fotografiert und beschrieben.

Der Gedanke, die Bergvölker in einem Mosaik aus Lebensgewohnheiten und Arbeitsweisen von Menschen aus allen entlegenen Winkeln der Erde vorzustellen,

VÖLKER-KUNDLICHER ANHANG

ABCHASEN

Ursprünglich im Südwest-Kaukasus ansässig, heute auch in der Türkei und den Ländern des Nahen Ostens, ca. 83.000 zwischen Schwarzem Meer und Hauptkamm des Großen Kaukasus, Sprache: adygisch-abchasischer Zweig der kaukasischen Sprachfamilie.

Eine feudale Adelsschicht dominiert freie Bauern, Hörige und Sklaven; seit dem 6. Jh. Christentum, daneben werden heidnische Gottheiten verehrt. Am Schwarzen Meer wird Bodenbau mit Schwerpunkt Wein betrieben, in den bergigeren Gebieten Viehzucht mit Almwirtschaft (Schafe, Ziegen), Jagd und Bienenzucht, in den zwanziger Jahren Wirtschaftswandel durch Intensivierung des Anbaus und Einrichtung staatlicher Kolchosen.

ABELAM

Im nördlichen Vorhügelland Papua-Neuguineas beheimatet, ca. 30.000, nicht melanesische Sprache der voraustronesischen Ndu-Sprachfamilie.

300–800 Personen bilden politisch und wirtschaftlich autonome, lockere Dorfschaften, in denen der patrilineare Clan die wichtigste soziale Einheit bildet. Einige Männer aus diesem Clan fungieren als Wortführer. Der Jams-Kult bildet das Zentrum der Abelam-Kultur: Die Fähigkeit der Männer, möglichst große Pfahljams-Knollen zu züchten, ist Kriterium für die soziale Einstufung der Männer. Seit

den dreißiger Jahren Auflösung der traditionellen Kultur durch Errichtung von römisch-katholischen Missionsstationen, Tourismus bewirkt zunehmend die Kommerzialisierung sakraler Kunst.

ALTAIER

Türkisch sprechende Völker im Altaigebirge Südsibiriens, ca. 56.000, halb- oder vollnomadische Wanderhirten, bildeten sich in vorchristlicher Zeit aus türkisch sprechenden Einwanderern und nicht-türkischen Voreinwohnern des Altai.

Die Altaier sind Sammler, Jäger und betreiben Rentierzucht. Sie leben in Hütten oder Blockhäusern als monogame Kleinfamilien, die Teil eines großen Sippenverbandes sind. In der Religion wird einem guten Schöpfergott ein durch Pferdeopfer gnädig zu stimmender Herrscher der Unterwelt gegenübergestellt. Die Kolonialisten des zaristischen Russland brachten Missionierung, Landraub und Zersiedelung mit sich. Anfang des 20. Jh. entwickelte sich daher ein altaischer Nationalismus mit dem Ziel der Gründung einer eigenen Republik. 1948 entstand das »autonome Gebiet Hochaltai«.

ARHUACO (ICA)

Indianische Gebirgsbauern in Nordkolumbien (südlicher Teil der Sierra Nevada de Santa Marta), ca. 6000.

Die Siedlungsgemeinschaften um Dörfer (Pueblos) ordnen sich einem Oberhäuptling und nichtchristlichen Priestern unter und leben von Ackerbau (Bananen, Mais, Maniok, Kaffee, Zuckerrohr) und Viehzucht. Die Arhuaco müssen sich zunehmend gegen Landraub wehren und wollen das Eindringen von Touristen verhindern.

ARMENIER

Ca. 4 Mio. Armenier leben weltweit verstreut, 3,5 Mio. von ihnen in Armenien, Aserbaidschan und Georgien. Die Armenische Sprache stellt einen eigenständigen Zweig in der indoeuropäischen Sprachfamilie dar.

Das hochgebirgige Armenien erlaubt Bodenbau nur mit Bewässerung oder auf Terrassenfeldern. Man betreibt Viehzucht und in tieferen Lagen den Anbau von Obst, Wein und Getreide. Geschicktes Geschäftsgebaren in den angrenzenden Ländern verdrängte die dortige Händlerschaft. Vor allem im Osten der Türkei kam es in der Folge zu antiarmenischen Pogromen. Wegen seiner Lage zwischen Byzanz und dem Iran wurde Armenien mehrfach geteilt. Nationalismus und Parteienbildung zerrissen das Land zusätzlich. Seit dem 11. Jh. flohen Armenier vor der politischen Unsicherheit in ihrer Heimat. Während der Zeit als Teilrepublik der ehemaligen UdSSR kam es zu einschneidenden wirt-

schaftlichen Veränderungen und zu Eingriffen in die Strukturen der Kirche, welche jahrhundertelang das armenische Selbstbewusstsein begründete.

ASSINIBOIN

Nordamerikanischer Indianerstamm westlich des Winnipegsees sowie in den nördlichen Teilen Montanas und North-Dakotas, USA. In Kanada auch »Stonies« genannt, ca. 5.000 leben heute in mehreren Reservationen in Kanada sowie in Montana, Sprache: Sioux.

Als Gruppe der Yanktonai-Dakota trennten sie sich von diesen und wanderten im 17. Jh. nach Norden, um Pelzhandel mit der Hudson's Bay Company zu betreiben. Die Assiniboin lebten in Lederzelten und betrieben Bisonjagd sowie regen Tauschhandel mit anderen Stämmen. Sie hegten zudem ein freundschaftliches Verhältnis zu den Weißen und bezogen von ihnen Gewehre und andere europäische Güter. Die wichtigste religiöse Zeremonie ist bis heute der Sonnentanz. Die Assiniboin in Kanada haben sich dem Tourismus geöffnet.

AWAREN

Volk im Nordosten des Kaukasus, zwischen großem Kaukasus und Kaspischem Meer, ca. 396.000, spricht einen daghestanischen Zweig der kaukasischen Sprachfamilie, zu ihnen zählen dreizehn Minderheiten mit verwandten Dialekten und gemeinsamer Kultur und Geschichte.

Geschlossene Sippenverbände siedeln in Dörfern, die sich terrassenförmig die Hänge hochziehen. Wichtigster Wirtschaftszweig ist die Viehzucht (v. a. Schafhaltung), zudem fertigen die Awaren kunstvolle Metallarbeiten aus Gold, Silber und Kupfer sowie Waffen. Im 11. Jh. löste der Islam das Christentum ab und entfaltete einen außerordentlichen Einfluss auf das staatliche Leben der Awaren. Die staatliche Eigenständigkeit wurde erst Ende des 18. Jh. nach der Niederlage gegen Russland verloren. Die Veränderungen der Sowjetzeit setzten sich aber aufgrund der Unzugänglichkeit Awariens nur sehr langsam durch. Die Sippe als wirtschaftliche Einheit wurde jedoch von Kolchosen und Sowchosen endgültig abgelöst.

AYMARA

Ca. 2 Mio. in Bolivien und Peru (Schwerpunkt um Titicacasee, nach Süden bis zum Salar de Uyuni), Sprache: Indianisch.

Grobe Unterscheidung in drei soziale Hauptgruppen: a) Kleinbauern mit starkem Bewusstsein der ländlichen Traditionen und der Tendenz zu einem indianischen Nationalismus. b) Minenarbeiter in enger Verwandtschaft zu den Bauern, mit gewerkschaftlichem Engagement und gesamtbolivianischem

Nationalismus. c) Groß- und kleinstädtische Bevölkerung, die sich eher um Anpassung an die städtische Lebensweise bemüht. Die Aymara auf dem Land stellen für den Markt produzierende Gebirgsbauern dar. Sie halten Lama- und Schafherden.

Ayoré
Indianer im Nord-Chaco Boliviens und Paraguays, ca. 4000, Sprache: Zamuco.
Die Ayoré pflanzen in der Regenzeit und ziehen in der Folge bis zur Ernte als Sammler und Jäger weiter. Heute übernehmen sie während der Wanderperiode auch Gelegenheitsjobs (z. B. Holzfäller) oder leben in festen Missionssiedlungen und sind dort verstärkt in der Landwirtschaft tätig. Lokale Gruppen besitzen einen oder mehrere Häuptlinge. Bis ins 20. Jh. wurden weiße Eindringlinge getötet. Die paraguayische Armee vollzog daraufhin regelrechte Vernichtungs-Unternehmen, die trotz folgender Verbote erst 1972 durch die Interventionen der katholischen Kirche ein Ende fanden.

Bachtiaren
Zusammenschluss von Stämmen mit nur noch teilweise nomadischer Lebensform, beheimatet im Zagros-Bergland des Iran bzw. in dessen nördlichen und südlichen Ausläufern, ca. 400.000, persische, arabische und mongolische Vorfahren, Sprache: Farsi.
Der Bergnomadismus mit seinem jahreszeitlich bedingten Aufsuchen von Weideflächen in verschiedenen Höhenlagen stellte die traditionelle Wirtschafts- und Lebensform der Bachtiaren dar. Bis zu fünfzehn Familien bildeten eine Lagergemeinschaft, deren Lebens- und Ernährungsgrundlage Viehwirtschaft und Ackerbau waren. Erst Mitte des 19. Jh. einigten sich die bis dahin verfeindeten Stämme. In der Folge bildete sich eine feudalistische Führungsschicht heraus, die sich bis in die jüngere Vergangenheit mit dem Shah-Regime arrangierte und hierdurch hohe Beamte und Minister stellen konnte. Viele Bachtiaren sind nach der Aufgabe der Stammesbindungen heute sesshaft.

Bagirmi
Bauernvolk zwischen den Flüssen Chari und Logone im Süden der Republik Tschad, bezeichnen sich selbst als Barma, stellen ein aus Arabern und Fulbe gemischtes Sudanvolk dar, ca. 150.000, Sprache: Ubangi.
Existenzgrundlage bilden Hackbau und Viehhaltung. Anwendung von Bewässerungstechniken und Düngung. Die Frauen bestellen die Felder, während die Männer das Vieh versorgen und auch fischen. Einst ein islamisches Reich, wurden die Bagirmi vom Sudan

her erobert und geplündert. Von 1900 an waren die Bagirmi 60 Jahre lang Teil des französischen Kolonialreiches. Heute sind sie politisch bedeutungslos.

Batak
Die Batak leben in den Bergregionen um den Tobasee Nordsumatras, mit 3 Mio. Menschen zählen sie zu den größten altindonesischen Völkern, sprachliche Unterscheidung in Nord- und Südgruppe, je ein Drittel Christen, Muslime und Anhänger von Naturreligionen.
Sippenverbände, deren Wirtschaft auf dem Anbau von Jams, Kaffee, Nass- und Trockenreis, Tabak sowie auf Tierzucht beruht. Die Batak leben in großen Dorfanlagen mit geräumigen Pfahlhäusern. Bei einigen Gruppen der Batak war der Kannibalismus verbreitet. Ab dem 13. Jh. einsetzende Islamisierung. Christliche Missionierung ab 1881. Seit 1930 haben die Batak ihre eigene protestantische Kirche. Unter den modernen Batak sind heute Ärzte, Juristen, Wissenschaftler und Militärs zu finden.

Belutschen
Verbreitung im östlichen Hochland des Iran, im Punjab, im Sind, am zahlreichsten jedoch in der pakistanischen Provinz Belutschistan, Sprache: Baluchi-Sprache.
In Belutschistan Gliederung in eine westliche, ursprüngliche Kerngruppe sowie in eine östliche, erst im Laufe des 15. Jh. zugewanderte Gruppe. In der sozialen Hierarchie der vielen Einzelgruppen bestehen große Unterschiede. In Belutschistan überwog bis vor kurzem der Nomadismus, die Verstädterung nimmt jedoch zu. Belutschen arbeiten heute auch in den Ölscheichtümern.

Berg-Tadschiken
Das Siedlungsgebiet der Tadschiken reicht von Zentralasien bis nach Südafghanistan, vom Iran bis in die westlichen Randprovinzen Chinas, insgesamt ca. 5 Mio., Sprache: Iranisch.
Die Berg-Tadschiken sind innerhalb der Tadschiken eine scharf getrennte Gruppe in schwer zugänglichen Hochtälern im Pamir. Sie sprechen ostiranische Dialekte und sind durch die Rückzugslage altertümlicher und kulturell eigenständiger geblieben als die Tadschiken der Ebenen. Die Viehhaltung (im Sommer Wechsel auf die Hochalmen) ist der wichtigste Erwerbszweig, alljährliche Hungerszeiten im Frühjahr sind normal. Der Bodenbau ist nur durch Bewässerung möglich. Die Berg-Tadschiken sind Ismailiten, das Familienleben unterscheidet sich gewaltig von dem der Tadschiken in den Ebenen (Großfamilien, stärkere Rolle der Frau). Insgesamt sind die einzelnen Gruppen der

Tadschiken in ihrer Entwicklung und politisch sehr unterschiedlich von den jeweiligen Kolonialherren beeinflusst worden.

Burjaten
Hauptsächlich in Südsibirien (315.000), aber auch in der Mongolei (29.000) und in China (einige tausend) lebendes Volk aus Nomaden und Halbnomaden mit dualistisch ausgerichteter Götter- und Geisterwelt, Sprache: Ostmongolisch.
Die Burjaten betreiben Rinder-, Kamel-, Schaf- und Pferdezucht sowie etwas Ackerbau, außerdem Pelzhandel. Sie leben von Jagd und Fischfang. Bestimmte Verwandtschaftsgruppen bilden eine wirtschaftliche sowie eine territoriale und religiöse Einheit. Durch mongolischen Einfluss kam es zur Bildung eines landbesitzenden Feudaladels. Die Einwanderung russischer Siedler und die spätere Sowjetherrschaft brachten Zwangsumsiedelungen, Krankheiten, Seuchen, Erpressung und Korruption mit sich. In der Folge entstanden ein mongolischer Nationalismus sowie panmongolische Strömungen, deren Führer von den Sowjets hingerichtet wurden. Die Sesshaftmachung der Burjaten war das größte Ziel sowjetischer Politik. Eine Vielzahl der Burjaten ist heute auf Großviehfarmen beschäftigt. Durch Bodenschätze wurde der Aufbau einer Industrie ermöglicht.

Chickasaw
Nordamerikanischer Indianerstamm, ursprünglich in den nördlichen Teilen von Mississippi und Alabama, heute in Oklahoma, ca. 9000, Sprache: Muskogee.
Die in ihrer Tradition mit anderen Muskogee-Stämmen vergleichbaren Chickasaw wurden als Folge des »Removal Acts« (1830) in das Indianer-Territorium im heutigen Oklahoma deportiert und leben seit Auflösung der Reservation (1907) auf ihnen zugeteiltem Land in kleinen bäuerlichen Betrieben.

Chin
Mongolide Völker, vorwiegend im Bergland zwischen Myanmar (Birma) und Indien beheimatet, einige auch im Tal des Irawadi-Flusses und in Bangladesch, insgesamt ca. 1,5–2 Mio., Sprache: Kuki-Chin-Gruppe des Tibeto-Birmanischen.
In Indien bestehen vier Hauptgruppen der Chin, unter denen die Gruppe der Meithei einst ein hinduistisches Königreich mit Merkmalen einer Hochkultur gründete. Sie betreiben Bewässerungsfeldbau, während bei den Berg-Chin Brandrodungsbau (Mais, Reis, Hirse, Baumwolle, Grünpflanzen) vorherrscht. Haustiere sind Büffel, Schweine, Hunde und Geflügel, Fischfang und Jagd sorgen für zusätzliche Fleischnahrung. Im Mittelpunkt der einzelnen Gemeinschaften

stand je ein Häuptling. Die Chin-Völker führten häufig Kriege gegeneinander. Die Religion basiert im Glauben an verschiedene Klassen von Geistern. Im Falle von Krankheiten werden Schamanen herangezogen. Christliche Missionierungen während der Kolonialzeit blieben meist erfolglos. Die Chin in Myanmar besitzen heute interne Autonomie, das autonome Unionsterritorium in Indien konnte erst nach militantem Widerstand errichtet werden.

CHINANTEKEN

Mexikanische Indianer im Chinantla (schwer zugänglicher Teil des nördlichen Berglandes von Oaxaca), ca. 40.000, Sprache: Mixteko-Zapotekisch.

Die Chinanteken betreiben intensiven Bodenbau (vor allem im Becken des Paplopan) an terrassierten Hängen und im fruchtbaren Talgrund, dazu kommt Viehhaltung. Der Einfluss der Spanier zeigt sich vor allem in der Dorfstruktur (charakteristisch ist das Dorfzentrum mit Plaza, Kirche etc.). Die alten Handwerkskünste (Korbflechterei, Weberei, Töpferei) gehen immer mehr zurück, und obwohl Blitzkult und Zauberei noch verbreitet sind, löst sich die traditionelle Kultur stark auf.

CORA

Mexikanische Indianerbevölkerung in den Bergen der Sierra Madre Occidental von Nayarit, ca. 7000, Sprache: Uto-Aztekisch.

Die Cora bauen auf den leicht terrassierten Feldern an den Berghängen vorwiegend Mais an. Sie leben in Weilern (Stein- oder Lehmhäuser), dazu gibt es noch ein nicht ständig bewohntes Gemeindezentrum mit Kirche, Schule usw. Die Lehre der katholischen Kirche setzt sich immer mehr durch.

DAGHESTAN-VÖLKER

Ungefähr 30 Volksgruppen im Nordostkaukasus mit über 70 verschiedenen Sprachen und Dialekten, darunter Türkisch und Farsi. Die kleinsten Gruppen umfassen nur wenige hundert Personen.

Das verkarstete Bergland trug stets zu einer sprachlichen und politischen Fragmentierung der Gruppen bei, woraus eine Vielzahl politischer Einheiten entstand. Die Terrassierung der Steilhänge erlaubt Boden- und Obstanbau. Letzterer wird aber vorwiegend in der schmalen Subtropenzone am Rande des Kaspischen Meeres durchgeführt. Wegen des Weidemangels in den stets harten Wintern ist Viehzucht nur eingeschränkt möglich. Die Männer ziehen daher als Wanderarbeiter in die Obstanbaugebiete der Küstenregion. Verbreitet ist das Schmieden von kunsthandwerklichen Erzeugnissen (Holzeinlege-,

Silber- und Kupferarbeiten). Ab dem 11. Jh. breitete sich der Islam aus, ab dem 18. Jh. nahm der Einfluss Russlands zu, das immer mehr politische Einheiten in seine Abhängigkeit brachte. Hieraus resultierten schließlich überregionale Unabhängigkeitskämpfe, die sich zu Glaubenskriegen seitens der islamischen Orthodoxie wandelten. Die russische Übermacht konnte nie besiegt werden.

DANI

Die Bergpapuas um das Carstenszgebirge gehören zu den Stämmen der Danis, Uhundunis und Damal, Papua ist heute eine pauschale Bezeichnung für die Bewohner Neuguineas, 3,5 Mio (davon zwei Drittel Papua), Sprache: Voraustronesisch (Papua, einge hundert einzelne Sprachen) oder Austronesisch (Melanesier).

Neuguinea, die zweitgrößte Insel der Welt, hat Erhebungen bis zu über 5000 Metern, die zum Teil sehr weite Hochtäler umschließen. In dem bergigen Gelände sind die Siedlungsgemeinschaften oft in extremer Weise voneinander getrennt, häufig sprechen sie andere Sprachen, die sie untereinander nicht verstehen. Die Techniken und Gegenstände sind teilweise noch steinzeitlich geprägt, obwohl schon neuzeitliche Gerätschaften bis in entlegenste Täler vorgedrungen sind. Die Papua leben vom Anbau von Taro, Jams, Maniok etc., von der Tierhaltung und vom Fischfang. Die Siedlungsgemeinschaft ist Zentrum des sozialen und geistigen Lebens, Stämme werden von mehreren locker zusammengeschlossenen Dorfgemeinschaften gebildet, eine übergeordnete politische Struktur gibt es nicht. Seit dem 19. Jh. fand Missionierung statt und heute gehört die Mehrheit dem Christentum an. Seit dem Ende der Kolonialzeit ist Neuguinea politisch geteilt, der Nordostteil der Insel ist seit 1975 unabhängig (Papua-Neuguinea), der Westteil ist seit 1969 Provinz Indonesiens und kämpft heute noch um Autonomie.

GADDI

Nomadisierende Schafhirten und Ackerbauern, v. a. im Gebiet von Chamba (Himal Pradesh, Indien), ca. 51.000.

Die Gaddi bleiben in der kühlen Jahreszeit im Tal und betreiben Ackerbau, im Sommer ziehen sie mit ihrer Herde ins Gebirge. Auf ihren Wanderungen tragen sie ihr gesamtes Hab und Gut mit sich und schlafen im Freien (keine Zelte!). Ihr oberster Gott ist Shiva und ihre Glaubenswelt ist von Geistern, Hexen und Zauberriten geprägt.

GEORGIER

Stämme mit sprachlich und kulturell enger Verwandtschaft im Südwestkaukasus, im türkisch-

georgischen Grenzgebiet sowie im Nordwestiran, ca. 3,3 Mio., Sprache: zahlreiche Dialekte des südlichen Zweiges der kaukasischen Sprachfamilie.

Die klimatische Vielfalt zwischen dem Schwarzen Meer und dem Hauptkamm des Kaukasus bewirkt große wirtschaftliche Unterschiede: im Westen Obst-, Wein- und Ackerbau, im Osten Terrassenfeldbau mit Viehhaltung. Die Holz-, Stein- und Metallbearbeitung war hoch entwickelt. Die Georgier lebten in festungsartigen Häusern als Großfamilien mit bis zu hundert Personen. Mehrere Großfamilien bildeten Sippenverbände, die neben dem Adel und der Kirche wirtschaftlich und politisch einflussreich waren. Der christliche Glaube war in Zeiten der Islamisierung, der politischen Unterdrückung und der staatlichen Zerrissenheit stets das einigende Band. Vorchristliche Volksreligionen (Verehrung von Wald-, Baum- und Tiergeistern) blieben aber bestehen. Georgien stellt heute ein Agrarland mit bedeutender Nahrungsmittelindustrie dar.

GURUNG

Tibetischstämmiges Volk in der Bergregion des westlichen Zentralnepal (südlich des Gurkha- und Annapurna Himal), ca. 150.000, Sprache: Tibeto-Birmanisch.

Die Gurung sind bekannt für ihre stattlichen Häuser und Steintreppen. Sie leben meist in großen Dörfern in Höhenlagen über 1500 Meter und bauen auf teilweise bewässerten Terrassenfeldern Reis, Hirse, Weizen und Kartoffeln an. Dazu kommen die Viehzucht und der Handel sowie die Tätigkeit als Gurkha-Soldaten. Die Gurung sind Buddhisten (Lamaismus), es haben sich jedoch vielen hinduistische Verhaltensweisen eingebürgert. Viele der nepalesischen Träger kommen aus diesem Bergvolk.

HAZARA

Bevölkerung im Hazaradschat, der Gebirgsregion im Westen der afghanischen Hauptstadt Kabul, zwischen 500.000 und 2 Mio., Sprache: Persisch, vermischt mit etwas Mongolisch.

Die Hazara leben in kargen Gebirgsregionen und praktizieren dort Bewässerungs- und Trockenfeldbau, in großen Höhen legen sie Terrassenfelder an. Die harten Winter schränken die Viehzucht ein. Als Behausungen dienen Lehmhäuser. Güter, die sie nicht selbst erzeugen können, werden von nomadischen Händlern erworben. Viele Hazara versuchen der extremen Armut durch Arbeit in den Städten zu entkommen (z.B. als Diener oder Lastenträger), wo sie als fleißig angesehen sind, aber auch als hinterwäldlerisch oder dumm gelten.

HUICHOL

Mexikanische Indianer in der Sierra Madre Occidental von Nayarit und Nordjalisco, ca. 7000, Sprache: Uto-Aztekisch.

Die Huichol leben als Bauern verstreut inmitten ihrer Felder an den Berghängen, zusätzlich gibt es Siedlungszentren mit Schule, Kirche usw. Der Anbau (v. a. Mais) erfolgt in traditioneller Weise auf Brandrodungsfeldern, zusätzlich wird Viehhaltung betrieben. Ihre Religion ist von Kultbildern und -zeremonien geprägt und vom Katholizismus nur wenig beeinflusst. Heute werden alte Kultbilder aus Wolle hergestellt und an Touristen verkauft.

HUNZA

Politisch-geografische Einheit unter den Darden. Bevölkerung zwischen Karakorum und Hindukusch, am oberen Indus und dessen Nebenflüssen und in Nordpakistan.

Der hochgebirgige, niederschlagsarme Lebensraum macht Terrassenfeldbau mit Bewässerung notwendig (Weizen, Gerste, Buchweizen, Hirse). Auf den Hochalmen wird im Sommer Viehwirtschaft betrieben. Die einzelnen Einheiten der Darden bildeten oft kleine Staatswesen, zwischen denen häufig Kriege entflammten. Die Hunza konnten sich ihre ismailitische Glaubensrichtung wegen der Unwegsamkeit des Geländes weitgehend bewahren. Seit dem Bau des Karakorum Highways Anbindung an die Handelszentren Pakistans und Öffnung für den Tourismus.

IGOROT

Überbegriff für die altindonesischen Bergstämme im Norden der Insel Luzon (Philippinen) – zu ihnen zählen die Ibaloy, Kankanay, Bontoc, Ifugao, Gaddang, Kalinga, Tinggian, Apayo und Ilongot, insgesamt ca. 460.000. Hinzu kommen die auf der Insel Mindanao lebenden Bukidnon, Manobo, Bagobo, Bilaan und Sabuanun (gesamt ca. 500.000, Lebensweise ähnlich der der Igorot) sowie die Mangyan auf Mindoro und die Tagbuanan auf Palawan.

Während die nördlichen Stämme für den Anbau (v. a. Reis) das Brandrodungsverfahren anwenden, haben sich die südlichen Stämme auf Terrassenanbau spezialisiert. Das Terrassensystem der Ifugao gilt als das größte der Welt. Die Stämme leben je nach Region in kleinen verstreuten Weilern oder in großen, gut strukturierten Dörfern. Die polytheistische Religion ist von Kopfjagd und Ahnenkult geprägt. Die Igorot hatten bis Ende des 19. Jh. kaum Außenkontakte und blieben dadurch von der spanischen Kolonialherrschaft weitgehend unbeeinflusst. Auch heute

noch leben die Altindonesier isoliert in den schwer zugänglichen, wenig erschlossenen Bergregionen im Innern der großen Inseln.

INDIANDER

Bezeichnung für die Ureinwohner Amerikas, die in Nord-, Mittel- und Südamerika zahlreiche, sehr unterschiedliche Kulturen entwickelt haben. Sie waren nomadische Jäger und Sammler, Sprachen: polysynthetische indianische Sprachen.

Einwanderung während der letzten Eiszeit (ab ca. 30.000 vor Christus) über das heutige Beringmeer. In der Folge Ausbreitung bis nach Südamerika. Die Indianer werden zum mongoliden Rassenkreis gezählt. Sie entwickelten eine Vielzahl an Hochkulturen in Mittel- und Südamerika (Azteken, Maya, Inka), die erst von den europäischen Kolonialmächten zerschlagen wurden. Die sesshaften Bauern in Mexiko, Mittelamerika und den Andenstaaten sind heute ihre Nachkommen. In Nordamerika bilden die Indianer mit ca. 1 Mio. eine ethnische Minderheit, in Mexiko wird ihre Zahl auf ca. 3 Mio. geschätzt. Eine weitere ethnische Gruppe in Nordamerika bilden die Eskimos. Die unterschiedlichen Kulturen der Indianer Nordamerikas werden nach geografischen Gesichtspunkten gegliedert, wie z. B. Subarktis, Prärien, östliches Waldland u. v. m. Die Restkulturen der Gegenwart sind durch die Einflüsse der europäischen Kolonialmächte großräumig verschoben. Vorher hatten die Indianer Unterdrückung, Diskriminierung, Zwangsdeportationen und Zwangsarbeit sowie Ausrottungen zu erleiden. Heute leben sie in Reservaten und versuchen traditionelle Kulturformen zu bewahren.

INGUSCHEN

Verschiedene Lokalgruppen im Nordostkaukasus, ca. 158.000, Sprache: Vejnachskischer.

Lebensgrundlage ist die Schafzucht. Milchprodukte werden für den Tauschhandel

verwendet. Missionierung und Islamisierung konnten die heidnische Religion nicht verdrängen (Schutz- und Fruchtbarkeitsgötter). Das Oberhaupt der patriarchalischen Großfamilie regelt alle Angelegenheiten. Die russische Revolution brachte einschneidende wirtschaftliche und soziale Veränderungen mit sich (Kolchosen, moderne Wohnbauten, Obst- und Bodenbau), die bis in die Gegenwart fortbestehen.

KACHIN

Mongolides Bergvolk in Nord- und Nordostbirma, Assam und Yünnan, ca. 600.000, Sprache: Tibeto-Birmanisch.

Die Kachin betreiben Brandrodungsfeldbau (Reis, Mais, Sesam, Hirse), Jagd und Fischfang und halten als Haustiere Schweine, Rinder, Büffel, Hühner und Hunde. Traditionelles Handwerk: Korbflechtereien und Baumwollweberei. Sie bewohnen Pfahlhäuser in Dörfern, die meist auf Bergkämmen gelegen sind. Die Gesellschaft setzt sich aus Aristokraten (aus ihnen gehen die Häuptlinge hervor), Gemeinen und Sklaven zusammen.

KAFIREN

Bewohner des nordostafghanischen Hindukusch, ca. 90.000, Sprache: indogermanische Kafirsprachen mit vier Hauptrichtungen, denen die ethnischen Unterscheidungen entsprechen.

Politische Einheiten entwickelten sich aus den Bewohnern einzelner Täler, da die unwegsame Naturgeografie keine übergreifende Volksbildung zulässt. Ackerbau (Getreide, Hirse, Mais) wird von den Frauen auf Terrassenfeldern betrieben, die Männer versorgen das Vieh und verarbeiten die von ihnen gewonnene Milch. Die Dörfer werden treppenartig an den Hängen errichtet. In ihnen leben mehrere Sippen, die im steten Wettstreit um Ehre und Ansehen liegen. Die Kafiren sind berühmt für ihre blauen Augen und ihre blonden Haare, daher zählten sie die Asiaten zu den Nachfahren der mit Alexander dem Großen nach Indien gezogenen Griechen. 1895/96 Zwangsislamisierung und weitgehende Vernichtung der Kultur. Während der sowjetischen Invasion in Afghanistan wurden viele Dörfer zerstört.

KALASH

In den nordwestpakistanischen Tälern an der Grenze zu Afghanistan ansässig, ca. 3000–4000, Sprache: dardische Sprache aus der indogermanischen Sprachfamilie.

Die Kalash betreiben Bewässerungsfeldbau (Weizen, Gerste, Hirse, Mais) und Viehzucht (Schafe, Ziegen, wenig Rinder). Im Zentrum der Religion steht eine Schöpfergottheit sowie Götter und Göttinnen des Weins, des

Krieges und der Feldfrüchte. Die Kalash bringen Opfergaben auf Altären. Der Einzelne verschafft sich Ansehen durch die Veranstaltung von Verdienstfesten, in deren Rahmen er häufig seine gesamte Habe an die Dorfbewohner verteilt. Die teilweise Islamisierung und das Vordringen der Moderne bewirken heute kulturelle Verfallserscheinungen.

KARATSCHAIER
Volk im Nordwestkaukasus, 113.000, Sprache: Türkisch.
Die Karatschaier waren bis zur russischen Revolution 1917 Viehzüchter (Schafe, Ziegen, Rinder, Pferde) und produzierten neben Fleisch und Milchprodukten Felle und Wollstoffe. Getreide erwarben sie im Tauschhandel gegen Milchprodukte. Eine kleine Adelsschicht dominierte die Politik. Die heidnische Religion wurde im 18. Jh. vom Islam verdrängt. Die Karatschaier kooperierten im Zweiten Weltkrieg mit den Deutschen. Sie verloren daraufhin ihren nationalen Status, den sie 1957 wiedergewannen. Modernisierter Bodenbau und Flächenerschließungen bewirken heute eine weitgehende Unabhängigkeit von Getreideeinfuhren.

KASACHEN
Beheimatet in Kasachstan, Minderheiten in Russland, China, in der Mongolei, in Afghanistan, der Türkei und in Indien, ca. 7 Mio., Sprache: Türkisch.
Die Kasachen besiedeln einen Raum mit vielfältiger Naturgeografie vom Kaspischen Meer bis zur Wüste Gobi. Klassisches Nomadenvolk (Pferde-, Schaf- und Kamelherden) mit riesigen Weidegründen in unterschiedlichen Klimazonen. Zwischen den jeweiligen Weidephasen mussten bis zu 1000 Kilometer zurück gelegt werden. Die Kasachen betreiben reine Subsistenzwirtschaft. Sie fertigten Stoffe, Filze und allerlei Gebrauchsgegenstände. Der Verlust von Herden bedeutete

die Aufgabe des Nomadismus und die Sesshaftigkeit. Die Kasachen werden in vier Horden unterteilt, die jeweils von einem Khan geführt werden, welcher sich direkt von Dschingis Khan ableitet. Religion ist der sunnitische Islam, er ist jedoch lediglich Deckmantel für heidnische Gottheiten. Während der Sowjetzeit war Kasachstan einer der größten Woll- und Fleischproduzenten der UdSSR. Der Sozialismus konnte die traditionellen Sozialstrukturen nicht wesentlich gefährden.

KASCHKAI
Im Südiran, ca. 500.000, Sprache: Türkisch.
Die Kaschkai sind noch heute Nomaden mit Schaf- und Ziegenherden, Eseln, Pferden und Rindern. Sie wandern stetig zwischen ihren Sommerweiden (im Zagros-Bergland) und den Winterweiden (südlich von Shiraz) hin und her und legen dabei bis zu 500 Kilometer zurück. Die Großfamilie bildet eine wirtschaftliche Einheit, in ihr herrscht größte Solidarität. Gewohnheitsrechte werden vom schiitischen Islam lediglich überdeckt. Mobile Zeltschulen stellen heute die Unterrichtung der Kinder unter Beibehaltung der nomadischen Lebensweise sicher.

KAUKASUS-VÖLKER
Völker und Gruppen im Zis- und Transkaukasus mit unterschiedlichen kaukasischen Sprachen und großer kultureller Vielfalt, zu ihnen zählen die Georgier, Armenier, Tscherkessen und Tschetschenen.

KETSCHUA
Indianische Völker der Zentralanden (Ecuador, Peru, Bolivien, Nordchile, Nordwestargentinien), ca. 8 Mio., Sprache: zahlreiche Dialekte der indianischen Sprache.
Geschlossenes Siedlungsgebiet ist das zentrale Hochland über 2000 Meter. Die Ketschua sind aber auch in den Küstenstädten zu finden. Ketschua war die Staatssprache des Inkareiches. Die Inka- wie die Kolonialvergangenheit bilden die Grundlage des gegenwärtigen Gemeinschaftsbewusstseins. Es bestehen aber auch nationalstaatliche Loyalitäten. Ein offizieller Katholizismus verbirgt die indianische Volksreligion.

KHOND
In den Dschungeln und Bergen des indischen Bundesstaates Orissa lebendes Volk, ca. 700.000, Sprache: Kul bzw. Kuwi sowie Dialekte der drawidischen Sprachgruppe.
Sesshafte Reisbauern mit Baumwollkulturen neben wenigen Jägern und Fallenstellern. Selten wird Brandrodung betrieben. Die Khond brachten bis ins 19. Jh. noch Menschenopfer dar. Glaube und Sitten zeigen

Ähnlichkeiten zur Hindu-Bevölkerung. Seit den siebziger Jahren schnell fortschreitende Akkulturation.

KIKUYU
Zwischen Mt. Kenia und der Hauptstadt Nairobi, zählen mit ca. 1,5 Mio. zu den größten Völkern Ostafrikas, Sprache: Gruppe der Nordost-Bantu.
Die Kikuyu halten Zebus, Ziegen und Schafe. Die Tiere gelten als Symbole des Wohlstandes. Ernährungsgrundlage ist der Feldbau (Hirse, Mais, Kartoffeln, Maniok, Bananen, Zuckerrohr, Bohnen), der kommerzielle Handel mit Tabak, Tee und Kaffee gewinnt an Bedeutung. Die Verstädterung lockert die Stammesbindungen, Volksreligionen wurden zur Zeit der christlichen Missionierung zurückgedrängt. Die traditionelle Magie konnte sich jedoch behaupten, Medizinmänner gelten noch immer als Autoritäten. Die britischen Kolonialherren erklärten einst fruchtbare Gebiete zum Siedlungsgebiet für Weiße. Die Verbitterung über die ungerechte Landverteilung entlud sich im Mau-Mau-Aufstand. Aus ihm ging Yomo Kenyatta als erst Staatschef des unabhängigen Kenia hervor.

KIRGISEN
Türkisch sprechendes Volk Kirgisistans, Minderheiten im Westen Chinas, in der Mongolei und im Nordosten Afghanistans, ca. 1,6 Mio.
Die Kirgisen nomadisieren in unwirtlichen Hochgebirgsregionen und unterhalten Schaf-, Pferde-, Kamel- und Yakherden. Die durch Ackerbau gewonnenen Produkte (Weizen, Gerst, Hirse) ergänzen die an Fleisch und Milchprodukten orientierte Ernährung. Eine kleine, hierarchische Führungsschicht entscheidet über Stammesangelegenheiten. Der Islam verdrängte kaum den Glauben an Haus-, Herden- und Naturgeister. Während der Sowjetzeit wurden Kolchosen mit dem Ziel der Ausrottung des Nomadismus errichtet. Er konnte sich aber bis heute behaupten.

KOGI
Gebirgsbauern der Sierra Nevada de Sta. Marta in Nordkolumbien, ca. 7000, Sprache: Angehörige der Chibcha-Sprachfamilie.
Die Kogi arbeiten je nach Jahreszeit in unterschiedlichen Anbauzonen und Höhen. Sie produzieren Maniok, Kürbisse, Bohnen, Bananen, Mais und Obst. Die Männer und Frauen der Familien leben in getrennten Hütten. Priester werden als Häuptlinge anerkannt. Die Kogi betrachten sich als Auserwählte, welche die Mitte zwischen Gut und Böse aufrechterhalten. Sie lehnen die Errungenschaften der Moderne (v. a. Maschinen) ab in der Überzeugung, dass diese die Menschen eines Tages zerstören. Die eigene Religion konnte sich trotz Missionierung behaupten.

KUMÜKEN

Beheimatet im Nordostkaukasus, zwischen Kaspischem Meer und dem Daghestan-Bergland, ca. 190.000, Sprache: Türkisch.

Die Kumüken betreiben intensiven Bodenbau (Obst, Gemüse, Wein, Getreide) mit künstlicher Bewässerung; wenig Viehzucht. Sie stellen Schmiedeerzeugnisse her und leben als patriarchalische Großfamilien in großzügigen Lehmgehöften. Im Zuge der russischen Oktoberrevolution wurden die traditionellen Wirtschaftsweisen verdrängt. Produktivitätssteigerung war oberstes Ziel. Bodenbau und Viehzucht wurden intensiviert. Sogar eine eigene Konservenindustrie wurde errichtet.

KURDEN

2,3 Mio. Kurden leben in der Türkei (größte Minderheit), 2 Mio. im Iran (zweitgrößte Minderheit), 1 Mio. im Irak. Weitere 300.000 im Norden Syriens, und weitere Minderheiten in Armenien, Pakistan, Afghanistan und in den Staaten des Nahen Ostens.

Das größte Verbreitungsgebiet ist das gebirgige Kurdistan, das sich aus dem Osten der Türkei, dem Westen des Iran und dem Nordirak zusammensetzt. Die Kurden sprechen eine westiranische Sprache, welche in zwei Dialekte unterschieden wird. Sie betreiben Bodenbau (Getreide, Hülsenfrüchte, Garten- und Obstbau) und Viehzucht (Schafe und Ziegen). Einst Vollnomaden, leben die meisten Kurden heute auch in den Städten (Handwerker, Juweliere, Schmiede). Religion ist der sunnitische Islam bzw. pseudoislamische Sekten. Die Unzugänglichkeit Kurdistans garantierte im Mittelalter die nationale Unabhängigkeit. Erst die Aufteilung des Gebietes zwischen den Staaten Irak, Iran und Türkei entfachte nationale Autonomiebestrebungen, die bis in die Gegenwart andauern.

LAKEN

Bergvolk im Nordostkaukasus, ca. 86.000, Sprache: daghestanischer Zweig der kaukasischen Sprachfamilie.

Die Laken betreiben Viehzucht in den Bergen und Bodenbau in den tieferen Lagen. Sie sind freie Bauern, ihre politische Macht liegt in den Händen der Adelssippen. Russische Annexion bzw. die Folgen der russischen Oktoberrevolution veränderten die Wirtschaftsweisen der Laken nachhaltig.

LEPCHA

Volk in Sikkim (Indien), Lepcha leben auch in Ostnepal, Westbhutan und in anderen Provinzen Indiens, ca. 13.000, ihre Sprache wird zur tibeto-birmanischen Sprachfamilie gerechnet.

Sie betreiben Bodenbau, Viehzucht, Jagd und Fischerei. Ihre Häuser stehen auf Pfählen, der Raum zwischen den Pfählen dient als Stall. Jede Familie besitzt einen eigenen Schutzgeist, dem jährlich geopfert wird. Größere Clane besitzen männliche und weibliche Schutzgottheiten. Priester sorgen für die Unschädlichmachung von drohenden Geistern. Die Lepcha des heutigen Sikkim stellen nur noch eine Minderheit von ca. 10%.

LIMBU

Volk in Ostnepal, ca. 163.000, Sprache: Tibeto-Birmanisch.

Die Kultur der Limbu ist mit der der Rai vergleichbar und sie zählen mit den Newar, Sunwar, Tharu zu den Ur-Nepalesen. Die Limbu siedeln östlich des Arun, wo sie als Reisbauern leben. Wie die Rai wohnen sie in stattlichen, bunt bemalten Häusern. Viele Rai und Limbu gehören den Gurkha-Regimentern der britischen und indischen Armee an.

LOLO-VÖLKER

Völker im nördlichen Hinterindien und in den chinesischen Provinzen Yünnan und Szetschuan, ca. 5 Mio., unterteilt in 3,5 Mio. Lolo, 600.000 Hani, 450.000 Lisu, 300.000 Lasu und 60.000 Akha, Sprache: Tibeto-Birmanisch.

Der Brandrodungsbau stellt die wirtschaftliche Basis der autonomen Bergdörfer dar (Buchweizen, Mais und Bohnen). Ferner Zucht von Schafen, Schweinen, Ziegen, Rindern und Pferden. Ein Rat aus älteren Familienvorständen leitet die Dörfer. Das Ansehen eines Lolo wird bestimmt durch den Umgang mit Waffen und Pferden. Fast alle Haushaltsgegenstände werden aus Bambus oder Holz geflochten bzw. geschnitzt. Priester und Schamanen sind für die Interpretation von eigenen heiligen Texten zuständig.

LUREN

Leben in Luristan (Bergland im westlichen Zentraliran), Unterscheidung in westliche, nomadische Puscht-i Kuh Luren und östliche Pisch-i Kuh, die Landwirtschaft betreiben, wenige leben im Irak, ca. 600.000, Sprache: Iranisch.

Die Luren betreiben ganzjährigen Weidebetrieb mit Schafen, Ziegen und Eseln, die im Winter in den Süden, im Sommer in die Berge getrieben werden. Bei den unter Reza Schah sesshaft gewordenen Luren wird ständig Bodenbau betrieben. Sie haben das iranische Feudalsystem angenommen (Grundbesitzer und Pachtbauern). Früher lag die politische Führung bei einem Khan mit eigenen Truppen. Heute wird die Sesshaftwerdung ohne Anwendung von Zwang gefördert, da der Halbnomadismus wichtig für die Versorgung der Bevölkerung mit Lebensmitteln ist.

MAGAR

In Zentralnepal, westlich des Kathmandutales lebendes Volk, ca. 315.000, Sprache: Tibeto-Birmanisch.

Die Magar sind die einzige Volksgruppe dieses Landes, deren Lebensraum sich vom Hochgebirge bis ins Tiefland Nepals erstreckt, was unterschiedliche Landwirtschaftsmethoden zur Folge hat (Trockenfeldbau auf Terrassen mit Buchweizen, Hirse, Getreide, sowie Nassreisanbau in den Tieflagen). Es werden Schafe, Ziegen, Rinder und Yaks gehalten. Ferner werden Handel und Handwerk betrieben, andere arbeiten als Gurkha-Soldaten oder bei der nepalesischen Polizei. Bei den Magar drängt der Hinduismus den Buddhismus immer mehr zurück.

MAIDU

Zentralkalifornische Indianergruppe, ca. 200, Sprache: Penuti.

Sie lebten von zu Mehl verarbeiteten Eicheln, von Grassamen, Wild und Fisch, bewohnten feste Häuser und errichteten größere, zentral gelegene Versammlungsstädten in ihren Dörfern. Erbliche Häuptlinge bzw. reiche Männer führten die politisch selbständigen Dörfer. Mit Maskentänzen und mythischen Darstellungen wurde für das Wohl des Dorfes ein kollektives Ritual aufgeführt. Schwere Auseinandersetzungen entbrannten 1848 mit dem Zuzug von Goldsuchern. 1863 war der letzte Widerstand gebrochen. Die letzten Maidu wurden in die Reservation deportiert. Die ethnische Identität (die z. B. durch das Bärentanzritual zum Ausdruck gebracht wurde) ist kaum noch vorhanden.

MAORI

Den Polynesiern zugerechnete, autochthone Bevölkerung Neuseelands, ca. 300.000.

Erste Zuwanderung im 8. Jh. Die heutigen Stämme leiten sich aus den unterschiedlichen Zuwanderungsgruppen ab. Zunächst nur Jagd, später auch Anbau von Jams, Kartoffel und Taro. Streng hierarchische Gesellschaftsordnung mit drei Klassen: Adel, Freie und Hörige. Die Dörfer waren auf Hügeln errichtet und mit Wällen vor Angriffen geschützt. Nicht selten gab es Kriege. Hochentwickelte Schnitzkunst, Fertigung von Waffen, Geräten, Booten, Götterbildnissen sowie vielfältigem Schmuck. 1796 landete James Cook in Neuseeland, in der Folge breiteten sich die Weißen dort aus. Ab 1814 Missionierung. Eingeschleppte Krankheiten rafften viele Maori dahin. Der beginnende Widerstand konnte die Zerstörung des sozialen und religiösen Systems nicht mehr verhindern. Erst später wurden Maßnahmen zur Rettung der Maori ergriffen, die heute Englisch sprechen und deren Kulturgeschichte heute auf den Lehrplänen der neuseeländischen Schulen steht.

MASSAI

Ostafrikanisches Hirtenvolk der Dornbusch- und Grassavanne Südkenias bzw. Nordtansanias, ca. 250.000, Sprache: Nilotisch.

Vollnomaden mit Rinder-, Schaf-, Ziegen- und Eselzucht. Die Lebensweise hängt fast ausschließlich von den Bedürfnissen des Viehs ab. Die Massai waren früher wegen ihrer Raub- und Kriegszüge gefürchtet. Die Männer von gemeinsamen Beschneidungszeremonien bilden Altersklassen, die die Stammesregierung bilden. Das religiöse Oberhaupt der Massai ist Autorität in allen rituellen und zeremoniellen Angelegenheiten, jedoch keine politische Autorität. 1890 dezimierten Pockenepidemien und Rinderpest sowohl Mensch als auch Vieh, deren Folgen bis heute nachwirken. Versuchte Sesshaftmachungen scheiterten stets.

MAYA

20 sprachverwandte Indianerstämme in Mexiko (v. a. Yucatán), Guatemala, Belize und Honduras, die keine kulturelle oder politische Einheit bilden, 2 Mio., Sprache: Quiché-Sprachen. Die Hochland-Maya bestehen aus der Mam-Gruppe im nordwestlichen, der Quiché-Gruppe im zentralen und den Pokomchi und Pokomam im zentralen und östlichen Hochland von Guatemala.

Die Maya hatten eine hoch entwickelte Kultur, die sich bereits ab 500 v. Chr. entwickelt hatte. Der Bodenbau (Mais) war die wirtschaftliche Grundlage, bedeutsam waren auch der Handel und die Baukunst. In Astronomie und Mathematik überragten die Maya die übrigen indianischen Kulturen. Für fast alle Lebensbereiche gab es eigene Schutzgottheiten. Die oberste Gottheit war der Himmels- oder Sonnengott Itzamna. Im 15. Jh. kam es zur Zersplitterung in eine Reihe kleiner, einander befehdender Stadtstaaten

und zur Vernichtung der Maya-Kultur, wodurch den Spaniern die Eroberung der Halbinsel Yucatán (1527–1546) erleichtert wurde. Die Unterwerfung der Hochland-Maya, des dritten Gebiets der Maya-Kultur, das aber archäologisch noch wenig erforscht ist, erfolgte 1525. Vor allem in Guatemala führen die heutigen Maya das bäuerliche Leben ihrer Vorfahren fort.

MIKIR

Nordostindisches Bergvolk in den Mikir-Hills Zentralassams, ca. 150.000, Sprache: Tibeto-Birmanisch.

Die Mikir bewohnen Dörfer mit wenigen Häusern, welche bei größer werdenden Entfernungen zu den Brandrodungsfeldern verlegt werden. Wirtschaftsgrundlage ist Mais-, Reis-, Baumwoll-, Sesam- und Jamsanbau, ergänzt durch Fischfang und Jagd. Die eigene Seidenraupenzucht ist Grundlage für die Herstellung von Gewändern. Häuser wie Hausinventar werden aus Materialien der Umgebung hergestellt. Fünf exogame Patriclane gliedern die Gesellschaft. Die Mikir der Tieflagen sind heute der Mehrheitsbevölkerung angeglichen. Kommerzieller Feldbau verstärkt den Gesellschaftswandel.

MONGOLEN

Eine Vielzahl an Stämmen in der Mongolei, hinzu kommen die Mongolen in China bzw. dem Autonomen Gebiet der Inneren Mongolei, insgesamt ca. 3,1 Mio., Sprache: östlicher und westlicher Zweig der altaischen Sprachfamilie.

Die Formen des Nomadentums waren bestimmt von den naturgeografischen Unterschieden der riesigen Weiten des Siedlungsgebietes (Wüsten, Steppen, Gebirge, Salzseen, Sümpfe). Zucht von Schafen, Ziegen, Rindern, Kamelen und Pferden, vereinzelt auch Yaks, die in gemischten Herden gehalten wurden, um im Falle von Seuchen nicht alle Tiere zu verlieren. Hauptnahrungsmittel waren Milch und Fleisch. Eine kleine Adels- und Fürstenschicht besaß die wirtschaftliche und ökonomische Macht. Im Mittelpunkt der Religion stand der Schamane als Mittler zwischen irdischer und überirdischer Welt. Im 17. Jh. Einführung des Lamaismus und des Buddhismus, letzterer unterband wegen des Tötungsverbotes die Jagd. In der Folge Klostergründungen, die politische, wirtschaftliche und soziale Veränderungen nach sich zogen (z. B. wurde die Arbeitskraft der in die Klöster abgewanderten Männer vermisst). In der Gegenwart wirkt der starke sowjetische Einfluss nach, z. B. durch kollektivierte Viehzucht und durch intensiven Bodenbau. Weniger als die Hälfte der Bevölkerung lebt noch teilnomadisch.

NAGA

Nordostindische, kulturell verwandte Bergstämme als Hauptbevölkerung des Nagalandes, ca. 700.000, 32 bekannte Stämme mit unterschiedlichen Dialekten.

Die Naga besitzen kein Bewusstsein einer gemeinsamen ethnischen Identität. Sie bezeichnen sich selbst mit dem jeweiligen Stammesnamen. Zwischen ihren autonomen Dörfern kam es früher häufig zu Kriegen. Die politische Führung der Dörfer war sehr unterschiedlich (Häuptlinge, Dorfräte, Schichtung der Gesellschaft in Adlige und Gemeine). Wirtschaftsgrundlage sind der Reisanbau sowie der Brandrodungsfeldbau mit Hirse, Taro und Jams. Haustiere sind Büffel, Schweine, Ziegen, Hühner und Hunde. Ferner wird gejagt und gefischt. Noch heute gehen 90% der Naga den traditonellen Wirtschaftsweisen nach.

NAVAJO

Indianer im Nordosten Arizonas und in New Mexico, Colorado und Utah, ca. 170.000, Sprache: athapaskische Sprache der Na-Dené-Sprachfamilie.

Die Navajo übernahmen nach ihrer Zuwanderung eine Vielzahl an Kulturelementen der Pueblo-Indianer, z. B. den Anbau von Pflanzen. Sie lebten in selbständigen Lokalgruppen ohne zentrale Stammesorganisation. Die Schafzucht wurde durch spanischen Einfluss eingeführt, es folgte die Zucht von Pferden und Rindern. Schamanen sorgten für die Lösung interner Konflikte sowie für die Heilung von Kranken. Der Widerstand der Navajo gegen den Zuzug anglo-amerikanischer Siedler wurde militärisch niedergeschlagen, ihre Siedlungen und Pflanzungen zerstört. 1869 wurden die letzten 8000 Navajo aus der Gefangenschaft entlassen und in Reservationen angesiedelt. Die Rohstofferschließungen (Öl, Gas, Steinkohle) in den Reservationen sorgten für Umweltverschmutzungen und Arbeitslosigkeit. Alkoholismus und ein verstärkter Hass auf die Weißen waren die Folge. Das heutige Reservat der Navajo, die sich seit 1988 »Nation« nennen, ist etwas kleiner als Bayern.

NEWAR

Bewohner des Tales von Kathmandu, bedeutendste Bevölkerungsgruppe Nepals, ca. 400.000, Sprache: Tibeto-Birmanisch (Newari).

Die Newar (die Ureinwohner des Kathmandutales) sind Reis- und Gemüsebauern, begnadete Handwerker und erfolgreiche Händler. Die traditionelle Architektur der Newar (kubische Häuser aus kleinen Backsteinen, geschnitzte Holzfenster) bildet

heute das auffälligste Merkmal dieses Volks-
stamms, der eine eigene Form des
Buddhismus (mit stark hinduistischer
Färbung) hervorgebracht hat.

NORDASSAM-VÖLKER
*Völker im nordostindischen Gebirge und in der
Brahmaputra-Ebene, ca. 400.000, Sprache:
Tibeto-Birmanisch.*
Die Nordassam-Völker grenzten sich traditio-
nell gegenseitig ab und führten häufig Kriege.
Grundsätzliche Merkmale sind ihnen aber
aufgrund der gleichen Lebensbedingungen
und -räume gemeinsam: Brandrodungsbau
(Reis, Mais, Hirse), Anbau von Obst und
Gewürzpflanzen, Jagd, Fischfang, Sammeln
von Wildkräutern. Die Dörfer bestehen aus
Pfahlhäusern. Sie gelten als oberste politische
Einheiten und werden von Ältestenräten oder
von Häuptlingen regiert.

OSSETEN
*Zentralkaukasisches Volk, ca. 488.000, Sprache:
Ostiranisch.*
Die Wirtschaft bestand aus Viehzucht in den
Höhenlagen und Bodenbau in den Tälern.
Adelsgeschlechter beherrschten die Gesell-
schaft aus freien Bauern, Hörigen und
Sklaven. Die traditionellen heidnischen Vor-
stellungen konnten weder vom Christentum
noch vom Islam verdrängt werden. Erst unter
zaristischer Herrschaft und während der
Sowjetzeit kam es zu einschneidenden Verän-
derungen, wie z. B. der Entwicklung einer
verarbeitenden Industrie, einer Ernährungsin-
dustrie und der Errichtung von Kolchosen.
Die meisten Bergdörfer der Osseten sind
heute verlassen, da die Bevölkerung in tiefere
Regionen umsiedelte.

OST- UND NORDOSTAFRIKA
*Ost- und Nordostafrika erstreckt sich vom Roten
Meer bis Südafrika, heutige politische Einheit der
Staaten Äthiopien, Somalia, Kenia, Uganda,
Ruanda, Burundi und Tansania, Handels- und
Verkehrssprache: Suaheli.*
Der größte Teil der Bevölkerung Ost- und
Zentralafrikas besteht aus bantusprechenden
Schwarzen. Kriegerische Niloten hatten sich
vielfach mit den sesshaften Bantu vermischt,
der nilotische Ursprung ist noch bei den
Massai erhalten. Daneben gibt es noch weni-
ge Pygmäenstämme. Unter der europäischen
Herrschaft seit Ende des 19. Jh. wurde die
Wirtschaft auf die Belange der Kolonialmäch-
te abgestellt, viele landwirtschaftliche
Produkte wurden – und sind auch heute noch
– wichtige Ausfuhrgüter, aber auch der
Rohstoffabbau spielt eine wichtige Rolle.

PÁEZ
*Indianisches Gebirgsbauernvolk in Kolumbien,
ca. 35.000, Sprache: Chibcha.*
Vielfältiger Anbau von Nahrungsmitteln über
große Höhenunterschiede hinweg: Mais, Kartoffeln, Weizen, Maniok, Bananen, Avocado,
Ananas, Kaffee und Zuckerrohr. Als Haustiere
hält man Hühner, Truthahn, Schweine, Kühe
und Pferde. Familien besitzen oft 10 bis 12
Kinder. Der Katholizismus überdeckt lediglich die traditionellen Glaubensvorstellungen
von Berggöttern und Medizinmännern. 1806
brachten die Spanier das Land unter ihre
Kontrolle und teilten den Páez Reservate zu.
Der Widerstand gegen den Landraub flammt
bis in die Gegenwart immer wieder auf.

PALAUNG
*Bergvolk Nordostbirmas bzw. der chinesischen
Provinz Yünnan, ca. 150.000, Sprache:
Mon-Khmer.*
Die Palaung leben auf bis zu 2000 Meter
hohen Bergkämmen. Die Naturgeografie
isoliert einzelne Gruppen voneinander. Die
Dörfer bestehen aus Pfahlhäusern entlang der
Bergkammlinie und sind autonom. Die
Palaung leben vom Anbau von Reis, Bohnen,
Mais, Tabak, Jams und Tee auf Brand-
rodungsfeldern und der Zucht von Büffeln,
Rindern und Pferden.

PASCHTUNEN
*Auch Pathanen genannt. Stellen mit ca. 7 Mio. die
Hälfte der Bevölkerung Afghanistans, weitere
6 Mio. leben im pakistanischen Teil des Siedlungsgebietes, Sprache: Ostiranisch.*
Durrani und Ghilzai bilden die beiden größten Stämme. 2 Mio. Paschtunen leben noch
heute als Nomaden mit Herden aus Schafen,
Ziegen, Eseln, Kamelen und Schweinen.
Zudem wird Handel betrieben, um die
Unsicherheiten des Nomadenlebens auszu-
gleichen. Die sesshaften Paschtunen
betreiben Bodenbau. Die Gesetze entnimmt
man einem schriftlich fixierten Ehrenkodex,
der strikte Vergeltungsgesetze beinhaltet. Sie
waren ausschlaggebend für zahlreiche Kriege
zwischen den Paschtunen.

PHI TONG LUANG
*Kleine Gruppen von Jägern und Sammlern in den
Bergwäldern Nordthailands, Sprache: Mon-
Khmer-Sprachen.*
Die Phi Tong Luang leben ohne festen Auf-
enthaltsort und meiden Kontakte mit Fremden, sie sind sehr scheu. Daher wird ihre Zahl
von einigen hundert nur geschätzt. Sie leben
in festgelegten Territorien und ernähren sich
von Wildpflanzen, Kleintieren, Wurzeln und
Honig. Wegen Krankheiten, Unterernährung
und Raubtieren sind die Phi Tong Luang
heute vom Aussterben bedroht.

SUDAN
*Der Sudan ist das Gebiet zwischen dem Rand der
Sahara im Norden, dem äquatorialen Regenwald
im Süden, dem Atlantischen Ozean im Westen und
dem Roten Meer und dem äthiopischen Hochland
im Osten, das durch mehrere Klima- und Vegeta-
tionszonen verläuft, keine Spracheinheit.*
Die negride Bevölkerung wird besonders von
zwei Rassenkreisen geprägt: die Sudaniden
im Westen und die Nilotiden im Osten. Weiß-
afrikaner (Mauren und Tuareg) sind bis in den
Sahelbereich vorgedrungen, Sudan-Araber
besiedeln große Teile des Landes zwischen
Nil und Tschadsee. Zwischen Nil und Rotem
Meer sind Bedja ansässig. Je nach Region
überwiegt Viehhaltung oder Savannenland-
wirtschaft. Nach der Herrschaft der Araber
und anschließend der Kolonialmächte Groß-
britannien und Frankreich fand nach dem
Zweiten Weltkrieg eine Entkolonialisierung
statt. Heute sind die Staaten in der Sudan-
zone unabhängig.

SÜDTIROLER
*Bevölkerung der Provinz Bozen (südlich des
Brenners gelegener Teil der ehemaligen Grafschaft
Tirol), ca. 450.000, Sprache: Deutsch (68%),
Italienisch (27,6%) und Ladinisch (4,4%).*
Südtirol hat eine wechselvolle Geschichte
hinter sich. Der völkerrechtliche Konflikt
zwischen Italien und Österreich um die
Region wurde erst 1992 mit einer Note, die
bei den Vereinten Nationen hinterlegt wurde,
vollständig beigelegt. Für ständige Spannun-
gen sorgten die Autonomiebestrebungen der
Provinz, in denen Kulturfreiheit, Verwaltungs-
autonomie und Gleichstellung der deutschen
Sprache gefordert worden waren. In den
Tallagen Südtirols wird vor allem Wein- und
Obstanbau betrieben, in den höheren Lagen
Vieh- und Weidewirtschaft. Im gesamten
Südtirol ist der Tourismus sowohl im Sommer
als auch im Winter ein wichtiger Erwerbszweig geworden.

TAMANG

Volk in Zentralnepal (südlich des Ganesh Himal, im Helambu und auf den Hügelkämmen südlich von Kathmandu), über 350.000, Sprache: Rangitam (mit dem Tibetischen verwandt).

Die Tamang, eine der größten tibeto-mongolischen Ethnien des Landes, siedeln in Höhen zwischen 1800 und 2500 Metern und bewohnen dort Steinhäuser. Sie betreiben Bodenbau und arbeiten als Handwerker, Zimmerer, Maurer und Schnitzer. Auf Trekkingtouren werden sehr oft Tamang-Träger beschäftigt, die einen ausgezeichneten Ruf als starke und zuverlässige Begleiter haben. Auch viele Köche und Sirdar (Bergführer) stammen mittlerweile aus diesem Stamm. In der Religion spielen Schutzgeister und Riten eine große Rolle, aber auch der Lamaismus (viele eigene Klöster) ist verbreitet.

TARAHUMARA

Indianer in der nordwestmexikanischen Sierra Madre Occidental, ca. 25.000, Sprache: Uto-Aztekisch.

Die Tarahumara bewohnen das Bergland der Sierra Madre und betreiben dort Viehzucht und Bodenbau, welcher nur mittels Düngung und sorgfältiger Wahl der Ackerflächen möglich ist. Die Dörfer sind politisch autonom, was durch die Unwegsamkeit des Geländes bedingt ist. In religiöser Hinsicht pflegt man vorchristliche Zeremonien ebenso wie das Feiern von Schutzpatronen der katholischen Kirche.

TARASKEN

Mexikanische Indianer des bewaldeten Berglandes von Nordmichoacán und um den See von Patzcuaro, Zentralmexiko, ca. 45.000, Sprache: Taraskisch.

Die Tarasken waren bis zur Ankunft der Spanier politisch unabhängig. Von ihnen wurden sie militärisch unterworfen, woraufhin die Hispanisierung und Christianisierung einsetzte. Städte und Dörfer wurden zerstört, viele Tarasken wanderten in die USA aus. Rückkehr erst nach 1930. Heute geben die Tarasken die ethnische Identität weitgehend auf und integrieren sich in die mexikanische Staatsgesellschaft. Wenige leben weiterhin autark in ihren abgelegenen Dörfern.

THAKALI

Volk in Zentralnepal (zwischen Dhaulagiri und Annapurna im Kali-Gandaki-Tal oder Thak Khola), ca. 4000, Sprache: Tibeto-Birmanisch.

Der tibeto-mongolische Stamm beherrschte jahrhundertelang den lukrativen Salzhandel zwischen Tibet, Nepal und Indien. Nach 1959 brach dieser Salzhandel aufgrund der Grenzschließung weitgehend zusammen. Heute betreiben die Thakali viele Lodges für die Trekkingtouristen. In ihrer Religion mischen sich Bön (vorlamaistische Religion Tibets), Lamaismus und Hinduismus.

TIBETER

Das Volk von Tibet (Provinz der Volksrepublik China), viele Tibeter leben heute in anderen Provinzen Chinas und als Flüchtlinge in den Himalaja-Königtümern und in Indien, Sprache: Tibeto-Birmanisch.

Tibet ist ein dünn besiedeltes Hochland, das von mehreren Gebirgsketten umgeben ist. Die Tibeter lebten bis in die fünfziger Jahre fast von der Außenwelt abgeschlossen. Haupterwerbszweige waren der Ackerbau im Süden und die Viehzucht im Norden, unter den Gruppen fand lebhafter Tauschhandel statt. Die Grenzen zwischen Bauern- und Nomadentum waren fließend. Die Gesellschaft war in drei Gruppen geteilt: Adel, gemeines Volk und lamaistische Kirche. Eine Frau heiratete in der Regel die Brüder des Mannes mit, die Familienbande waren sehr stark. Das Leben wurde größtenteils von der Religion bestimmt, Mittelpunkte des religiösen Lebens, aber auch der Wissenschaft und Kunst, waren die Klöster. Nach dem Überfall der chinesischen Armee 1959 wurden die meisten Klöster zerstört. Die tibetische Kultur wurde massiv unterdrückt. Sehr viele Tibeter, unter ihnen auch das religiöse und politische Oberhaupt, der Dalai Lama, sind nach Indien oder Nepal ausgewandert und leben heute dort im Exil. Leider ist diese große und auch dramatische Flüchtlingsbewegung noch nicht zum Stillstand gekommen. Aufgrund dessen haben sich diverse Zentren der tibetischen Kultur und des tibetischen Buddhismus (Lamaismus) von Tibet her nach Kathmandu, nach Daramsala und in einige andere Städte verschoben.

TIROLER

Bevölkerung des österreichischen Bundeslandes Tirol (das drittgrößte und am dünnsten besiedelte), ca. 665.000.

Tirol teilt sich in Nordtirol (zwischen Bayern, Salzburg im Osten, Italien und Vorarlberg im Westen) und Osttirol (zwischen Salzburg im Norden, Kärnten im Osten und Italien im Süden und Westen) auf. Südtirol fiel in der wechselvollen Geschichte an Italien (der Tiroler Freiheitskampf 1809 ist nur eines von vielen wichtigen Daten). Nur gut 12% der Fläche gelten als Dauersiedlungsraum, etwa zwei Drittel der Einwohner leben zwischen 400 und 800 Metern, ca. 13% in Höhen über 1000 Metern. Neben Ackerbau wird Alm- und Forstwirtschaft betrieben, auch die Viehzucht ist ein wichtiger Faktor. Wichtigster Erwerbszweig ist aber der Tourismus. Der Transitverkehr stellt eine starke Umweltbelastung dar. Der Hauptanteil der Bevölkerung ist katholisch und die Kultur wird stark von der Religion und vom alpenländischen Lebensraum geprägt, das Brauchtum (Trachten, Feste u. s. w.) wird auch heute noch sehr gepflegt.

TODA

Hirtenvolk in den Nilgiri-Bergen Tamil Nadus, Indien, ca. 700, Sprache: Drawida.

Das sesshafte Hirtenvolk lebt in Höhen über 1000 Metern. Große, hellhäutige Menschen, die Männer tragen alle Bärte. Zwischen Männern und Frauen herrscht Gleichberechtigung. Die Toda leben nur von Milch und Milchprodukten, sie töten keinerlei Tiere und besitzen auch keine Waffen. Kleine Gruppen teilen sich Vieh und Weideflächen. Die Häuser bestehen aus Bambus. Sie besitzen zwei Tempel und halten ihre Feiern auf dem Gipfel des Mukurti-Berges ab. Zentrale Bedeutung im Leben der Toda hat die Büffelkuh, deren Milch ein Geschenk Gottes darstellt.

TORADJA

In den Bergländern von Zentralsulawesi (Indonesien) beheimatetes Volk, ca. 600.000 bis 900.000.

Die Toradja bilden keine sprachliche und kulturelle Einheit. Eine Ost- und eine Südgruppe unterteilen sich in eine Vielzahl von Stämmen (Clansystem). Sie sind Pflanzer und Viehzüchter, zu den handwerklichen Fähigkeiten gehören Flechterei, Weberei und Schmiedekunst, die Dörfer werden oft auf Hügeln angelegt. Sie betrieben früher einen Götterkult, in dessen Rahmen auch Menschen geopfert wurden, heute gehört die Mehrheit dem Christentum an.

TOTONAKEN

Mexikanische Indianer in den heutigen Staaten Puebla und Veracruz sowie am Ostabhang der Sierra Madre und in der Küstenzone von Papantla, ca. 170.000. Sprache: totonakische Sprache.

Die Hochland-Totonaken leben als Bauern von Maisfeldbau und Viehhaltung. Viele arbeiten aber auch als Lohnarbeiter in den Tiefländern, wo sie auf Plantagen beschäftigt oder als Händler tätig sind. Mit den spanischen Kolonialherren wurden die alten Kriegerklassen, die heidnischen Priesterschaften und die Handelshoheit abgeschafft. Auch eine starke Missionierung setzte ein.

TSCHERKESSEN
Sprachlich und kulturell verwandte Bergstämme
im Nordwestkaukasus. Sprache: adygisch-abcha-
sischer Zweig der kaukasischen Sprachfamilie.
Unterteilung in eigentliche Tscherkessen, Kabardi-
ner, Adyge und zwei Gruppen nicht-tscher-
kessischer Herkunft (Ubychen und Abasinen).
Die unterschiedlichen klimatischen und
naturgeografischen Bedingungen führten zu
verschiedenen traditionellen Wirtschaftsweisen: Boden- und Obstbau in den Steppen
und Viehwirtschaft in den Bergregionen. Man
produzierte Fleisch, Milch und Wolle und
webte auf hohem Niveau. Die Gesellschafts-
struktur der Tscherkessen ist feudalistisch mit
Fürsten, Adel, Bauern, Hörigen und recht-
losen Sklaven. Der Christianisierung folgte
der Islam, die heidnischen Glaubensinhalte
(Verehrung von Natur- und Schutzgottheiten)
lebten bis ins 19. Jh. weiter. Die traditionelle
Kultur verfiel mit der Unterwerfung unter
russische Hoheit.

TSCHETSCHENEN
Nordostkaukasisches Volk, ca. 615.000, zur
kaukasischen Sprachfamilie gehörend.
Den vier klimatischen und geografischen
Zonen des Siedlungsgebietes (Hochgebirge,
Berge, Vorberge, Ebenen) entsprechen die
unterschiedlichen Wirtschaftsbereiche (Viehzucht, Bodenbau). In der tschetschenischen
Gesellschaft gab es nur Freie, selbst Gefangene durften sich in die Gesellschaft integrieren. Geschlechterverbände bildeten politische
und wirtschaftliche Einheiten. Mit der Unterwerfung durch Russland begann der Zerfall
der traditionellen Strukturen.

TSCHUKTSCHEN
Volk im äußersten Nordosten Sibiriens auf der
Tschuktschen-Halbinsel, ca. 14.000, Sprache:
Paläoasiatisch.
Die fischreichen Gewässer stellen die Nah-
rungsgrundlage der Tschuktschen dar (in ihrer
Klimazone gibt es nur drei Sommermonate).
In der Tundra werden zudem Rentiere gehalten. Wild wachsende Pflanzen dienen der
Nahrungsergänzung. Vor den harten Wintern
schützte man sich mit Fellen, ebenso dienten
sie zusammen mit Häuten zur Isolierung der
Hütten. Die Tschuktschen glauben an eine
von guten und bösen Geistern belebte Umwelt. Schutz bieten Amulette und Opfergaben. Die Mythologie ist farbig und skurril,
in ihr agieren Füchse, Bären und Insekten.
Im Zuge von Revolution und Zuwanderung
kam es zu großen Veränderungen. Heute
betreiben die Tschuktschen motorisiert Jagd
auf Meeressäuger.

TUAREG
Nomadenstämme der westlichen Zentralsahara,
ca. 400.000, Sprache: Tamaschek.
Die Tuareg bilden einen Zweig der Berber.
Nur ca. 10% von ihnen sind reine Wüsten-
nomaden, der Rest lebt im Steppen- und
Savannenraum der südlichen Sahara. Nur hier
konnte Viehzucht betrieben werden. Ähnlich
den Beduinen leben sie in Zelten. Frauen
nehmen eine hohe Stellung in der Gesellschaft ein. Die Führer werden aus einer
allseits anerkannten Adelsschicht gewählt.
Die Tuareg sind Muslime, bewahren aber
auch ältere Glaubenselemente.

TUBU
Bezeichnung für tuaregähnliche, teilweise jedoch
stärker afrikanisch durchsetzte Bevölkerung des
Tibesti (Tschad) und der verwandten Gruppen der
Zentralsahara, ca. 200.000, Sprache: Tubu bzw.
Teda.
Nomadische Viehzüchter und Anbauer von
Dattelpalmen in Oasen, aber auch von Wei-
zen, Gerste, Hirse, Zwiebeln, Tomaten und
wenig Tabak. Ein Rat der freien Männer
bildet das Machtorgan. Der Mann fällt keine
Entscheidung ohne die Frau gefragt zu
haben. Die Mehrzahl der Tubu sind Muslime,
Teile gehören jedoch zu Sekten. In vorislami-
scher Zeit dominierten Ahnenkult und Natur-
geisterglaube. Die Franzosen beendeten die
Sklaverei, die bei den Tubu die Bewirtschaftung der Palmenhaine garantierte. Die
Hinwendung zur Viehzucht machte für die
Tubu den Sahel interessant, weshalb viele aus
dem Tibesti abwanderten.

UDEHE
Volk im östlichen Sibirien, in den Bergen zwischen
dem Unterlauf des Amur und Japanischem Meer
beheimatet, Sprache; Tungusisch.
Die traditionellen Wirtschaftszweige sind
Jagd, Fischfang und Hochseejagd. Zudem
wird wenig Bodenbau betrieben. Kleidung

wird aus Leder, Fellen und Fischhäuten
hergestellt. Die Udehe treiben Handel mit
chinesischen Händlern und sind geschickte
Schmiede. In Handwerk und Religion sind
sie von China beeinflusst. Traditionell verehren sie Bären und Tiger, die in Mythen
erwähnt werden. Während der Sowjetzeit
wurden die Udehe umgesiedelt. Sie betreiben heute kollektive Jagd und Fischerei, auch
der Ackerbau wurde intensiviert.

ULTSCHEN
Nordostsibirisches Volk am Unterlauf des Amur,
ca. 2400, Sprache: Tungusisch.
Die Ultschen leben größtenteils von Fischfang, aber auch von der Jagd. Felle, Leder
und Fischhaut werden zu Kleidung, Segeln
und anderen Gebrauchsgegenständen
verarbeitet. Russische Siedler brachten die
Tierzucht und den Gemüseanbau mit in das
Siedlungsgebiet. Die Ultschen verehren
besondere Sippengottheiten und den Bären.
Der Familienzusammenhalt ist sehr eng.
Noch heute leben die Ultschen von Fischfang, Jagd, Ackerbau und Viehzucht. Zudem
betreiben sie Handel mit Fellen.

USBEKEN
Bevölkerung Usbekistans, ca. 9,2 Mio. Wenige auch
in Nordafghanistan, in China und in der
Mongolei. Die ersten Usbeken waren Angehörige der
Goldenen Horde Dschingis Khans.
Früher ein Nomadenvolk, waren die Usbeken
schon zur Zarenzeit mehrheitlich sesshaft. Sie
betreiben Ackerbau, Obst- und Weinbau. Ihre
Bewässerungssysteme waren aufgrund der
klimatischen Ungunst des Lebensraumes
(ca. 80% Wüsten) teils unterirdisch angelegt.
Die in den Städten lebenden Usbeken sind
Händler und Handwerker. Sei sind seit dem
7. Jh. sunnitische Muslime, die islamischen
Geistlichen besaßen Macht und Einfluss.
Bis heute konnten die traditionellen Lebensweisen weitgehend aufrecht erhalten werden.

WALSER

Im Alpenraum stark verbreitete, aus dem oberen Wallis stammende Volksgruppe, Sprache: Alemannisch.

Die ursprünglich aus Goms stammenden Walser siedelten sich ab dem 12. und 13 Jh. in folgenden Regionen an: Südseite des Monte-Rosa-Massivs (Val di Gresson, Aostatal, Valsèsia, Valle Anzasca, Piemont), Formazzatal (Ossolatal, Piemont) und benachbarte Täler, später in Graubünden (Rheinwald, Avers, Valser- und Safiental, Schanfigg, Prättigau), ab Mitte des 14. Jh. Vorarlberg (Großes und Kleines Walsertal) und bis an die Grenzen Tirols. In Graubünden heben sich die Walser durch ihre Sprache und die für sie typische Einzelhofsiedlung (durch die enge der Täler bedingt) von der rätoromanischen Bevölkerung ab. Die Walserbesiedlung erfolgte nicht immer freiwillig, vielmehr durch bewusste Lenkung durch die Landes- und Grundherren, die die Walser nicht nur als Viehzüchter schätzten, sondern vor allem deren Kriegstüchtigkeit. Den Siedlern wurden weit gehende Zugeständnisse gewährt, vor allem die persönliche Freiheit und Selbstverwaltung, allerdings mussten Kriegsdienste geleistet werden. Die Walserbauern lebten als autonome Selbstversorger auf ihren Höfen und betrieben neben Viehwirtschaft Korn-, Flachs- und Hanfanbau. Das Brauchtum (Volkstrachten mit üppig bestickten Bändern) wird heute noch gepflegt.

XHOSA

Gruppe von Bantuvölkern, die zwischen den Drakensbergen und dem Indischen Ozean in Südafrika leben, ca. 3 Mio. Sprache: isiXhosa (Schnalzlaute).

Die Xhosa-Stämme (Nomadenvölker) führten im 18. Jh. verlustreiche Kriege gegen die Buren und die Engländer. Ihre Wirtschaft ist geprägt von Ackerbau (Hirse, Mais) und Viehzucht. Jagd und Handwerk garantierten zusätzlichen Erwerb. Die Xhosa lebten früher in Großfamilien, der Einfluss der Missionierung veränderte die Sozialstruktur der Familie nachhaltig (heute vermehrt Kleinfamilien, auch in Städten lebend). Politische Führer der Xhosa sind Häuptlinge, denen regionale Hauptleute unterstellt sind. Viele Xhosa arbeiten heute in Minen und im Eisenbahnbau.

YAO

Bantustämme im Hochland von Malawi und im angrenzenden Tansania bzw. Mosambik, ca. 800.000, Sprache: Yao-Sprache, zum östlichen Bantu gehörend.

Die Yao leben in kleinen Dörfern und betreiben Brandrodungsbau (Mais, Hirse, Maniok). In Malawi pflanzen sie außerdem Tabak für den Handel. Ferner halten sie Ziegen und Hühner. Der Ältestenrat des Dorfes ist politisches Zentrum. Viele Yao sind Muslime.

YAO

Bergvolk in den südchinesischen Provinzen Kwangtung und Kwangsi sowie in den angrenzenden Gebieten Nordvietnams, ca. 1 Mio., Sprache: Miao-Yao.

Die Yao passen sich den Gegebenheiten ihres jeweiligen Siedlungsgebietes hervorragend an und bewahren dabei ihre Identität. Grundlage hierfür sind Prinzipien, nach denen anderen Achtung und Respekt entgegenzubringen ist, das eigene politische und wirtschaftliche Verhalten jedoch verändert werden kann. Sie leben heute in autonomen Zonen unter Gewährung kultureller Freiheit.

ZENTRALASIATISCHE VÖLKER

Bewohner Kasachstans, Kirgisistans, Tadschikistans und Turkmenistans sowie der Äußeren Mongolei und von zwei autonomen Gebieten in China.

Die Zentralasiatischen Völker waren aufgrund der extremen Gegensätzlichkeit ihrer Lebensräume lange Zeit in zwei rivalisierende Gruppen gespalten: nomadische Viehzüchter und sesshafte Bauern. Erst mit dem Warenaustausch entstand eine friedliche Koexistenz. Religiös unterscheiden sich die Völker durch einen östlich-buddhistischen und einen westlich-islamischen Einflussbereich. Die Revolutionen in China und Russland machten es erforderlich, dass sich die Zentralasiatischen Völker völlig neuen Organisationsformen anpassen mussten.

ZOQUE UND MIXE

Mexikanische Indianer im Bergland beiderseits des Isthmus von Tehantepec, ca. 70.000, Sprache: Mixe-Zoque.

Die Zoque und Mixe pflegen bäuerliche Kultur und sind religiös von den Maya beeinflusst. Sie hatten nur wenig Anteil an der mesoamerikanischen Hochkultur. Der Siedlungsraum der Mixe ist schwer zugänglich, stark bewaldet und bietet nur wenig Anbauflächen, das Land der Zoque hingegen hat ein wärmeres Klima und größere Anbauflächen, durch die leichtere Zugänglichkeit ist die Mestizierung hier weiter fortgeschritten.

WICHTIGE RATSCHLÄGE FÜR UNTERWEGS

Eigene Ideen und viel Fantasie sind die Grundvoraussetzungen für eine Reise zu den Bergvölkern der Erde. Außerdem sollte man 4 bis 6 Wochen freie Zeit mitbringen und Gesundheit.

Die Wochen abseits der üblichen Reiserouten allerdings setzen auch die Bereitschaft und das Können voraus, einige Tage zu hungern, einmal im Ziegenstall zu nächtigen, dann und wann mit den Händen zu essen, stundenlang in rauchigen Lehmhütten zu sitzen und vielleicht seine Habe selber zu schleppen.

Das Abc des einfachen Lebens, ergänzt durch einen praktischen Hausverstand und die Fähigkeit zum Selbermachen, ist vor allem in den entlegensten und wildesten Bergtälern lebenswichtiger als Geld oder eine Schusswaffe im Rucksack.

Wer sich einbildet, schlauer, gescheiter oder geschickter zu sein als die Bergmenschen, die er zu besuchen gedenkt, sollte besser gleich daheim bleiben. Umgekehrt liefert sich der bedingungslos den Einheimischen aus, der sich ihnen gegenüber als dümmer oder ungeschickter vorkommt. Die Fähigkeit, sich auf eine Stufe mit dem jeweiligen Bergvolk zu stellen, ist das Geheimnis des guten Auskommens mit ihnen.

Ein selbst angelegtes Vokabelheft, das sich aus Handskizzen, Zeichensprache und Auf-Gegenstände-Zeigen nach kurzem ergibt, hilft auch solche Dialekte verstehen, die vor Reiseantritt nicht studiert werden können. Ein weiterer Schlüssel zum Verständnis der Eingeborenen ist die Bereitschaft, aus dem Lande zu leben. Dies ist meist auch billiger, gesünder und insofern einfacher, als es die Reisegruppe von jeglichen Nachschubproblemen befreit.

Dabei ist es, wie übrigens bei allen Einkäufen, falsch, zuviel oder aber zuwenig zu bezahlen. Das richtige Maß in allem zu finden, ist eine Frage des Gefühls und des Instinkts, den man im Laufe des Jahre gewinnen muss. Viele Bergvölker kennen das Zeitproblem nicht. Zeit zu haben, im Sinne von Geduld, ist dabei das Wichtigste.

Dass Religion, Eigenheiten und Kleidung der Einheimischen respektiert werden müssen, ist selbstverständlich. Wir sollten uns ihnen ohne Vorurteil nähern. Für einen Dani ist die Penishülle ebenso normal wie für uns der Anzug. Wir als Gäste müssen uns den Sitten der Bergvölker anpassen und uns in unseren Freiheiten einschränken. Es ist idiotisch, sich bei Muslims im Bikini zu zeigen.

Verwendete Literatur

Bell, Sir Charles
The People of Tibet
Clarendon Press, Oxford
1928

Bircher, Ralph
Hunsa – Das Volk, das keine Krankheit kennt
Verlag Hans Huber, Bern
3. Auflage 1942

Funke, Friedrich W.
Die Sherpa
und ihre Nachbarvölker im Himalaya
Wolfgang Krüger Verlag
1978

Goldstein, Melvyn C. / Beall, Cynthia M.
Die Nomaden der Mongolei –
Eine Hirtenkultur zwischen Tradition
und Moderne
DA Verlag Das Andere
1994

Goldstein, Melvyn C. / Beall, Cynthia M.
Die Nomaden Westtibets –
Der Überlebenskampf der tibetischen
Hirtennomaden
DA Verlag Das Andere
1991

Hellwald, Friedrich von
Zentralasien –
Landschaften und Völker in Kaschgar,
Turkestan, Kaschmir und Tibet
Verlag von Otto Spamer, Leipzig
1875

Hermanns, Matthias
Die Nomaden von Tibet
Verlag Herold, Wien
1949

Lehmann, Peter-Hannes / Ullal, Jay
Tibet –
Das stille Drama auf dem Dach der Erde
1981

Menardi, Herlinde / Zemmer-Plank, Liselotte
Archäologie und Volkskunst aus Dagestan –
Völker zwischen Kaukasus und kaspischem
Meer
Katalog zur Ausstellung im Tiroler Volks-
kunstmuseum und im Vorarlberger Landes-
museum
1999

Messner, Reinhold
Bergvölker – ehe ihre Spur verweht
Verlagsanstalt Athesia, Bozen
2. Auflage 1981

Michaud, Roland und Sabrina
Afghanistan –
Karawanen, Basare, Reiterspiele
im »Lande der Tataren«
DuMont Buchverlag, Köln
1979

Michaud, Roland und Sabrina
Erinnerungen an Afghanistan
DuMont Buchverlag, Köln
1981

Neubronner, Eberhard
Das Schwarze Tal –
Menschen im Piemont – Eine Annäherung
Panico Verlag, Köngen
1996

Sanders, A.
Kaukasien –
Nordkaukasien, Aserbeidschan, Armenien,
Georgien
Hoheneichen-Verlag, München
1942

Schaefer, Hermann
Hunza – Ein Volk ohne Krankheit
Diederichs, München
1978

REINHOLD MESSNER BEI BLV

EVEREST

Die Besteigung des Everest 1978 »by fair means« und erstmals ohne künstlichen Sauerstoff – die Dokumentation dieser Expedition, in der Messner vor allem auch seine persönlichen Empfindungen und Erfahrungen protokollierte.

BIS ANS ENDE DER WELT

Messners persönlicher Rückblick auf seine Gipfelerfolge – ausgewählte Kapitel, die seine einzigartigen Unternehmungen, wichtigsten Stationen und alpinen Höchstleistungen wieder lebendig werden lassen.

BERGE VERSETZEN

Reinhold Messners Analyse einiger seiner Abenteuer im Grenzbereich des Möglichen – Erfahrungen und Erkenntnisse, von denen jeder, der hohe Ansprüche an sich selbst stellt, im täglichen Leben profitieren kann.

... und im Internet:
www.reinhold-messner.de

ANNAPURNA

Zum 50. Jahrestag der Erstbesteigung: die Erschließungsgeschichte der Annapurna, Messners Bewertung der Leistungen verschiedener Expeditionen, Annapurna-Chronik mit allen Expeditionen und Erstbesteigungen.

DIE GROSSEN WÄNDE

Grenzgänge an großen Wänden – zum Lesen, Hören, Miterleben: die Erschließungsgeschichte bis heute mit einzigartigem historischen und aktuellen Bildmaterial. Exklusiv mit CD: Reinhold Messner erzählt 13 selbst erlebte Episoden an großen Wänden – authentisch, spannend, fesselnd.

ÜBERLEBT

Als erster Mensch auf allen 14 Achttausendern der Welt: die Dokumentation einer kaum vorstellbaren Gesamtleistung und alpinhistorischen Sensation; mit Liste der Bergsteiger die alle Achttausender bestiegen haben.

G I UND G II

Messners Pioniertaten an den Gasherbrums: G I im Alpenstil und die Doppelüberschreitung von G I und G II – alpinhistorische Meilensteine in Gegenüberstellung zum hochalpinen Massentourismus von heute.

MALLORYS ZWEITER TOD

Die Antwort auf die Frage, wer am Mount Everest der Erste war: die Auseinandersetzung mit dem Mythos George L. Mallory und der Everest-Tragödie von 1924 – eine Spurensuche mit Zitaten aus Mallorys Briefen und Berichten sowie Messners Analyse der Geschehnisse am Berg.

Im BLV Verlag finden Sie Bücher zu den Themen:

Garten und Zimmerpflanzen • Natur • Heimtiere • Jagd und Angeln • Pferde und Reiten • Sport und Fitness • Wandern und Alpinismus • Essen und Trinken

Ausführliche Informationen erhalten Sie bei:

 **BLV Verlagsgesellschaft mbH**
Postfach 40 03 20 • 80703 München
Telefon 089/12705-0
Telefax 089/12705-543
http://www.blv.de